体育美学

杨波 著

中山大学出版社

·广州·

版权所有　翻印必究

图书在版编目（CIP）数据

体育美学/杨波著. —广州：中山大学出版社，2022.12（2025.6 重印）
ISBN 978-7-306-07646-5

Ⅰ. ①体… Ⅱ. ①杨… Ⅲ. ①体育美学—研究 Ⅳ. ①G802

中国版本图书馆 CIP 数据核字（2022）第 216682 号

TIYU MEIXUE

出 版 人：	王天琪
策划编辑：	王旭红
责任编辑：	赵　冉
封面设计：	林绵华
责任校对：	李昭莹
责任技编：	靳晓虹
出版发行：	中山大学出版社
电　　话：	编辑部 020-84110283，84113349，84111997，84110779，84110776
	发行部 020-84111998，84111981，84111160
地　　址：	广州市新港西路 135 号
邮　　编：	510275　　　传　真：020-84036565
网　　址：	http://www.zsup.com.cn　　E-mail：zdcbs@mail.sysu.edu.cn
印 刷 者：	广东虎彩云印刷有限公司
规　　格：	787mm×1092mm　1/16　19 印张　339 千字
版次印次：	2022 年 12 月第 1 版　2025 年 6 月第 2 次印刷
定　　价：	68.00 元

如发现本书因印装质量影响阅读，请与出版社发行部联系调换

目　　录

第一章　什么是美学 ··· 1
　第一节　美学的历史与发展 ····································· 1
　第二节　美学的研究对象 ······································· 7
　第三节　学习美学的现实意义 ·································· 11

第二章　体育美学概述 ·· 14
　第一节　我国体育美学的学科发展 ······························ 15
　第二节　国外体育美学的学科发展 ······························ 20
　第三节　体育美学的学科属性 ·································· 24
　第四节　体育美学与相关学科的关系 ···························· 30
　第五节　体育美学的研究对象 ·································· 36
　第六节　体育美学的研究方法 ·································· 41

第三章　美学理论与体育美 ······································ 46
　第一节　美与美的本质 ·· 46
　第二节　美的基本范畴 ·· 52
　第三节　美的形态 ·· 62

第四章　体育美的本质与特征 ···································· 76
　第一节　美的哲学基础 ·· 76
　第二节　体育美的本质 ·· 93

第五章　体育自然美 ·· 98
　第一节　自然美的争议 ·· 98
　第二节　自然的人化与人的自然化 ····························· 104
　第三节　人体自然美 ··· 111

第四节　体育自然环境美……………………………………… 114

第六章　体育形式美…………………………………………………… 121
　　第一节　体育形式美及其特征…………………………………… 121
　　第二节　体育形式美的属性与构成……………………………… 124

第七章　体育社会美…………………………………………………… 153
　　第一节　体育社会美的概念与特征……………………………… 153
　　第二节　体育人文精神美………………………………………… 158
　　第三节　体育精神美……………………………………………… 168
　　第四节　运动美…………………………………………………… 174
　　第五节　体育场境美……………………………………………… 178
　　第六节　体育仪式美……………………………………………… 184

第八章　身体美………………………………………………………… 187
　　第一节　身体与身体美…………………………………………… 187
　　第二节　东西方哲学中的身体观………………………………… 191
　　第三节　身体审美形态…………………………………………… 201

第九章　体育科学技术美……………………………………………… 208
　　第一节　科学技术美概述………………………………………… 208
　　第二节　体育与人的技术化……………………………………… 219
　　第三节　体育科技美……………………………………………… 222

第十章　体育审美与美育……………………………………………… 225
　　第一节　美感……………………………………………………… 225
　　第二节　体育美感………………………………………………… 234
　　第三节　审美心理学说…………………………………………… 242
　　第四节　体育美育………………………………………………… 250
　　第五节　体育教学与美育………………………………………… 268

参考文献………………………………………………………………… 282

第一章 什么是美学

一般来说，一门学科的形成需要一个连续且漫长的过程。而学科名称的历史和学科本身的历史是两件事，应该加以区分，因为，学科名称的历史往往远远滞后于学科本身的历史。美学学科名称就远远滞后于美学的发展历史。事实上，无论在东方还是西方，美学思想一直在发展和积累，但在古代，美学问题还不具科学意义，关于美，更多是由哲学家、艺术家或文艺家进行一些零散式的思考。

而对美的需求，是人之所以成为人的内在需求，也是人类发展的内在动力。随着对美和美感的发现、理解、抽象总结，人类社会出现了作为审美意识集中表现的艺术，并在长期艺术实践的基础上形成了艺术的理论，如文学理论、绘画理论、诗歌理论、舞蹈理论、书法理论等。在这些理论中也逐渐开始涉及美的本质特征和根源等问题。

第一节 美学的历史与发展

一、古代美学的发展

早在古希腊时期，哲学家们就把美学问题纳入了自己的研究范围。古希腊时期最早发表美学见解的是毕达哥拉斯学派的多立安地区的哲学家。毕达哥拉斯学派亦称为"南意大利学派"，是公元前600年至前500年古希腊哲学家毕达哥拉斯及其信徒组成的学派。他们多是自然科学家，把美学视为自然科学的一个组成部分。毕达哥拉斯学派认为数是一种可以被感知的客观存在，就如同颜色一样；他们还认为，数即万物，万物皆数，事物的性质是由某种数量关系决定的，万物按照一定的数量比例而构成和谐的秩序。由此他们提出了"美是和谐"的观点。但古希腊时期由于美学没有自己的专门学科,"一开始哲学家就对美学持双重的态度。一方面,对一些现象和概念,如美的概念、艺术家的任务、艺术的种类等,进行了分析,在德谟克利特、智者派、苏格拉底的著作中,对所有这些问题都有相当多的论述。另一方面,哲学家又把审美现象和概念都纳入了自己的哲学体系,智者派纳入了相对论体系,柏拉图纳入了唯心论体系"①。

尽管古代西方美学没有形成学科体系,但西方很多学者都认为西方美学的历史是从柏拉图开始的。如波兰哲学史家、美学史家塔塔尔凯维奇(又译作"塔塔科维奇",Władysław Tatarkiewicz,1886—1980)说:"从来没有一位哲学家像柏拉图那样渊博。他既是美学家、形而上学家,又是逻辑学家、伦理学家。在他的哲学中,美学问题是同其他问题,特别是形而上学和伦理学问题交织在一起的,而后者又反映在他的美学观点之中。……在他的著作中,美和艺术的概念第一次被纳入严谨的哲学体系。"②

在美学成为独立学科之前,中国从先秦两汉到近代王国维,印度从吠陀时代到泰戈尔,西方从古希腊罗马时期到文艺复兴时期,人类美学思想仍处在一种"前美学"的形态。这一阶段美学思想的主要特点在于:人们初步比较零碎地提出了一些有关美学的基本问题、概念和范畴,并作了一些尚不彻底的回答;对美的思考往往同人们对社会人生的哲学、伦理把握直接联系在一起,"美"与"善"常常混为一谈。③ 这就是说,这一阶段人们在思考美的问题,包括美的本质、美的功用的时候,既没有完全摆脱直观感性经验的形态,也没有与哲学、道德、宗教的理论化思考严格区分开来,还没有形成自己系统的、独有的思考与特有的研究对象、内容和范围。

早在先秦两汉时期,中国古代先贤哲人更多的是从人文伦理层面探讨人类审美的问题。当时的儒、道、法、墨等各家思想中,都包含了许多迄今仍然很有价值的美学思想。典籍《国语·楚语》中楚国大夫伍举主张"无害为美",强调"善"与"美"的一致性。这是我国古人对美的本质的一种看法。在伍举看来,美与不美,不能仅仅由"目观"决定,而必须同社会功利、国计民生联系起来考察。这里,伍举强调的是美与善的联系,还没有思考到美与善的区别。在我国较早注意到美与善有所不同的,应推孔子。他对

---

① [波]塔塔尔凯维奇:《古代美学》,广西人民出版社1990年版,第76页。
② [波]塔塔尔凯维奇:《古代美学》,广西人民出版社1990年版,第107页。
③ 参见王德胜《美学原理》,人民教育出版社2002年版,第2页。

《韶》乐的评价是"尽美矣，又尽善也"，对《武》乐的评价则为"尽美矣，未尽善也"。（《论语·八佾》）孟子继承和发展了孔子的美学思想，不仅提出"充实之谓美，充实而有光辉之谓大"（《孟子·尽心下》），从内容和形式两个方面对美的内涵作了规定，而且就共同的美感问题表述了相当精辟的见解。荀子"全粹全美"的美本体论、"水玉比德"的自然美论等，则强调美与善的一致与和谐的美感论。总体上讲，儒家美学思想更具有较鲜明的社会伦理化倾向，注重政治风尚、伦理评价。道家则从"逍遥""无为"的处世态度出发，强调艺术和审美的超越性、自然纯朴性。老子有关美善相依、大音希声的看法，庄子的"虚静恬淡""身与物化""物以游心"是对审美境界的初步探索。这些思想都曾在中国美学思想史上产生了非常重要的影响。

二、美学学科的建立

人类知识主要是在总结前人思想的基础上不断发展和丰富起来的。近代以来，由于知识的积累，人类对以前知识的总结更具系统性和专门性，而人类这个阶段对知识的总结更多的是发生在文艺复兴后的欧洲大陆。同样，美学作为一门学科知识的出现也发生在欧洲。

德国哲学家鲍姆嘉通（Alexander Gottlieb Baumgarten，1714—1762）在1735年发表的博士论文《关于诗的哲学默想录》（*Meditationes philosophicae de nonnullis ad poema pertinentibus*）中已提出"美学"作为一门独立学科的概念。他于1742年在法兰克福大学开设了一门"美学"课，于1750年出版的《美学》（*Aesthetica*）中正式将美学称作"伊斯特惕克"（Ästhetik）。在美学史上一般把这一年作为美学学科概念建立的时间。严格地说，鲍姆嘉通所谓的"伊斯特惕克"还不是我们今天意义上的"美学"。"伊斯特惕克"的对象和范围是比"审美"广泛得多的"感性认识"。鲍姆嘉通在其《美学》第一章规定了这门学科的研究对象和任务：美学的对象就是感性认识的完善，亦即是美；与此相反的就是感性认识的不完善，亦即是丑。正确，指教导怎样以正确的方式去思维，是作为研究高级认识方式的科学，即作为高级认识论的逻辑学的任务；美，指教导怎样以美的方式去思维，是作为研究低级认识方式的科学，即作为低级认识论的美学的任务。美学是以美的方式去思维的艺术，是美的艺术的理论。①

　　鲍姆嘉通（Baumgarten，1714—1762）的主要贡献，在于从人的感性心理结构划分上，为美学找到了一个不完全准确但恰当的名称，使得人类在对美进行长期思考后，终于有了自己明确的对象和方向。

　　在18世纪的欧洲，关于美学流行三种意义相当而称呼不同的名称：美的科学、艺术哲学、"伊斯特惕克"。在很长一段时间里，"伊斯特惕克"并未得到正式承认。黑格尔（G. W. F. Hegel，1770—1831）在自己的著作《美学》第一卷序言中就认为这个名称"实在是不完全恰当"，"说得更精确一点，很肤浅"。② 德国古典哲学家康德（Immanuel Kant，1724—1804）、德国客观唯心主义哲学家谢林（Schelling，1775—1854）的美学著作在鲍姆嘉通提出美学这个学科术语之后，都没有将这个术语用作书名。

　　西方现代美学代表意大利哲学家、美学家克罗齐（Croce，1866—1952）认为："在鲍姆嘉通的美学里，除了标题和最初的定义，其余的都是陈旧的和一般的东西。"他认为，鲍姆嘉通虽然提出了"美学"这个新名称，"但是，这个新名称并没有真正的新内容"，"美学仍是一门正在形成的科学"，"美学还尚待建立，而并非已经建立起来了"。克罗齐还认为，洞察诗和艺术的真正本性，并在这个意义上讲发现了美学学科的是18世纪的意大利人维柯（Vico，1668—1744）。③

　　但鲍姆嘉通在对感性认识与理性认识的高、低划分之时，强调美学研究的独立的认识价值，确实启发了他的同乡康德、谢林、席勒（Schiller，1759—1805）、黑格尔等人，在更高层次上最终建成了内容丰富、体系完整的德国古典美学。作为黑格尔美学的后继者，特奥里多尔·费肖尔（旧译作"费舍尔"，Theodor Vischer，1807—1887）于1846年至1857年间发表了他的六卷巨著《美学》（*Ästhetik, oder Wissenschaft des Schönen*），才把"伊斯特惕克"一词最终敲定下来，并把这门学科命名为"艺术的哲学"，或则更确切一点，"美的艺术的哲学"。④

---

①　参见朱光潜《西方美学史》，中华书局2013年版，第310页。
②　[德]黑格尔：《美学》第一卷，朱光潜译，北京大学出版社2017年版，第2页。
③　[意]克罗齐：《美学的历史》，王天清译，袁华清校，商务印书馆2018年版，第69页。
④　[德]黑格尔：《美学》第一卷，朱光潜译，商务印书馆1996年版，第4页。

三、我国美学学科的初创

随着 19 世纪末 20 世纪初西学东渐，西方美学也随着中西文化和学术碰撞，在中国的大地上落地生根、发芽。近年来，国内学者对"美学"一词创立与发展进行了多方位的考据。据国内学者对现有文献的考证，与现代许多哲学词汇多是日本人用汉语首译不一样，① 正式使用汉语"美学"一词的人，极可能为德国来华的著名传教士花之安（Ernst Faber, 1839—1899）。1873 年，他以中文所著的《大德国学校论略》（重版又称《泰西学校论略》或《西国学校》）一书中有"七课论美形"，"即释美之所在：一论山海之美，乃统飞潜动物而言；二论各国宫室之美，何法鼎建；三论教育之美；四论美术之美；五论乐奏之美；六论词赋之美；七论曲文之美，此非俗院本也，乃指文韵和悠、令人心惬神怡之谓"。② 1875 年，花之安再著《教化议》一书。书中认为："救时之用者，在于六端：一、经学，二、文字，三、格物，四、历算，五、地舆，六、丹青音乐。"在"丹青音乐"四字之后，他特以括号作注写道："二者皆美学，故相属。"③

英国来华的传教士罗存德（Wilhelm Lobscheid, 1822—1893）于 1866 年所编的《英华词典》（第一册）将 Aesthetics 译为"佳美之理"和"审美之理"。日本学者中江兆民（原名中江笃介，1847—1901）于 1883 年和 1884 年翻译出版法国美学家维隆（Véron, 1825—1889）于 1878 年写成的《美学》（L'Esthétique）一书，用了汉语"美学"这个词。在此之前，从 1882 年开始，森欧外（1862—1922）、高山樗牛（旧译作"高山林次郎"，1871—1902）等人在东京大学也曾以"审美学"的名称来讲授美学，据说当时也用过"美学"这个词。④ 更早，日本启蒙思想家、哲学家西周（1829—1897）曾先后用"善美学""佳趣论""美妙学"等词来翻译 Aesthetics。这

---

① 参见刘悦笛《美学的传入与本土创建的历史》，载《文艺研究》2006 年第 2 期。
② （清）东山主人：《新辑各国政治艺学全书》，鸿宝书局 1902 年石印本，第 67 页。
③ 刘悦笛：《美学的传入与本土创建的历史》，载《文艺研究》2006 年第 2 期。
④ 参见李心峰《Aesthetik 与美学》，载《百科知识》1987 年第 1 期。其中，高山樗牛后来也接受了"美学"的译法，他的专著《近世美学》较早被中国学者多版本译介过来，其中认定"美学者，研究美之性质及法则之科学也"（李心峰：《近世美学》，刘仁航译，上海商务印书馆 1919 年版，第 2 页）。

些日本的思想家、美学家使用"美学"一词都晚于花之安，后来都逐渐开始使用"美学"一词。但是否是受花之安的影响，现尚无法考证。

当然，尽管花之安首先创立"美学"一词，但学者们多认为，中国学者使用"美学"一词，更多的是受日本学者的影响。1897年康有为编辑出版的《日本书目志》中，出现了"美学"一词，其中"美术"类所列第一部著作即中江兆民的《维氏美学》。之后，一些中国介绍日本学校教育的书籍中都出现"美学"或"审美学"这个词。1902年，王国维在翻译日本牧濑五一郎所著的《教育学教科书》和桑木严翼所著的《哲学概论》两书时，不仅使用了"美学"一词，而且使用了"美感""审美""美育""优美""壮美"等词。同年，在他编写的《哲学小辞典》中，明确把Aesthetics译为"美学""审美学"，并对"美学"作了定义式说明："美学者，论事物之美之原理也。"作为一门学科的美学在中国的生枝发叶，公认应当以王国维为起点。王国维的美学思想是中国美学理论从自发状态走向自觉的标志，从此中国人开始自觉地建设美学学科的独立体系。①

与近现代其他人文学科传入中国后主要被移植和借鉴不同，后发美学在中国始终是处在引入与融合的互动中，美学思想在深厚的中华文化中，得到了较快速的成长。而根植于华夏古典文化积淀基础上的中国美学，在初创阶段也取得了一定的理论成就。

当时比较重要的著作与论文有：陈衡恪的《文人画的价值》（1921）、朱光潜的《无言之美》（1924）、丰子恺的《中国画的特色》（1926）、范寿康的《美学概论》（1927）、刘海粟的《中国绘画上的六法论》（1931）、宗白华的《论中西画法的渊源与基础》（1934）和《中西画法所表现的空间意识》（1936）、滕固的《诗书画三种艺的联带关系》（1938）、岑家梧的《中国画的气韵与形似》（1940）、宗白华的《论〈世说新语〉和晋人的美》（1941）、朱光潜的《乐的精神和礼的精神：儒家思想系统的基础》（1942）和《诗论》（1943）、宗白华的《中国艺术意境之诞生》（1943）、蔡仪的《新美学》（1947）、钱锺书的《中国诗与中国画》（1948）等。蔡元培作为中国美学初创阶段研究和介绍西方美学的重要学者之一，在教育实践中把美学作为教学和科研的一门重要学科。他任北大校长时曾亲自讲授过美学课，还着手写《美学通论》等理论著述，可惜只写下《美学的倾向》及《美学的对象》两章（手稿）便停笔了。由于他一生的主要精力都用在社会政治

---

① 聂振斌：《中国近代美学思想史》，中国社会科学出版社1991年版，第56页。

活动和教育、科学的组织领导工作上，因此没有留下系统的美学理论专著。但他的美学思想更直接地体现在美育实践上，成为我国近代美育的奠基人。

第二节　美学的研究对象

美学学科自 18 世纪正式诞生以来，至今已有 200 多年的历史，美学作为独立的学科存在已无异议，但美学到底研究什么，这是一个在美学史上和美学界中一直存在争议的问题。综观中外美学家的意见，大致可分为以下五种观点。

一、美学是艺术哲学

鲍姆嘉通很明确地把美学作为艺术理论。黑格尔也主张，"我们姑且仍用'伊斯特惕克'这个名称，因为名称本身对我们并无关宏旨，而且这个名称既已为一般语言所采用，就无妨保留。我们的这门科学的正当名称却是'艺术的哲学'，或更确切一点，'美的艺术的哲学'。"[①] 俄国革命民主主义哲学家车尔尼雪夫斯基（Nikolay Gavrilovich Chernyshevsky, 1828—1889）在批判黑格尔美学的同时，非常强调研究现实中的美学问题，但在说到美学的研究对象时却说："美学到底是什么呢？可不就是一般艺术、特别是诗的原则的体系吗？"[②] 他还说："假如美学在内容上是关于美的科学，那末它是没有权利来谈崇高的，正如同没有权利谈善、真等一样。可是，假使认为美学是关于艺术的科学，那末它自然必须论及崇高，因为崇高是艺术领域的一部分。"[③] 20 世纪 50 年代，中国开展了一次美学大讨论，其中一类观点也认为美学研究对象也是艺术。当代，也有美学家把美学的研究对象确定为艺术，如朱立元认为："美学是对现实中以艺术活动为典范（重点）的审美活动进行思考、解释的学说与理论；具体说来，美学应将美与艺术等审美现象放在

[①]　[德] 黑格尔：《美学》第一卷，朱光潜译，北京大学出版社 2017 年版，第 2 页。
[②]　[俄] 车尔尼雪夫斯基：《美学论文选》，缪灵珠译，人民文学出版社 1957 年版，第 125 页。
[③]　[俄] 车尔尼雪夫斯基：《车尔尼雪夫斯基选集》上卷，周扬、缪灵珠、辛未艾译，生活·读书·新知三联书店 1958 年版，第 20-21 页。

一种能集中体现审美关系的社会性和历史性的审美活动中加以考察。"①

把美学研究的对象设定为艺术（含文学），一方面失之过窄，另一方面又失之过宽。一方面，美和审美不只存在于艺术（创作和欣赏）中，美的存在和人类审美的领域除了艺术美，还有自然美、社会美、科学美和技术美等。过去一般认为艺术美的领域最大，现在看来自然美和社会美的领域也很大。所以，从范围看，把美学研究的对象设定为艺术失之过窄。另一方面，艺术包含许多层面，除了审美的层面（本体的层面），还有文化的层面、经济的层面、技术的层面，甚至科技的层面。因此，从学科研究边界看，美学主要研究它的审美层面。所以把美学研究的对象设定为艺术，又失之过宽。

二、美学是研究美的科学

柏拉图关于"美本身"的探讨，就是从哲学高度来研究美。因为美不限于艺术中，所以美学研究的对象也不应只限于艺术而排除现实生活中各种美的现象。1858年出版的《新亚美利加百科全书》（*The New American Encyclopedia*）中，"美学"条目的定义为"美学是研究自然和艺术中美的科学"。《大美百科全书》（*Encyclopedia Americana*）将美学定义为"传统上被认为是哲学的一部分，涉及美以及自然、艺术之美"。② 然而，从美学的发展来看，此定义已太狭窄。这种观点主张美学研究的是关于美的科学，美学应当广泛全面地研究自然、社会生活与艺术的美，以及人的审美意识等诸多客观规律。首先，美学是研究美的规律的科学，研究一切事物中的美。其次，美学与艺术理论是有区别的，既比艺术理论宽（还要研究生活美等），又比艺术理论窄（只研究艺术中美的问题）。最后，反对把美学等同于艺术学，也不赞成把美学看作美加艺术，主张美学研究应密切联系人们生活中的关系。

这种观点的缺陷在于，把美学研究的对象设定为美外在于人的、实体化的"美"。是对具体的"物"进行审美。而在中国传统美学看来，美还存在于物理世界之外的意象世界。如柳宗元《邕州柳中丞作马退山茅亭记》中"夫美不自美，因人而彰"就是从一个情景交融的意象世界感受美。

---

① 朱立元：《美学》，高等教育出版社2001年版，第38页。
② 《大美百科全书》编委会：《大美百科全书》，外文出版社1994年版，128页。

三、美学是对审美心理或审美经验的研究

这一以审美经验的研究取代传统纯哲学思辨的美学观点得到越来越多人的认可，从方法论上引发了美学研究的革命，使西方美学从古典的形态进入了现代的科学方法论形态。英国经验派美学强调，审美活动与其他活动的差别在于它的独特的心理及生理过程。19 世纪末 20 世纪初，随着对以形而上学为代表的黑格尔哲学及美学体系的批判，德国哲学家费希纳（Gustav Theodor Fechner, 1801—1887）提出以"自下而上的美学"来代替"自上而下的美学"，即基于从一般到特殊的方法而构建的美学。他认为，现代美学要走向科学，必须是一种"自下而上的美学"，即基于从特殊到一般的经验方法来构建美学。"自下而上的美学"是"自上而下的美学"的必要前提和基础，没有前者，后者不过是"泥足巨人"。费希纳的实验心理美学，里普斯（Lipps, 1851—1914）的"移情说"，卡尔·谷鲁斯（Karl Groos, 1861—1946）和费肖尔父子（特奥里多尔·费肖尔和罗伯特·费肖尔 [Robert Visher, 1847—1933]）、浮龙·李（Vernon Lee, 1856—1935）的"内模仿说"，以及瑞士布洛（Edward Bullough, 1880—1934）的"心理距离说"，对美学的发展都起了重要的作用。随着心理学科学实验的发展，心理学必然涉及人的生命价值和意义，也就是人类的终极问题，因此，现代心理学的发展都有相应的心理学美学学派产生，如 20 世纪美国华生（John Watson, 1878—1938）的行为主义心理学美学、鲁道夫·阿恩海姆（Rudolf Arnheim, 1904—2007）的格式塔心理学美学、奥地利西格蒙德·弗洛伊德（Sigmund Freud, 1856—1939）的精神分析心理学美学学派、美国亚伯拉罕·马斯洛（Abraham H. Maslow, 1908—1970）的人本主义审美心理学学派等，实际上都是运用心理学理论解释审美现象。

以人的审美心理经验为中心来研究美，不失为一条有启发性的途径，是对传统的自上而下的哲学思辨方法的纠偏，提高了对人类内在心理世界的了解，对于阐明一些特殊的审美问题做出了显著的贡献。在分辨真假的争论中，也取得了某些进展。但是，从整个领域来看，它除了用现代科学不断分解和精细化的方法外，在结论上并没有取得与之相称的结果。因为，科学所面对的，是已知、局部和现在的部分；哲学所面对的，则主要是未知、整体和未来的部分。其最终结果只会像现代西方美学那样导致美学学科本身的危机和消解。

四、美学是研究审美关系的科学

这种观点认为，美学是以人为中心的，而人是社会关系的总和，于是"美"或者"审美"便具有了关系属性。美学研究的是主体与客体、主观与客观、感性与理性、人与自然、个性与社会、人与自身的和谐统一的关系。"审美关系说"有三个理论渊源：马克思主义的实践论、发生学认识论以及现象学理论。① 从马克思主义实践论来看，审美关系以情感为中介去实现主体与客体之间的和谐统一，是不同于人与现实的意志关系和理智关系的，因为审美关系所追求的是合目的性（善）与合规律性（真）的统一。马克思在《1844年经济学哲学手稿》中写道："对象如何对他来说成为他的对象，这取决于对象的性质以及与之相适应的本质力量的性质，因为正是这种关系的规定性形成一种特殊的、现实的肯定方式。"② 马克思的这一观点在现象学那里得到了共鸣。当代美国学者詹姆士·艾迪（James M. Edie）在给《什么是现象学？》的代前言中写道："现象学并不纯是研究客体的科学，也不纯是研究主体的科学，而是研究'经验'的科学。现象学不会只注重经验中的客体或经验中的主体，而是集中探讨物体与意识的交接点。因此，现象学研究的是意识的意向性活动（consciousness as intentional），意识向客体的投射，意识通过意向性活动而构成的世界。"③

对于美学的研究对象是审美关系这个观点，也有不少异议。因为，"人对现实的审美关系"并没有揭示出美学对象的特殊本质，也不能规定科学对象的确切定义。从一定意义上讲，一切科学都是研究"关系"的。每门科学都是以某一现实的关系，作为自己研究的范围、界限，所以，没有特殊性的"审美关系"就成了一个抽象的、没有任何内容的概念。正如马克思说："如果事物的表现形式和事物的本质会直接合而为一，一切科学就都成为多余的了。"④

---

① 参见周来祥《三论美是和谐》，山东大学出版社2007年版，第502页。
② ［德］马克思：《1844年经济学哲学手稿》，人民出版社2018年版，第83页。
③ 转引自程代熙《现象学·美学·文学批评》，载［法］杜夫海纳《审美经验现象学》，韩树站译，文化艺术出版社1992年版，代前言1—2页。
④ ［德］马克思、［德］恩格斯：《马克思恩格斯全集》第25卷，中共中央马克思恩格斯列宁斯大林著作编译局译，人民出版社2016年版，第923页。

五、美学的研究对象是审美活动

因为一切审美活动的主体，都是有生命、有实践能力的人，而人正是美学所关注的中心。把审美活动作为人按照"美的规律"进行的超实用功利的普遍创造形式，集中、鲜明地体现了人文实践领域的价值特性。前面提到的"审美关系"和"审美经验"两种设定都可以纳入"审美活动"这个设定。"审美关系"总是产生并存在于人类审美活动中，而不是先于审美活动存在的。脱离审美活动，"审美关系"就成了一个抽象的、没有任何内容的概念。脱离审美活动，"审美经验"的研究可能局限于主体的审美心理和审美趣味，美学研究就可能变成纯粹的心理学的研究，美学就不再是美学。

目前，国内美学界很多学者赞同把美学研究的对象设定为审美活动。人类的审美活动是人的一种精神—文化活动，人类的一切审美现象、审美关系与审美规律，都包蕴在人类的审美活动中，也是在人类的审美活动中产生并发展的。艺术活动则是审美活动的一种特殊的形态，人类的审美活动在现实中就是一种心理活动过程，审美经验就在这样的活动中获得的。对美的研究只能从具体的审美活动出发，通过对审美活动的具体分析来获得答案，包括对美的本质问题的探索、对审美规律的探索，以及与美有关的现象的解释等。审美活动的各个方面构成美学研究的对象，在对这种对象作系统研究的基础上形成美学学科体系。从这个角度看，可以把美学称为研究审美活动的学科。这个定义，与美学是研究人类审美现象、美学是研究美，以及美学是研究审美关系的定义并不矛盾，可以起到整合的作用。

第三节　学习美学的现实意义

我国改革开放初期，受资本主义思潮和文化的冲击，拜金主义、拜权主义、享乐主义、利己主义一时泛滥，一些人开始觉得苦恼、迷惘、困惑、无所适从，当受到利欲引诱时，就极容易接受错误的价值观，产生价值观的错位，从而导致所谓的"道德滑坡"。所以面对当时的社会现象，美学家周扬曾经说过："我们要实现人类最崇高的理想——共产主义，要培养自觉地建设社会主义的新人，就不能不发展美学，不能不发展审美教育。……正确地指导和积极地开展审美活动，使人们懂得什么样的生活态度，什么样的生活方式，什么样的人与人之间的关系，什么样的行为作风是美的，是应当追求和令人向往的，这对于移风易俗，改变不良的社会风气具有巨大意义。"①

进入新时代，随着我国社会经济的高速发展，社会进入信息化形态，网络经济、高铁、量子科学、自媒体平台、元宇宙等新概念与新事物层出不穷。中华民族崛起进入最后的冲刺阶段，人类社会也步入百年未有之大变局。时代对美学和美育的内在要求与需求也在发生着变化。中华民族已从百年屈辱中解脱出来，由自卑向自信转变。大国国民的整体素质和集体意识也是国家力量的重要内容，也将影响着国家和世界。作为大国国民，如何站在全人类的高度思考社会、观照世界，如何践行人类命运共同体思想，需要中国人民传承和弘扬中华美学精神，促进文明互鉴，美美与共，共筑人类美好家园。

2014年，习近平总书记在文艺工作座谈会上提出"传承和弘扬中华美学精神"②，这是一个新命题，也是实现中华传统文化创造性转化的一项新任务。2020年，中共中央办公厅、国务院办公厅印发了《关于全面加强和改进新时代学校体育工作的意见》和《关于全面加强和改进新时代学校美育工作的意见》，并发出通知，要求各地区各部门结合实际认真贯彻落实。两份意见均是以习近平新时代中国特色社会主义思想为指导，全面贯彻党的教育方针，坚持社会主义办学方向，以立德树人为根本，以社会主义核心价值观为引领，以提高学生审美和人文素养为目标，弘扬中华美育精神，以美育人、以美化人、以美培元，把美育纳入各级各类学校人才培养全过程，贯穿学校教育各学段，培养德智体美劳全面发展的社会主义建设者和接班人。

体育蕴含丰富的美育内涵和美育元素，也拥有最广泛、最有趣的美育手段。我们应加强体育美育工作，引领学生树立正确的生命观、身体观，培养高尚的审美观念和道德情操，培植深厚的民族情感、激发想象力和创新意识，培育健康的心智和宽广的胸怀，造就德智体美全面发展的社会主义建设者和接班人。

历史使命对新时代体育教育工作者提出了新的要求。新时代体育教育工作者应该思考如何创新体育活动内容、方式和载体，增强体育活动的趣味性

---

① 周扬：《重视审美教育，加强美育研究》，载《美育》1981年第3期。
② 新华社：《习近平在文艺工作座谈会上的讲话》，见学习强国（https://www.xuexi.cn/126644f285070a1e38f3e1b7b1ec818c/e43e220633a65f9b6d8b53712cba9caa.html），2022-10-10。

和吸引力；如何通过开展丰富多彩的体育活动，充分利用现代信息技术手段，培养学生发现美、表现美、创造美的能力和意愿；如何开发和创新体育教学资源，培养学生健康向上的审美趣味、审美格调、审美理想。我们相信未来在学校体育工作中，体美融合、以体育美将成为立德树人、提升人才培养质量的重要途径和方式。

思考题
1. 关于美学研究对象有几种观点？美学研究对象是什么？
2. 学习美学有什么时代意义？
3. 新时代体育教育工作者的美育任务是什么？

第二章 体育美学概述

体育是以身体活动为基础的一种社会文化活动。不论是早期人类的身体活动，还是现代有组织的身体教育活动，归根到底，都是为了提升人类自身的生存能力和生存质量。也就是说，人类的身体活动具有内在的、天然的合目的性和合规律性相统一的特征，即人类身体活动的终极目的是追求美，体育天然地存在美的元素。

随着人类社会科技的发展，社会结构、社会思想也在不断变化，人类对真、善、美的追求本应更和谐共生，但现实是随着科技的迅猛发展，科技异化现象愈演愈烈，科技与伦理的疏离、理性与价值的分裂等问题愈加严重。而这些问题导致人类社会审美价值观越来越狭隘，如复制式的整容、病态的身体审美、夸张异类的行为方式。更严重的是，随着人类社会商业的发达和信息技术的发展，诱导式、捆绑式的审美消费给现代人打造了一个同质化的审美牢笼，个体在这个牢笼中只能被动地进行改变或逃避。由此，心理学提出了自我客体化（self-objectification）的现象。①

---

① 自我客体化（self-objectification）理论是20世纪90年代西方社会心理学针对西方媒体和社会文化中充斥着性客体化女性身体的现象而提出的，主要研究社会文化环境对女性心理健康的影响。自我客体化原指女性内化为一个观察者来看待自己的身体，将自己的身体当作一个基于外表被观看和评价客体的现象（Cf. Fredrickson & Roberts,"Objectification theory: toward understanding women's lived experiences and mental health risks," Psychology of Women Quarterly, 1997 [21], pp. 173 - 206.）。目前，自我客体化理论的应用研究已扩展到不同人群和不同领域（参见张何雅婷《老年刻板印象对拥有感的影响：状态自我客体化的中介作用》，陕西师范大学硕士学位论文，2021年）。自我客体化也为体育审美提供了一个理论突破方向，因为在体育运动中，主客同一的现象是其他审美活动不常见的。在体育审美活动中，审美者既是主体又是客体，而通过对自我的观照，更能激发主体的生命热情，反过来激励主体参与更多的生命体验活动（体育活动）。

而体育对现代社会的审美异化具有良好的改造效果。2021年东京夏季奥运会和2022年北京冬季奥运会期间，网络媒体纷纷撰文称"被奥运会修正了审美"。运动员力挺万钧的力量之美、奋力拼搏的精神之美、眸光坚定的勇毅之美，给观众们带来了更多元的美的感受。

人类创造了体育，体育促进了人类的发展。因此，运用美学理论分析体育中美的现象，深入认识体育的审美价值，不断探究体育美的规律，追寻人类的终极意义，是体育美学的历史使命。

第一节 我国体育美学的学科发展

美学作为一门独立科学在20世纪初才从西方传入中国。王国维、蔡元培、蔡仪、朱光潜、宗白华等一大批学者在介绍西方美学和发掘中国古代美学思想方面都做出了巨大的贡献。但由于历史原因，从20世纪50年代美学大讨论后到70年代末，中国的美学研究一直处于停滞状态，也导致了中国体育美学的研究滞后于国外。

改革开放以后，随着中国与国外的交流增多，一些从事体育理论、体育哲学研究的学者开始介绍体育美学，并着手体育美学的研究。中国体育美学从萌芽到快速发展大致可分为以下四个阶段。

一、初创阶段（1980—1992年）

1980年，中国体育科学学会成立并举行全国体育科学学术报告会。在大会上，胡小明发表了《体育美学初探》，并被《1980年全国体育科学学术报告会论文摘要汇编》（以下简称《汇编》）收录。但当时大会没有设立体育哲学或体育美学论坛，这篇论文最后被收录于《汇编》的体育理论部分。[①] 1984年8月，福建体育科学学会、北京市体育科学研究所和北京体育学院（今北京体育大学）三个单位发起，以民办的形式在福建泉州召开了全国体育哲学、体育经济学学术讨论会，与会者提议来年由学会出面征文召开论文报告会以扩大学科范围。1985年7月，体育科学理论学会在福建永

[①] 参见中国体育科学学会编《1980年全国体育科学学术报告会论文摘要汇编》，人民体育出版社1980年版，第6页。

安召开了全国体育哲学、社会科学学术报告会,该届大会正式设立"体育美学"学科组。[①]

在这个阶段,一批体育美学专著和教材相继出版,大量体育美学论文也陆续发表。1987年8月6日至11日,中国体育科学学会、体育科学理论学会在湖南省湘西桑植县天子山召开了全国体育美学论文报告会,会议代表就体育美的本质、具体形态、体育美感以及不同运动项目的审美特征等诸多问题进行了学术探讨。1989年4月,《体育美学》一书的编写大纲讨论会在武汉江汉大学召开,此会进一步具体地讨论了体育美学的理论体系,学科体系建设引起了重视。1989年4月,在安徽屯溪,中国体育科学学会、体育科学理论学会组织了体育美学研讨会,会议进一步探讨了体育美学中的一些理论问题,围绕什么是体育美、体育美与艺术美的关系、体育美学的基本范畴、体育美感的民族性和共同性、人体美如何理解等问题展开讨论。同年10月下旬,中国体育理论学会在天津蓟县(现蓟州区)为准备向1990年亚运会科学大会申报论文而举行论文报告会,录取的论文有体育美学的选题。1990年,中国体育科学学会、体育科学理论学会活动以北京亚运会科学大会为中心,在该次全国举行综合性的国际科学论文报告会上亦有体育美学的论文入选。1991年10月11日至14日在苏州召开的体育美学学科建设研讨会,讨论了体育美学的"八五规划",形成了三项建设性的意见并分别落实:第一,撰写《体育美学十年历程》,系统总结体育美学的研究成果,留下阶段性的总结;第二,由中国体育科学学会、体育科学理论学会组织摄制《体育美学概观》的电视教学片;第三,于1992年春季组织一次体育美学讲习研讨班暨论文报告会。[②] 1992年5月,中国体育科学学会社会科学分会在广州召开了体育美学论文研究会。

初创阶段出版的体育美学专著和译著主要有:

胡小明的《体育美学》(成都体育学院教务内部印刷1985年版、四川教育出版社1987年版和1988年修订版),黄捷荣、张豁然的《体育美学概论》(沈阳体育学院教务处内部印刷1985年版),孔祥安的《体育美学》(人民体育出版社1988年版),日本学者邦正美所著、王代才和姜登荣翻译

---

① 参见体育科学编辑部《中国体育科学学会1985工作简况》,载《体育科学》1986年第2期。

② 参见刘丽《体育美学的十年:1991年体育美学学科建设研讨会综述》,载《体育与科学》1991年第6期。

的《舞蹈美学》（成都体育学院成人教育部/体育学研究室内部印刷1988年版），日本学者小林信次所著、孔祥安翻译的《体育美学》（人民体育出版社1988年版），苏联学者萨拉弗等人所著、张江南和张豫鄂翻译的《运动美学》（武汉体院教务处内部印刷1988年版），刘慕梧的《体育美学》（辽宁大学出版社1988年版），黄捷荣主编的《体育美学教程》（广东人民出版社1989年版），金大陆的《体育美学》（中国青年出版社1990年版），胡小明的《体育美：中学生美学文库》（湖北教育出版社1991年版），刘慕梧的《体育美学》（科学普及出版社1992年版）。

二、普及与探索阶段（1993—1999年）

这个阶段主要通过学术活动普及体育美学，通过学术会议探索体育美学的研究内容、研究方法，以及具体的研究应用。

1993年5月，全国体育美学应用研讨会在扬州召开，会议主要就"体育美学的发展方向""体育美学的应用""体育美学的专业作用和实践作用""体育美学研究在教学训练、观赏中的应用"等问题进行了讨论。此次会议还提出了四点操作性意见：第一，成立体育美学研究成果推广中心，进行成果开发有偿服务；第二，建议国家教委能把体育美学作为一门课程，列入体育院系的教学计划；第三，在强调体育美学的应用时，同样不能忽视基础理论研究；第四，应尽快创办一种《体育美学通讯》一类的出版物，便于交流和沟通信息。[①]

随后，学界召开了1994年的厦门会议、1996年的昆明会议和1997年的张家港会议。这几次会议均具有培训和研讨的双重性质，且大多为论文报告会。在论文报告研究会的基础上，中国体育科学学会体育社会学分会体育美学学科组先后编辑出版了《体育美学论文集》《体育美学研究与应用》《当代体育美学》三本美学论文集。这些论文集的出版说明投入体育美学研究的人员开始逐渐增多了。

值得注意的是1996年的昆明体育美学论文研讨会提出了体育美学新的发展阶段的三个任务。一是深化理论研究，对现有的体育美学理论进行审视、检验和取舍，予以深化、拓展和提高。二是开展应用研究，主要是指在

[①] 参见晓理《走向应用的体育美学研究：93扬州体育美学研讨会述评》，载《体育与科学》1993年第5期。

体育美学理论的指导下，在充分研究了各个运动项目所具有的美学特征的基础上，进而研究应该采取什么样的措施和方法，把体育教学和训练搞得更好，更合规律性，让学生快速正确地掌握这项运动技术；研究如何来体现、突出和强调体育运动中的美，让学生感受、认识和掌握它，并逐步培养学生表现美和创造美的能力，对学生进行审美教育。三是以不定期出版《体育美学论丛》为纽带，团结国内外有心于此的学者，推动中国体育美学的研究和教学。①

三、深化与波浪式前进阶段（2000—2017年）

这个阶段的体育美学研究以不断深化和波浪式前进为特点。此阶段出版的体育美学专著主要有：

曾宪刚的《体育美学》（人民体育出版社2000年版）、邵纪淼等人主编的《体育美学　体育摄影》（广西师范大学出版社2000年版）、王平的《现代体育美学》（苏州大学出版社2006年版）、吴志强的《体育活动过程的审美阐释》（北京体育大学出版社2007年版）、张娜的《体育美学》（北京体育大学出版社2008年版）、金大陆的《体育美学：人·运动·未来》（上海人民出版社2008年版）、胡小明的《体育美学》（高等教育出版社2009年版）、高俊主编的《体育美学》（东北林业大学出版社2009年版）、雷国梁的《美学与审美：体育（艺术）美学素质教育》（北京体育大学出版社2011年版）、尚志强的《体育美学》（中国广播电视出版社2011年版）、李立群和胡静雯《体育美学》（安徽师范大学出版社2012年版）、赵歌的《竞技跳水美学研究》（北京体育大学出版社2016年版）、蒋菠的《大学体育人文精神重塑：基于身体美学视角研究》（人民出版社2016年版）、张超的《美学视域下体育艺术化趋势解读》（人民体育出版社2016年版）、朱海艳的《体育艺术化趋势下的体育审美教育》（中国纺织出版社2017年版）。

通过中国知网以"体育美学"为主题进行查询，从2000年开始，每年发表的体育美学论文从此前的十几篇迅速上升至二三十余篇，发表的论文也开始从体育美学的介绍和学科构建转向运动项目的美学特征和体育教学中美育的应用研究。结合本阶段的专著出版情况可见，这一阶段的体育美学著作

---

① 参见李金康《有待突破的中国体育美学研究：昆明体育美学论文研讨会综述》，载《体育与科学》1997年第2期。

和论文在研究范围上有了较大的扩展，主要特点有三个。

第一，在体育美学基础理论研究方面，多了一些专题研究，如《美学视域下体育艺术化趋势解读》《竞技跳水美学研究》《体育活动过程的审美阐释》等著作。在论文方面，开始有学者对体育美的民族性和东西方体育美学研究向方面的异同作了一定的探索。

第二，在运动项目审美特征研究方面，开始加强了对体育艺术性的研究，同时涉及的项目也开始向非艺术性的运动项目扩展。

第三，这个阶段体育美学的应用研究多集中于体育审美教育方面，即如何在体育教育过程中加强学生的审美教育。但由于大部分论文作者的体育哲学或体育美学基础理论训练不够，相关问题的探讨大多停留在美育的实施手段上，对体育美育理论缺乏深入的研究。

四、体育美学新时代阶段（2018年至今）

这个阶段的特点是美育已成为国家重要教育发展战略和抓手，并以此为契机推动中国美学，包括体育美学的大发展。

2018年9月10日，全国教育大会提出，要全面加强和改进学校美育，坚持以美育人、以文化人，提高学生审美和人文素养。2020年10月，中共中央办公厅、国务院办公厅印发了《关于全面加强和改进新时代学校体育工作的意见》和《关于全面加强和改进新时代学校美育工作的意见》，要求把学校体育工作摆在更加突出位置，构建德智体美劳全面培养的教育体系。文化建设和文化自信是习近平新时代中国特色社会主义思想的主要内容，是中华文明崛起的内在要求，而美育是文化建设和文化自信的重要途径。随着我国社会经济的快速发展，中国人民的生活满意度和幸福指数也越来越高，因此，如何提升人民的生活质量，更深刻体验人生的意义，成为美学的时代责任。生活再幸福，也有痛苦、有挑战，甚至面临灾难，而体育作为人体验自我本质力量最直接的载体和途径，可以激发人的本质力量，呈现出人的积极性的一面，从而加深主体对生命意义的认识。在这方面，体育美学应勇敢承担起历史赋予的重大使命。

当然，新时代体育美学要在马克思主义哲学的基础上，建立和发展美学的基础理论，继承传统，面向时代，深入挖掘体育美学的人文价值，加快我国体育美学的发展，同时还应坚持古为今用、洋为中用的立场，充分吸收中国古代美学中有益的资源，吸收西方古代美学中有营养的价值，坚持通过开放与各国体育美学进行同步对话，从而实现中国体育美学的自主创新，百花齐放和多元发展。

第二节 国外体育美学的学科发展

一、日本体育美学学科发展

早在1950年日本体育学会的会刊《体育的科学》创刊号上，曾学习西洋绘画和美术解剖学的西田正秋发表了题为《体育美学的提倡》（《体育美学の提唱》）的论文，开始了从人体美的角度研究体育美。他认为体育美学与抽象思辨的美学不一样，体育美学难以独立成为一门学科，体育美学应从哲学美学的角度形而下地观察研究。他把体育美学看作美学的一个研究领域，主要研究人体运动和表情引起的美学效果问题，也就是研究人的身体美、姿态美、表情、动感节奏等。他认为体育美学应是近似于艺术教育的美学。[①] 1951年，他又发表了《体育与美的关联性》（《体育と美の連関性》），认为："体育和美之间有时存在着相当密切的联系，这种联系是人体通过体育教育得到了理性的改善和完善……这种'人体之美'包括肌肉、骨骼和四肢健康发展的静态身体之美，以及运动、表现和技巧的动态功能之美。"[②]

20世纪50—80年代，日本体育科学会体育原理分会发表了大量的体育美学论文。如秋山竹雄发表了《体育美的研究：从电影"东京奥运会"说起》，小林信次发表了《体育中的审美价值》和《体育美成立的条件法则：1. 原理的研究》，舛本直文发表了《体育的美学考察：关于体育实践者的审美体验》和《体育的美学考察Ⅱ》，松下雅雄发表了《空手道技术的美学考察》，樋口聪发表了《中井美学与体育：围绕"体育情绪的结构"》和《体育美学的问题领域》等。

同期，也有大量的体育美学相关著作出版，如池上金治的《体育美学：新女性美的创造》（体育研究社1958年版）、《健康的美学：创造一种新的美》（协同出版1963年版）、《美丽的比例：青春和魅力的设计》（协同出版

---

① 参见［日］西田正秋《体育美学的提倡》，载《体育的科学》1950年第1卷第1号。

② ［日］西田正秋：《体育与美的关联性》，载《体育的科学》1951年第1卷4号。

1966年版），松田义之的《体育美学》（道和书院1971年版），小林信次的《体育美学》（逍遥书院1973年版），中尾喜保的《现代体育学研究法》（大修馆1972年版）①，胜部笃美的《体育美学》（杏林书院1972年版），近藤英男的《体育美学理论》（不昧堂1976年版），等等。

从日本体育美学的发展历程看，日本体育美学的研究发端于对人体美的研究，如松田义之说："体育美学是将其原理建立在一般美学的基础上，对身体美的探索，目的是认识美，兼促进身体的健康和正常的发展。"② 日本体育美学的研究还基于体育本质的思辨基础上展开了体育与美育关系的讨论，如近藤英男认为"体育美学"可以被视为"作为美学教育的体育教育"③。

二、东欧体育美学学科发展

20世纪20年代，苏联教育家、运动医学先驱戈里涅夫斯基（Gorinevsky Valentin Vladislavovich，1857—1937）在他的著作中开始对体育文化和审美进行了前瞻性的思考。④ 在20世纪50—60年代初，苏联许多学者都出版了关于体育文化和审美的著作。1961年，阿·阿·弗连金发表了名为《人格的和谐发展与美育与身体的统一》的论文，被认为是苏联第一篇专门阐述和研究体育运动美学方面的哲学论文。⑤ 1963年，阿·阿·弗连金出版了《体育文化美学》，提出"体育作为一门艺术"的观点，从广义的身体文化的角度来探讨体育中的美。他在分析摔跤运动时，认为运动的娱乐性在于"正在发生的事情的即时性"⑥。加里宁在1968年出版了《美学与体育文化》。⑦

---

① 其中，第459–472页为"美学研究法"章。
② ［日］松田义之：《体育美学》，道和书院1971年版，第7页。
③ ［日］近藤英男：《体育美学理论》，不昧堂1976年版，第13页。
④ Cf. Сараф, *Эстетические Компоненты Спортивной Деятельности*, Государствен-ный центральный ордена Ленина институт физической культуры（ГЦОЛИФК），1981.
⑤ Cf. Сараф, *Эстетические Компоненты Спортивной Деятельности*, Государствен-ный центральный ордена Ленина институт физической культуры（ГЦОЛИФК），1981.
⑥ Френкин, *Эстетика Физической Культуры*, ФиС., 1963, p.43.
⑦ Cf. Калинин, *Эстетика и Физическая Культура*, 1968.

1974年在莫斯科召开的第一届和1980年在第比利斯召开的第二届"现代社会中的体育"世界科学大会成为苏联体育美学发展的里程碑，大会对体育美学的特征和研究方向进行了深入研讨。此后，苏联体育美学的研究进入了快速发展阶段，作为代表人物之一，萨拉弗于1978年出版了《运动美学》（Эстетика Спорта），1984年与斯托利亚罗夫合编了《体育美学概论》（Введение в Эстетику Спорта），1997年出版了《体育与艺术文化：体育、精神、价值观、文化》（Спорт и Художественная Культура：Спорт，Дух，Ценности，Культура）。斯托利亚罗夫也出版了《体育的审美价值》（The Aesthetic Value of Sport，1984），纳扎连科出版了《体育锻炼的美学》（Aesthetics of Physical Exercises，2004）。匈牙利学者塔卡茨出版了《体育美学的理论基础》（1986）。从体育美学出版著作看，东欧与俄罗斯的体育美学研究更多还是哲学思辨和文化方面的分析。

三、欧美体育美学学科发展

第二次世界大战后，欧美国家体育职业化、商业化得到了快速发展，体育娱乐与休闲成为人们日常生活中的重要组成部分，同时也催生了体育哲学的发展，并用思辨的视角关注和探索如何让体育提升人们的满足感、幸福感。20世纪60年代，欧美体育界、哲学家、媒体界的关注点开始从体育的竞技性转向体育的整体体验，以及对人类的意义。[①] 如维瓦斯将审美体验定义为一种非及物的经验，任何外部因素都不会干扰他对美丽节奏的欣赏。[②] 1969年，《国际奥委会通讯》月刊发表了美国学者安东尼的一篇文章《体育运动作为美育的一种手段》。他认为，在体育中可以发现某些特别具有美感的现象（和谐、节奏、对称性等）。通过提高人类对审美现象的接受能力，可以帮助美学教育。[③] 体育界也举办各种论坛和会议研讨体育与美学的问

---

① Cf. Cordner, "Aesthetics and sport," In Peters, *Encyclopedia of Educational Philosophy and Theory*. Springr. https://doi.org/10.1007/978-981-287-588-4_77, 2020-10-10.

② Cf. Vivas, "Contextualism reconsidered," *The Journal of Aesthetics and Art Criticism*, 1959, 1 (2), pp. 222–240.

③ Anthony, "Sport and physical education as a means of aesthetic education," *Newsletter*, 1969 (17), pp. 101–106.

题。如1970年,英国利物浦女子体育学院校长协会主办了体育美学研讨会。同年,曼彻斯特索尔福德大学举办了名为"美学与体育"的学术会议。

除了学术论文的大量发表,欧美国家也出版了一批体育美学著作。受欧美艺术美学的影响,欧美体育美学更注重从艺术角度进行研究。如法国学者皮埃尔·弗雷西内特出版的《艺术中的体育》(1968)认为:"体育是一种艺术表现形式。对古希腊宗教仪式的研究向我们证明,可以通过给他们带来礼物来安抚神灵。"① 英国惠特宁和马斯特森出版了《体育美学读物》(1974),收录了众多体育美学的论文。德国学者葛哈德和威克斯出版《体育与美学》(1995)。维特·甘特出版了《体育美学》(1982),阐述了体育美学的基本问题和表述。加拿大学者霍尔特出版了《运动美:体育的哲学美学》(2019),提出了体育美学的五个层次的分析,即体格(physique)、动作(movement)、表现(performance)、架构(framework)、意义(significance)。其中,体格是最基本的层次,并认为运动员以自己的身体作为审美对象可以有利于运动员作为审美欣赏的对象,可以在体育场境中和体育场境外都能得到积极的评价。②

以欧美为代表的西方美学到了20世纪50年代发生了重大转变。美学开始集中关注艺术问题,传统的美学问题在一些美学家那里则很少被关注,或者只是作为讨论艺术的哲学前提,这就出现了美学的艺术哲学化趋势。在这种趋势和思潮影响下,欧美体育美学的关注也集中在体育与艺术的关系方面。最具代表性的应该是美国学者大卫·贝斯特和斯宾塞·K.韦尔茨关于体育是不是艺术的论战,双方都发表多篇论文阐述自己观点并反驳对方观

---

① Cf. Frayssinet, *Le Sport Parmi Les Beaux-Arts*, Arts et Voyages, 1968, p. 27.
② Cf. Holt, *Kinetic Beauty: The Philosophical Aesthetics of Sport*, Routledge, 2019, pp. 3–13.

点。① 贝斯特认为,"在艺术中,与体育不同,人们关注的对象,粗略地说,是一个想象的对象","体育的目的性和体育的审美性之间的存在逻辑上区别,但这种区别通常被混乱地表述为审美和竞技之间的所谓区别"。② 韦尔茨认为:"有资格成为艺术作品(如果有的话)是选择者的选择过程,这与有目的的运动是一样的;是观众在体育运动中发现的东西使他们成为审美思考的对象,身体活动或对象中没有任何内在的东西使它有资格成为艺术品或艺术形式。那些更有资格作为艺术或艺术作品的运动,是审美运动。这些运动确实强调'形式',而且审美评价是建立在这些活动中的。有些运动确实比其他运动更有资格成为艺术。"③ 从他们的论战可以看出,体育不完全是艺术,体育中存在艺术成分,或只是有些运动才称得上是艺术。

第三节 体育美学的学科属性

一、体育美学的概念

如何对某一事物或现象进行科学的定义,一直是人类在知识获得和运用过程中不可缺少的内容和任务。概念就是对事物或现象属性进行界定的一个基本且重要的逻辑学及哲学范畴。如何对事物进行界定,关系到学科体系是否严密以及学科边界是否清晰,有助于准确把握事物的内涵和外延。金岳霖

---

① 斯宾·K. 韦尔茨(S. K. Wertz)发表了"Are sports art forms?"(*The Journal of Aesthetic Education*, 1979, 13 [1])和"A response to best on art and sport"(*The Journal of Aesthetic Education*, 1984, 18 [4]),大卫·贝斯特(David Best)发表了"Art and sport"(*The Journal of Aesthetic Education*, 1980, 14 [2])和"Sport is not art: Professor Wertz's aunt Sally"(*The Journal of Aesthetic Education*, 1986, 20 [2])。后期还有其他学者也加入了论战,如英国的皮特·J. 阿诺尔德(Peter J. Arnold)发表了"Sport, the aesthetic and art: further thoughts"(*British Journal of Educational Studies*, 1990, 38 [2]),路易斯·阿诺德·里德(Louis Arnaud Reid)发表了"Sport, the aesthetic and art"(*British Journal of Educational Studies*, 1970, 18 [3])。

② Best, "Art and sport," *The Journal of Aesthetic Education*, 1980, 14 (2), pp. 69 - 80.

③ Wertz, "Are sports art forms?" *The Journal of Aesthetic Education*, 1979, 13 (1), pp. 107 - 109.

的《形式逻辑》把概念定义为"反映事物的特有属性（固有属性或本质属性）的思维形式"①。《大美百科全书》把概念定义为"一种思想或理念。在哲学上是指一观念，包含在特性上与某一逻辑上有关的一切事物"②。《普通逻辑（增订本）》把概念定义为"反映对象特有属性或本质属性的思维形式"③。《逻辑学》把概念定义为"反映对象的本质属性的思维形式"④。第二版《中国大百科全书》把概念定义为"人对事物本质属性的认识，是知识和思维的元素"⑤。第三版《中国大百科全书》把概念定义为"对事物本质属性的反映，是在感觉和知觉基础上产生的对事物的概括性认识"⑥。虽然不同的作者对概念的定义有区别，但在"概念是反映事物本质属性"方面是一致的。

关于体育美学的概念，在我国体育界也有不同的界定。曹利华和刘慕梧定义体育美学是研究现实生活中人与体育审美关系的科学。⑦ 邵纪淼等定义体育美学是科学地揭示体育美的本质特征、体育美的发展过程和规律，阐明人对体育实践的创造与审美关系的学科。⑧ 尚志强定义体育美学是体育科学的学科之一，是运用美学的基本理论和方法研究体育领域中美学规律、本质和特点的科学。⑨ 同一位学者在不同时期对体育美学的定义也可能不同。胡小明在 1988 年版《体育美学》中定义体育美学是在马克思主义的指导下，探讨人们在体育领域中如何进行审美活动的一门新兴学科⑩；在 2009 年版的《体育美学》教材中定义体育美学是探讨人在体育领域内如何进行审美活动

---

① 金岳霖：《形式逻辑》，人民出版社 1979 年版，第 18 页。
② 《大美百科全书》编委会：《大美百科全书》，外文出版社 1994 年版，第 236 页。
③ 《普通逻辑》编写组：《普通逻辑（增订本）》，上海人民出版社 1993 年版，第 105 页。
④ 中国人民大学哲学系逻辑教研室：《逻辑学》，中国人民大学出版社 1996 年版，第 8 页。
⑤ 《中国大百科全书》总编委会：《中国大百科全书》第 7 卷，中国大百科全书出版社 2009 年版，第 189 页。
⑥ 《中国大百科全书》总编委会：《中国大百科全书》心理学，中国大百科全书出版社 2021 年版，第 91 页。
⑦ 参见曹利华、刘慕梧《体育美学》，科学普及出版社 1992 年版，第 1 页。
⑧ 参见邵纪淼、左铁儿、王京城等主编《体育美学 体育摄影》，广西师范大学出版社 2000 年版，第 6 页。
⑨ 参见尚志强《体育美学》，中国广播电视出版社 2011 年版，第 12 页。
⑩ 参见胡小明《体育美学》，四川教育出版社 1988 年版，第 10 页。

的一门学科,是体育学的分支,也是美学的分支①。黄渭铭也在不同的论文中给出不同的定义:"体育美学是科学地揭示体育美的本质特征和美的表现形态的规律的科学"②,"体育美学是科学地揭示体育运动中美的本质特征和美的规律的科学"③。还有把体育美与体育美学的概念混淆,把体育美学定义为"体育美是人按照美的规律在体育运动中所塑造的自然和社会美的有机的和谐统一"④。从这些概念可以看出,随着对体育美学学科的深入研究,我国学者对体育美学概念的定义处于动态的发展中。

体育美学的本质规定性是建立在体育的本质属性基础上的。但学术界对体育的本质属性长久以来一直存在争议。体育作为现代术语是随着现代体操传入中国的,最初是作为学校教育的组成部分。关于体育的本质属性出现过本质论、实体论、还原论、真义体育观、体育整体观等观点。前四种观点都部分割裂了体育的部分内涵,不能全面地反映体育的属性。体育整体观则用一种整体的、发展的视角系统地理解体育概念及其本质,较好地避免了本质论、实体论、还原论和真义体育观在理论上的误区。熊斗寅是我国体育概念大讨论的主要发起者和参与者,他在《现代体育与体育现代化问题初探》一文中指出:"'体育运动'或统称'体育'是个总概念,按外文可直译为'身体文化'(physical culture)或'体育与运动'(physical education and sports)。它基本上包括三个组成部分:即体育教育(physical education)、竞技体育(competitive sport)和群众体育(mass sports)或称为大众体育(sports of all)。"熊斗寅认为,应该按照三个部分来区分体育这个总体性的概念:体育教育,或称身体教育,主要指学校的体育教学,即学校体育,包括学龄前儿童和成年人的身体教育;竞技体育,或称竞技运动,大致接近于sport一词;身体娱乐,是指娱乐中的体育活动和身体锻炼,在我国属于群众体育的范围,包括大众体育。⑤

体育不只是个体的身体活动,也是有组织的学校教育和社会文化活动。

---

① 参见胡小明《体育美学》,高等教育出版社2009年版,第1页。
② 黄渭铭:《关于体育美学研究对象的争论》,载《武汉体育学院学报》1989年第4期。
③ 黄渭铭:《简论体育美学研究的对象和方法》,载《体育科学》1990年第1期。
④ 黄捷荣主编:《体育美学教程》,广东人民出版社1989年版,第31页。
⑤ 参见熊斗寅《现代体育与体育现代化问题初探》,载《北京体育大学学报》1980年第1期。

体育美学的定义也要以整体的观点去看待。体育一词在语义上不能完全涵盖其现实的规定性，而日常生活中，"运动"已成为"身体活动"的代名词，所以用"体育运动"代替广义的"体育"更合理。体育美学是与审美有关的学科，有人认为不论美学，还是其分支学科，研究对象都是审美关系。我们认为，这是不全面的。体育美学研究领域应该是"审美现象"与"审美活动"。"审美现象"与"审美活动"能较好地涵盖体育美学的研究领域。"审美现象"与"审美活动"反映了在审美时主体与客体之间不同的关系和性质。体育审美活动反映的是主体在体育运动中的存在方式或状态，表现了主体某种行为模式的操作过程，具有特殊性。体育审美现象则反映以主体身份认识和考察体育活动，体育活动本身成为我们认识的对象，具有普遍性。因此，我们将体育美学定义为：是研究体育运动中审美现象和审美活动的学科。

二、体育美学是人文科学

人类知识在积累与发展的过程中，逐步分化为三大科学门类：①研究自然界物质形态、结构、性质和规律的自然科学，如数学、物理学、化学等；②研究社会结构、社会运动以及社会群体组织、规律和现象的社会科学，如政治、法律、经济等；③研究人类价值和精神的人文学科，如哲学、历史学、语言学等。

体育美学是研究体育运动中的审美现象和审美活动的学科，它以体育运动中人本身的生命存在和生命活动为本体，从主观与客观、人与自然、人与社会的矛盾中，具体地探讨体育运动对人生整体意义和人类内心世界的审美化。体育运动"更快、更高、更强"的理念非常契合审美的终极目标。体育运动中，人的审美活动根本上是一种旨在超越有限人生，以求获得终极意义和价值的活动。在体育审美活动中，人作为一个完整的生命体出现，不仅超越了有限的经验世界，而且超越了有限人生，超越了平淡的生活状态，激发出生命的活力。体育审美使片面的、不完整的人成为全面的、完整的人，这恰恰是人文活动的指归。人文学科关心的是人类价值体系的建构，而体育美学以体育运动中的审美现象和审美活动为对象，建构人在体育运动中的审美价值体系。

体育审美是审美主体和对象之间精神互动过程：一方面，审美对象本身具有能够满足人的情感需要的精神价值，并在其感性形态上呈现出来，体育运动不论是作为欣赏者还是参与者，都能获得一定精神上的放松与休息；另一方面，审美主体积极的心灵活动能够在对对象进行精神价值的评价中得到提升，主体的精神创造能力得以自由发挥，心灵进入自由的境界。在体育运动中，人的生命力得到充分展示，通过受意志控制的肉体活动，迸发出日常被抑制而难以展示的生命力。不论主体是否参与活动，在观照对象或本我过程中获得超越，人的精神得到升华。德国哲学家雅斯贝斯（Karl Jaspers，1883—1969）说："在体育运动中，我们仍发现和感觉到有某种毕竟是伟大的东西弥漫于这个事业之上。体育运动不仅是游戏，不仅是纪录的创造，它同样也是一种升华，也是一种精神上的恢复。"①

总的来说，体育美学属于人文学科是没有问题的。②

三、体育美学是交叉学科

现代体育学从学校体操发端后，逐渐与其他学科交叉，催生了不同的分支学科。但长期以来，体育学被归入教育学学科门类之下。1997年的《高等学校和科研机构授予博士和硕士学位的学科专业目录》将体育学的分支学科调整为四个二级学科，国家社会科学基金将"体育学"设置为一级学科予以资助，中国体育学作为独立学科的地位才得以确立。尽管如此，体育学的学科定位还是存在争论：有的认为，体育学自身的发展还有很多不完善、不成熟的地方，暂时还不能脱离教育学而独立为一门学科门类；有的认为，社会需求也发生了极大的变化，在这种局面下，为了体育长远发展的需要，体育学不宜继续留在教育学学科门类，而应作为独立的学科门类加以建设和发展。学界关于体育学科的发展有一个共识，仅靠体育理论背景学者的研究是不够的，体育学要想走出去，须引进更多其他学科的人才进行交叉学科、跨学科研究才能更好地推动体育学的发展。

---

① ［德］雅斯贝斯：《时代的精神状况》，王德峰译，上海译文出版社1997年版，第60页。

② "人文学科"与"人文科学"从词源上是有区别的：人文学科是人类精神文化活动所形成的知识体系，如音乐、美术、戏剧、诗歌、语言等作品以及创作规范与技能等方面的知识；人文科学则是关于人类生存意义和价值的体验与思考，是对人类精神文化现象的本质、内在联系、社会功能、发展规律等方面的认识成果的系统化、理论化，如音乐学、美术学、戏剧学、宗教学、文学、语言学等。

随着人类社会生产水平的不断提高，人类的生产生活范围也不断扩大，对世界的认识深度和广度也不断拓展。这必然导致在新学科不断出现的同时，原来古老的学科由于内容不断扩展而产生分化。自然界和人类社会本身不仅是多层次、多分支的复杂领域，同时又是一个互相联系和互相依赖的整体。人类知识体系除不断分化外，还需要进行新的综合或融合研究，这便导致了现代科学体系中交叉学科的产生。恩格斯在《自然辩证法》一文中指出："因为在自然界中没有孤立发生的东西。事物是互相作用着的，并且在大多数情形下，正是忘记了这种多方面的运动和相互作用，阻碍我们的自然科学家去看清最简单的事物。"[1] 因此，有广度地交叉融合是科学和学科发展的重要途径。2020年，教育部启动新版《学位授予和人才培养学科目录》，在原有13个门类基础上新增"交叉学科"门类。交叉学科是指不同学科之间相互交叉、融合、渗透而出现的新兴学科。2005年，美国国家科学院在其发布的《促进跨学科研究》报告中，在该定义的基础上进一步强调，跨学科研究"不只是将两门学科粘在一起来制造一个产品，而是思想和方法的整合、综合，这样的研究才真正是跨学科研究"[2]。交叉学科可以是自然科学与人文社会科学之间的交叉而形成的新兴学科，也可以是自然科学与人文社会科学内部不同分支学科的交叉而形成的新兴学科，还可以是技术科学与人文社会科学内部不同分支学科的交叉而形成的新兴学科。

美学学科自创立以来，研究领域一直处于扩张状态。当代美学的发展趋势之一是走出美学所规定的小天地，以一种跨学科的理论来打开美学研究的广阔空间。特别是随着现实生活的审美化，美学也将现实生活的一些领域变成了自身的课题，而形成了新的学科。当代美学研究中，如生态美学、环境美学、景观美学、设计美学、身体美学、时尚美学以及日常生活的美学等，都是奠基于美学与其他学科的综合性、交叉性之上的。跨学科美学一方面是对原有美学边界的跨越，另一方面也是对社会现实领域的重新接近。这些领域也包括体育美学。虽然很多美学家对体育美学和体育美也有论述，但这些论述不够深入，也不够系统，这也是体育美学创立的意义所在。体育美学是研究体育运动中审美现象和审美活动的学科，借鉴了美学研究的原理和方

---

[1] ［德］马克思、［德］恩格斯：《马克思恩格斯全集》第20卷，中共中央马克思恩格斯列宁斯大林著作编译局译，人民出版社2016年版，第517页。

[2] 文雯、王嵩迪：《知识视角下大学跨学科课程演进及其特点》，载《中国大学教学》2022年第4期。

法，研究对象也是按审美规律进行确定的。在某个方面也可以说，体育美学研究是美学在体育运动领域的应用研究和延伸。但是，由于体育的特殊性，体育美学的研究方法也有自己的独特性，如体育的参与性可以让研究者直接感受到体育运动中自我超越的审美体验感。体育运动特有的美感发现与创立除需要人文社会科学理论的支撑，还需要其他运动科学的创新介入，比如，如何借助运动力学让人体的运动技巧更娴熟、更科学，从而创造美感。因此，体育美学也需要采取走出去、引进来的策略才能获得更坚实的发展。

综上所述，我们把体育美学界定为体育学门类下的一门交叉学科。

第四节 体育美学与相关学科的关系

随着人类社会的不断发展，人类知识量在不断增加，各个科学部门（各学科）的内容也随着社会的进步越来越丰富。每当一个科学部门和学科的边界越来越模糊的时候，往往会催生新的学科，这也导致各科学部门或学科的划分越来越细，科学所包括的学科也越来越多。特别是进入20世纪中期，横亘在人文社会科学自然科学之间的壁垒逐步被打破，不同领域的学科之间相互交叉、相互融合，建立了一系列交叉学科。现代体育科学中运动技能类学科大多是由于其特殊性而创新建立的，但在学科形成过程中也吸收了其他学科的理论或方法。而体育人文社会学科、运动人体学科、体育教育学科可以说都是从母学科分化出来的，因此，体育美学作为体育人文社会学科的一个分支，自然也和体育人文社会学科的母学科有着密切的联系，甚至随着审美研究科学化，体育美学也开始引入心理学等自然科学的原理和方法。

一、与美学的关系

美学是体育美学的母学科，体育美学是美学的一个应用分支。美学研究的是作为审美主体的人从整体上认识外部世界的审美活动和审美规律，体育美学研究的是人在体育活动中的审美现象和审美活动。它们之间是一般和特殊、共性和个性的关系。美学研究的是具有普遍规律的审美现象的性质、类型、特征，揭示美的奥秘，从中总结出具有普遍意义、规律性的东西。体育美学是对美学基本原理在体育中的展开、延伸，是美学在体育审美活动中的应用。但体育美学的研究不是简单地移植美学原理、概念等范畴，也不是把体育审美活动机械地套用美学的研究方法。体育是人类作为生物体的一种内在需求，随着人类经济社会的发展，体育的功能也从生存游戏到强身健体、精神愉悦不断地变化着，并且在体育审美活动中，主客同体的现象是其他美学分支不常见的。在体育活动中，审美主体通过观看或参与体育活动，产生情感共鸣，或体验自我超越，这种审美感觉是强烈的、持久的。正因为此，加强体育美学的研究，可以丰富、拓展、补充美学的内涵。

二、与哲学的关系

美学的产生是从哲学的母体脱胎出来的。美学在历史上曾长期从属于哲学而成为哲学的组成部分或分支，这个时间长达上千年。美学与哲学有着最直接的关系，历史上许多哲学家同时也是美学家，他们的哲学思想和美学思想常常融为一体。哲学的研究对象是主客观世界，是研究自然界、人类社会和人类思维发展的一般规律的科学。哲学为美学研究提供了世界观和方法论的基础，对美学研究起指导作用，而美学的研究成果反过来又丰富了哲学内容。但美学却不是哲学的附庸，它有自己独特的研究对象，它们是整体与局部、一般与特殊的关系。体育作为美学的分支，不论是研究内容还是研究方法，都需要哲学作指导，以保证研究做出科学的论述。哲学是研究世界观和方法论的科学，审美是世界观形成的重要方式，审美观也是世界观的组成部分，但审美观的形成却超出了哲学的研究范围。体育审美是对体育活动中具体形态的审美活动，体育美育具有独特的途径和效果。因此，虽然哲学为体育美学提供了理论基础和研究方法，但不能代替体育美学的具体研究，也就是说，体育美学不是体育哲学。

三、与艺术学的关系

体育与艺术有着密切的联系，俗话说"艺体一家"。特别是从现代奥林匹克运动诞生起，艺术比赛是体育赛事的重要组成部分。1912年至1948年，每届奥运会都会举办文学、建筑、绘画、雕塑和音乐五个项目的比赛，也称"缪斯五项艺术比赛"。1950年后，这个比赛改为艺术展，赫尔辛基成为首届举办奥林匹克艺术展的城市。1954年，国际奥委会将组委会举办艺术展览（包括建筑、音乐、文学、绘画、雕塑、体育邮票和摄影、芭蕾舞、戏剧、歌剧或交响乐演出）写入《奥林匹克宪章》第31款。2022年3月12

日下午，2022 奥林匹克美术大会在第二十四届冬季奥运会举办城市北京开幕。

体育运动中蕴含着丰富的艺术元素。随着现代体育的发展，艺术性的体育项目越来越多，也越来越受到人们的喜爱。艺术性体育运动中运动技能的韵律美、节奏美、熟练美，常常给观众带来艺术的享受。运动员匀称的体形、优美的姿势，强健的肌肉、健康的肤色，让人感觉到活力四射，常常可以激发尊重生命、享受生命的思想共鸣。艺术可以成为体育技能技巧的外在表现，体育与艺术可以互为内容和形式，但体育和艺术还是存在差别，体育不是艺术。与体育不同，在艺术中，人们关注的对象，粗略地说，是一个想象的对象。艺术的这一特点解释了为什么生活问题可以在艺术中被考虑，因为任何领域的问题都可以成为艺术作品的想象对象。当人们认识到体育中没有类似的情况时，体育与艺术之间的显著差异就会被鲜明地聚焦呈现。发生在戏剧人物身上的事情不会发生在演员身上，而发生在足球运动员身上的事情会发生在所有参加比赛的人身上。[①] 当然，随着体育竞技的发展，在体育比赛中通过肢体语言讲故事也成为可能，如在花样滑冰项目中，运动员通过选择不同的配乐，并注入自己对音乐的理解和情感，达到体育与艺术的完美结合。但艺术表演与艺术性体育表演不同之处在于，艺术表演是表演者展示对生活的理解和再现，而体育表演则是通过艺术化的肢体语言讲述人作为一种存在的价值和追求。

四、与心理学的关系

美学与心理学的关系，早在古代美学思想中就表现了出来。在近代，随着心理学形成和确立为一门科学，美学与心理学的关系也日益显得密切和突出。心理学的许多研究成果越来越多地被美学所吸收、采用，以致产生了以心理学派别为名的美学派别，如移情论美学、格式塔心理学美学、精神分析学美学等。心理学是研究人的心理活动规律的科学，它研究人的感觉、知觉、表象、情感、意志、理性等心理过程和个性心理特征。美学和心理学在发展过程中是相互促进的：心理学的引入极大推动了美学的发展，更有人认为美学这门学科的成熟与否，在很大程度上要取决于心理学的发展；同样，

---

① Cf. David, "Art and sport," *The Journal of Aesthetic Education*, 1980, 14 (2), pp. 69 – 80.

美学的发展又可以反过来丰富和充实心理学的内容。但二者又有各自的研究对象和范围。因此，不能把美学归结为心理学，也不能用美学代替心理学。审美心理学也仅仅是美学研究的部分内容，而不是全部，而且审美心理学也不能等同于一般的心理学。体育美学研究的是体育活动中人们的审美现象和审美活动，而其中审美活动是一种特殊的、复杂的心理活动，它是知觉、感觉、想象、情感、理解等多种心理因素综合活动的结果。因此，在美学的研究过程中借助于心理学研究的材料和成果是十分必要的。心理学在体育学中已得到广泛的应用，但运用心理学对体育审美活动的研究还不够。

五、与教育学的关系

教育学和美学渊源悠长。古希腊思想家、哲学家苏格拉底在向门徒传授思想时发明了"产婆术"（或"精神接生法"），即用启发性提问使对方获得知识的方法，他宣称自己是知识的"助产士"。苏格拉底对伦理学非常重视，倡导"美德即知识"的观点，认为"善出于知，恶出于无知"。与苏格拉底同时期的中国思想家孔子的美学思想在中国古代美学史、教育史上有着极高的地位。孔子的美学观可以从他的诗论、乐论中归纳和分析。在孔子的美学思想中，无论是诗论，还是乐论，孔子都从教化目标出发，十分重视美学思想的传授和启发。孔子说："兴于诗、立于礼、成于乐"（《论语·泰伯》），"诗，可以兴，可以观，可以怨。迩之事父，远之事君，多识于鸟兽草木之名"（《论语·阳货》）。这些思想都深刻地概括了诗的美学特性和意义，是从教育人成为有修养、有德行的人的目的出发的。

1912年，我国近代教育家蔡元培发表了《对于教育方针之意见》，正式提出了新式教育的宗旨：注重道德教育，以实利教育、军国民教育辅之，更以美感教育完成其道德。在蔡元培看来，"美育者，应用美学之理论于教育，以陶养感情为目的者也。人生不外乎意志：人与人互相关系，莫大乎行为；故教育之目的，在使人人有适当之行为，即以德育为中心是也。……所以美育者，与智育相辅而行，以图德育之完成者也。"[①] 蔡元培大力倡导美育，并身体力行，努力实现着美育的现代性唤醒，使美育获得了独立的品格。

2020年10月，中共中央办公厅、国务院办公厅印发了《关于全面加强

---

① 文艺美学丛书编辑委员会：《蔡元培美学文选》，北京大学出版社1983年版，第174页。

和改进新时代学校体育工作的意见》和《关于全面加强和改进新时代学校美育工作的意见》，要求坚持"五育"并举，加强和改进新时代学校体育、美育工作，促进学生德智体美劳全面发展。教育学是专门研究各种教育的一般规律的科学，包括知识教育、品德教育、体格教育、审美教育、劳动教育。教育学中的"五育"是相辅相成的，缺一不可。但在实际工作中，往往分别实施。因此，如何开发体育美育的元素和途径，加强与智育、德育、美育和劳动教育融为一体，促进人的全面发展，是体育美学的重要任务；而其达成可丰富和补充教育学的教育原理、方法、内容。

六、与社会学的关系

社会学关注的是社会组织、结构的嬗变与重构，美学关注的是人作为主体在社会嬗变与重构中的生命体验和价值取向。建立以平等为核心价值理念的公民社会、趋近人的精神个性的自由显现和个体能力的全面发展是社会学、美学共同的学科发展方向。芬兰美学家 Y. 希恩（Hirn，1870—1952）在《艺术的起源：心理学及社会学探索》一书中指出，原始艺术的产生除了与经济生活的联系，还有其他各种实用和集体的动机，如原始艺术常常是传递信息的一种手段，舞蹈、诗歌等对于促进士气、激发性欲、集体劳动和巫术活动都有密切关系。艺术的产生是与延续种族的激情混杂在一起的，是从实用中逐渐分化而来的。[1] 德国艺术史家埃拉斯特·格罗塞（Erust Grosse，1862—1927）也说："艺术科学课题的第一个形式是心理学的，第二个形式却是社会学的。"[2] 所以说，人类审美脱离不了人类社会，美学也脱离不了社会学。古典社会学家格奥尔格·齐美尔（Georg Simmel，1858—1918）在《社会学的美学》论文中，将社会整体视为一个艺术作品。随着信息技术的发展，大众文化、视觉文化、媒介文化、消费文化等新型文化形式逐渐深入普通大众心理，大众审美日渐生活化。正如德国美学家沃尔夫冈·韦尔施（Wolfgang Welsch，1946—　）所说："美学必须超越艺术问题，

---

[1] Cf. Hirn, *The Origins of Art: A Psychological and Sociological Inquiry*, Kessinger Publishing, 2007.

[2] ［德］格罗塞：《艺术的起源》，蔡慕晖译，商务印书馆1984年版，第10页。

涵盖日常生活、感知态度、传媒文化，以及审美和反审美体验的矛盾。"①人文学科包括美学在新文化形态下也开始慢慢转向，社会学的研究方法和理念开始浸透到人文学术的各个方面。

体育是人类社会的重要组成部分，人类的身体活动本身就具有很强的社会性。人类最初的许多身体活动形式，不是为了健身，而是带有娱乐目的的竞技性游戏，并为生存储备各种技能。在现实生活中，我们还可以从人类儿童时期的游戏活动中找到灵长类动物嬉戏活动的痕迹。随着人类社会的发展，体育成为人与人之间的社会依存和进行社会交往的方式、内容，也是人的社会化最重要的文化平台之一。体育具有传授基本生活技能、身体教育、社会规范教育、价值观念形成、社会角色习得等社会化功能。体育活动中遵守体育规则和道德规范表现出来的公正、诚实、正义、责任、友谊、团结、协作、礼貌和自我牺牲精神，体现了崇高的体育道德美，这就是一种社会美。因此，借鉴社会学的原理和研究方法可以增强体育美学研究的广度和深度，而体育美学对社会审美心理的关注反过来也会丰富体育社会学的内涵。

七、与其他相关学科的关系

体育美学除了上述学科有着紧密的关系外，还与其他学科也有较密切的联系。体育美学研究的是体育运动中的审美现象和审美活动，而审美主体和审美对象在绝大多数情况下是人本身。马克思说，人是社会关系的总和，人的身体活动也是一种社会文化活动，因此，体育美学不可避免地会与社会人文科学发生联系，如经济学、政治学、伦理学、历史学、人类学、民俗学等。如美学与伦理学都认为，凡是善的都是美的。孔子把美和善看作内在统一的，他指出："尽美矣，又尽善也。"（《论语·八佾》）苏格拉底说："任何一件东西如果它能很好的实现它在功用方面的目的，它就同时是美的又是善的，否则它就同时是恶的又是丑的。"② 现代奥林匹克理想倡导和平友谊，强调体育比赛的公正性，发展体育运动以完善人们的身心健康，促进国际和平与合作。但随着政治和商业利益的介入，体育界出现了服用兴奋剂、体育

---

① ［德］韦尔施：《重构美学》，陆扬、张岩冰译，上海译文出版社2002年版，第2页。

② 北京大学哲学系美学教研室：《西方美学家论美和美感》，商务印书馆1980年版，第19页。

赌博、裁判员受贿、假球等问题，而解决这些问题需要政治学、社会学、伦理学、法学等相关学科的介入与支撑。另外，自然科学在美学的发展过程中提供了坚实的科学基础。美学借助自然科学的观点和方法，探求美的构成原因和规律。利用几何学、解剖学、透视学去研究比例关系、光线、色彩，力图找到美的科学实证，还将科学技术、工具用于艺术创作中，以使美的创造臻于完善。在体育活动中，为了更好创造美、体验美，需要运动心理学、运动生理学、人体解剖学、生物化学、生物力学、形态学、优生学、遗传学等学科的理论知识。因此，加强体育美学和相关学科的交叉与融合，从各个不同角度、不同方面去揭示体育美的本质和规律，既有助于体育美学的发展，也有助于体育科学体系的完善，并将推动体育科学研究向纵深方向发展。

哲学和美学为体育美学提供了基本的研究原理、方法，是体育美学的上位学科和母学科，而体育美学与艺术学等其他学科可以说是互融互鉴的关系，体育美学与这些学科相互补充研究方法、研究内容，达到共同发展的目标，这也是人类知识体系的一个重要的发展规律。体育美学与相关学科的关系，如图2-1所示。

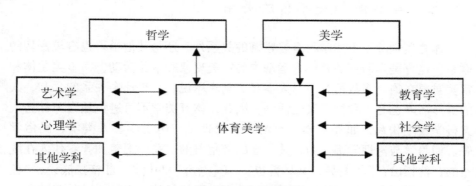

图2-1　体育美学与相关学科的关系

第五节　体育美学的研究对象

研究对象是一门学科独立性的具体表现。黑格尔说："就对象来说，每门科学一开始就要研究两个问题：第一，这个对象是存在的；第二，这个对象究竟是什么。"① 但由于每门学科的研究对象内涵丰富，在归纳研究对象时总有不同的观点。在我国美学界，美学的研究对象一直是一个有争论的课题，归纳起来，主要有以下六种看法：美学研究的对象是美（美的本质，美的规律）；美学研究的对象是艺术；美学研究的对象是美和艺术；美学研究的对象是审美关系；美学研究的对象是审美经验；美学研究的对象是审美活动。② 这是从一般规律性确定美学的研究对象。

作为一门交叉应用学科，体育美学不能简单地移植和套用美学的理论。体育美学须有自己学科特征和规定性的研究对象。在体育活动中，能和人产生审美关系、使人产生审美意识和美感的现象多种多样，导致体育美学的研究对象，不是单一的，而是多样化的。因此，关于体育美学的研究对象不应有排斥性，应是兼收并蓄，在一般性中寻找体育美学的特殊性，以达到丰富体育美学的内涵。

在实际研究中，由于每个人的关注重点不同和角度不同，体育美学的研究对象也有所不同。如曹利华、刘慕梧把体育美学研究对象归纳为以下六点：体育美学研究的对象是运动美、身体美、动作美、个性品质美等；体育美学是研究体育运动中的艺术因素、审美因素和审美规律的科学；体育美学主要研究人在体育运动中的自然美和艺术美的表象和理念；体育美学的研究对象是体育的欣赏性；体育美学研究的对象是客观美和审美意识；体育美学的研究对象是人与体育的审美关系。③

即使同一研究者在不同时期对体育美学的研究对象也有不同的看法。胡小明在1987年出版的《体育美学》中，把体育美的研究对象界定为运动美和身体美；他在2009年出版的《体育美学》中，把体育美的研究对象界定为人文美、运动美和身体美，增添了人文美。

对于把运动美和身体美作为体育美的研究对象，已成为体育美学界的统一认识，但对运动美和身体美的具体研究内容有学者表示了质疑。曾宪刚将体育美学的研究对象规定为身体美和运动美，并在此基础上进一步把身体美和运动美具体化为：健康美、体型美、肌肉美、毛发美、皮肤美、形体美、环境美、动作美、技术美、服装美、器材美。这种规定和分类把同体育有关

---

① ［德］黑格尔：《美学》第一卷，朱光潜译，北京大学出版社2017年版，第36页。
② 参见叶朗《美学原理》，北京大学出版社2009年版，第12页。
③ 参见曹利华、刘慕梧《体育美学》，科学普及出版社1992年版，第10页。

的许多方面都照顾到了，但是在这种宏大的目标背后透出的却是一种对体育精神、体育本体把握的缺乏。他认为，身体美和运动美在体育美学中是一对非常重要的美学、哲学、文化学范畴，对二者不可作字面意义上的理解。也就是说，体育美学应该把身体美和运动美看作是一种特殊的文化，是一种源于自然而又超越自然的生命创造，是一种高级形态的生命现象。[①]

我们也认为，把体育美学的研究内容界定为人文美、运动美和身体美，收窄了体育美学研究对象的内涵和外延，这三项内容可以说是三种重要的体育美的形态或形式，但体育美学的研究对象还有更广泛的范畴。

根据体育美学的学科定位和学科性质，我们认为体育美学的研究对象应包括四个层面。

一、体育美学哲思

美学关注的是人的意义和价值，因而离不开哲学的思辨，尽管当代美学有去哲学化的趋势，但我们认为，只要美学作为关注人的人文学科，终会向哲学、向思辨的美学回归。因此，体育美的哲学层面是要回答"体育美的本体是什么"的问题，如体育美的起源、本质、构成要素和发展规律，体育运动中的美与真、善之间的相互关系等哲学问题。

体育美学研究应以马克思主义哲学基础作为研究的逻辑起点，以人在体育运动中的审美现象和审美活动作为目标内容。高建平说，马克思主义美学有几个核心的概念，这就是以人为本体的"他律""介入"与"为民"。马克思主义认为，人是一种社会存在，是社会关系的总和。因此，任何社会现象都受"他律"的影响，也就是受社会的各种因素制约。体育审美活动同样受社会的各种因素的制约，如经济、文化、宗教、习俗等因素的影响。体育美学的研究不能因为所谓创新而片面地强调体育美的特殊性。马克思主义美学也是主张"介入"的，而体育审美不是无功利的"静观"，而是带着社会功利性的情感投入。人有喜怒哀乐、爱恨情仇，但通过参与体育运动，可引起体育运动中的人产生情感、道德、伦理上的共鸣，形成价值共同体，推动人对人生意义的追寻和回归。"为民"是中华优秀文化思想，也是时代的要求。2014年10月，习近平总书记《在文艺工作座谈会上的讲话》中谈

[①] 参见曾宪刚《体育美学》，人民体育出版社2000年版，第25页。

到,要"让人们发现自然的美、生活的美、心灵的美"①。讲话的目的在于鼓励文艺工作者"在新的时代,出文艺精品,克服有高原、缺高峰的现象,建设社会主义的先进文化","要静下心来、精益求精搞创作,把最好的精神食粮奉献给人民"②。体育美学的研究不是象牙塔里的孤芳自赏,要以当下人的精神需要作为研究的基础。

虽然马克思、恩格斯等马克思主义的经典作家在世时,写的一些讨论美学和文艺问题的手稿、通信,并没有形成理论体系,但他们所提出的一些基本原理,具有丰富的思想价值,具有普遍意义。当然,马克思、恩格斯生活在自由资本主义时期,他们的理论主要揭示当时的社会矛盾,他们所关注的核心问题仍然是哲学理论的建设、科学社会主义的构想以及政治经济学的问题。文化、文学和美学的问题,并不是他们关注的重心。针对社会的新发展、新现象,后世大批中外哲学家、美学家者提出了许多创见,这些理论对体育美学的研究都是丰富养料。

二、体育美范畴

范畴是科学的概念,是对客体的一定方面、一定层次的本质的反映。范畴是人类在社会实践活动中关于客体的认识成果,经过总结凝结为一定的科学(学科)范畴。各门学科的范畴都是人类认识客体的总结、归纳。哲学与具体的人文社会科学的范畴是有区别的。哲学的范畴是人类对客体认识成果的最高的概括和总结,是以客体为总体,对人类把握客体的总体所达到的最本质的认识。各门具体科学范畴则是对客体某一具体部分、某一具体领域的本质的认识。体育美的范畴则是对体育运动中美的形态和形式在本质上的认识和总结。对体育美范畴的研究是对体育美学学科性质、地位从认识论上进行确定,因此,准确认识体育美的范畴对体育美学的发展具有重要的意义。

我们认为体育美的范畴应纳入自然美、形式美、社会美等美的形态,美

---

① 新华社:《习近平在文艺工作座谈会上的讲话》,见学习强国(https://www.xuexi.cn/126644f285070a1e38f3e1b7b1ec818c/e43e220633a65f9b6d8b53712cba9caa.html),2022-10-10。

② 高建平:《中国马克思主义美学的百年历程》,载《社会科学战线》2021年第6期。

的存在系统，我们在之后章节中会专门阐述。特别是体育运动作为人类重要的社会文化形式，蕴含着大量的人文社会美，如体育精神、体育崇高、体育悲剧，甚至丑的美学形式。但体育美的范畴应是美学、哲学、文化学上的范畴，不是生活化的字面意义上的理解。因此，理解体育美的范畴要从体育的本质出发。从体育的本质看，毛发美、皮肤美、服装美等都是体育本质属性之外的非体育因素。如果体育美学的研究对象也将它们包括在内的话，那么它的外延会无限地扩大，体育美学也就不成为体育美学了。

三、体育审美

体育美学是研究体育运动中审美现象和审美活动的学科，把审美作为体育美学的研究对象理所当然。但体育美学是一门交叉应用学科，对体育审美的研究要与美学审美研究分开。关于美学的研究对象已众说纷纭，主要有审美关系、审美活动、审美实践三种观点。这三种观点主要从认识论、本质论、实践论出发进行规定。美学研究对象是对美的一般性研究，如果体育美学的研究对象只是简单地套用和移植，将无法认识体育美学的本质特征和内涵。

我们认为，体育审美应从交叉应用的角度研究体育运动中人的审美关系和审美机制，特别是主体参加体育运动时主客同体对审美的影响，这也是体育美学与其他分支美学最大的区别，在体育运动中，审美研究主要有以下五个方面：体育价值与审美价值之间的关系；体育审美主体与环境的关系（包括自然环境与社会环境，如锻炼的场景、体育活动的社会性质和背景等）；体育审美主体与客体的关系（如审美主体与客体的界定，主客同体时主体与客体的关系）；体育美感的发生机制（即审美感知、审美理解、审美想象、审美情感等的发生、发展和反馈过程）；不同运动项目的审美。

四、体育美实践

体育美实践也是体育审美实践。体育美学作为交叉应用学科，最后的落脚点一定是如何促进人的全面发展，提升人的精神境界，因此，如何将体育美学相关的理论付诸实践，成为体育美学研究的重要内容和主要任务。美的实践是指人有目的地欣赏美、创造美的行为及其过程。它包括人类历时性的和个体共时性的实践，是人的社会实践的组成部分。黑格尔在《美学讲演录》中首先论述了"审美实践",认为人同自然界结成了"实践的关系",人要在改变外在事物和环境的实践中"来实现他的目的";通过审美实践,"人把他的环境人化了","而且就在实践过程中认识他自己",在自己实践的成果中"复现""证实"自己,形成了具有能动性的审美意识,创造了美和艺术。[①] 从这个层面讲,体育美学的研究内容主要有两个方面。

(一)体育美的发现和创造

体育美的发现和创造是通过合规律、合目的的体育实践活动对人类生活的创新、美化、完善,包括审美意象的创造和物化形态(如身体)的美的创造,并最终从精神上把握世界、改造世界(作为自然物的身体)的意义和价值。通过激发主体一定的体育审美目的、审美需要,并转为内驱力,将主体体育审美的精神需求转化为审美、创造美的心理、意识活动和意志行为,使主体在与客体的相互作用中发挥能动性而发现美、认识美,按照美的规律,能动地改造对象(自身)而产生审美意象,并通过一定的方式将审美意象教化和内化,从而创造美、发展美,自由地实现自己的审美理想。

(二)体育美的应用(美育)

体育运动本质上就是一种生命运动,在浩瀚的宇宙中,生命本身和生命存在就是一种美。在体育审美活动中,生命的体验是最直接、最有趣、最强烈的,也就具有了深厚的美育元素。参与体育运动,使人懂得敬畏身体、尊重生命、享受生命,提升生命价值和生命意义。

第六节 体育美学的研究方法

研究方法是揭示事物内在规律的工具和手段。但由于事物和现象的多样性,无论是实证主义方法论还是人文主义方法论,都无法做到统一,也无法做到尽善尽美。当代人文学科的研究方法日趋多元化,但以思辨偏主观为特点的美学研究方法与当代不断引入的具有较强客观性的自然科学研究方法之间的矛盾日渐突出。当前,美学研究都在不同程度上突破了美学的诸多观念,出现了以科学方法对美学感性转向、介入现实、历史还原等研究态势。

[①] 朱立元主编:《美学大辞典(修订本)》,上海辞书出版社2014年版,第64页。

但研究方法的绝对化和排它化,可能导致"美学的终结"。因此,体育美学的研究方法要兼顾科学性和价值性。

一、思辨与实证相结合

体育美学是美学与体育学的交叉应用学科,美学研究的传统方法——哲学思辨方法,也应成为体育美学的主要研究方法。哲学思辨方法也称之为"自上而下"的方法,是按照哲学体系理论与观点对审美现象作形而上的思考、进行逻辑推演,得出某种结论;或从哲学体系建构的需要,推演出美学理论。哲学思辨方法,主要用于解答美的本体问题,并且也要对使用其他研究方法得出的结论作综合与概括。在这些方面,哲学思辨方法是其他方法不能代替的。体育美学学科创立的时间不长,主要的研究人员大多是拥有体育理论背景的学者,整体上讲研究的深度还不够,体育美的基本特征、体育美的基本范畴等问题还需要进一步厘清。因此,哲学思辨的研究方法是必须保持的。但美学的研究对象不同于哲学,美学不仅涉及大量的审美现象,还涉及非常复杂的主体审美经验,主体的审美经验不仅需要体验与感悟,它们还需要实证,需要作现象描述,需要作社会学分析与心理学分析等,思辨的方法在面对这些问题时是无能为力的。

随着人类科学技术的发展,自然科学与人文社会科学相互交叉融合的趋势不可逆转地发展起来。马克思在青年时代也说过:"自然科学往后将包括关于人的科学,正像关于人的科学①包括自然科学一样:这将是一门科学。"② 这一伟大预言正在变为现实。当代实验美学、科学美学、技术美学、工艺美学、建筑美学等的兴盛,系统论美学、信息论美学、控制论美学、生物学美学的问世,都从一个侧面展现出人文社会科学同自然科学相汇合、相交融的趋势。

如前所述,体育美学与体育学相关学科有紧密的联系。随着社会的发展,体育的功能也在发生变化。在新时代,我国体育事业的功能重心逐渐从政治、经济功能转向人文精神功能,以不断满足人民群众对美好生活的需要。体育作为人们生活的重要组成部分,在体育运动中寻找美、创造美这就

---

① 马克思这里所说和"人的科学"即人文社会科学。
② [德]马克思:《1844年经济学哲学手稿》,中共中央马克思恩格斯列宁斯大林著作编译局译,人民出版社2018年版,第87页。

成为当代体育学的一个重要任务。这个任务需要体育学及其相关学科的广泛参与，才能达到满足人民美好生活需要这个目标，例如，通过运动生理学对运动机能的开发提升健康水平，通过运动力学对技术动作的科学性做出规定以增加美感，通过艺术理论增强体操等技艺类项目编排的艺术性等。

所以体育美学的研究需要思辨与实证研究的相互结合、互为补充。

二、理论与应用相结合

目前，体育美学在体育领域的研究还需要不断深入，在体育领域的应用更是需要大力推进。由于应用研究不够，无法引导体育工作者在体育运动中创造美、引领美、体悟美。这就需要研究人员既要加强理论研究，又要加强应用研究。理论与实践相结合，是体育美学探讨体育运动中人的审美活动、审美现象所不可忽视的途径。它要求在研究中，要把美学概念、命题、原理等，转化为人在体育运动中审美活动的概括和提升，并能反哺和丰富体育美学的研究内涵、范畴。具体说来，就是要以理论的形式探讨如何激发人在体育运动中的审美感知、心理交流以及自我塑造。体育美学所关注的是如何提升体育运动的意趣、增强人对于体育运动的审美意识和审美理想、发现和表达体育运动之美。

总的说来，理论与应用相结合，根本上要求体育美学研究过程始终同具体的研究对象联系在一起。体育美学既要从具体的审美事实出发，发现其中的一般规律，又应把经由研究所获得的理论成果应用到人在体育运动中美的化育，从而促进人的全面发展。

三、历史与时代相结合

作为整个人类思想发展的成果之一，人文社会学科的一些基本范畴、命题及理论系统，都是在历史中形成的，各种观点、学派很多都是当时社会现状的反映。因此，人文社会学科的发展都不能脱离时代。每一个时代的美学理论，都同那个时代人类审美意识、审美理想紧密相连，失去了与历史的联系，美学也就失去了今天持续发展的基础，割断与历史的内在联系，也将被历史抛弃。只有当社会经济达到一定水平，审美才能大众化、生活化。体育美学能在欧洲各国和美、日等国家先行发展起来，也和这些国家的社会经济发展水平有较大的关系。当然，任何时代的美学研究都不可能抱守既往的历史而一成不变。同样，体育美学要发展，就必须在消化、吸收美学历史成果的基础上，积极体现当代意识，用当代人的眼光，结合当代人类审美需要，对当代体育运动审美实践进行深入把握，从而使体育美学体现出自身的当代性特点。历史与时代相结合既是体育实践、体育美学研究的内在动力，也是保证体育美学创新发展的根本源泉。经过时代的发展，体育的功能已从保家卫国、强身健体发展到健康第一，再到美化生活，体育美学的黄金时代已来临。

四、交叉与融合相结合

本书已述体育美学是一门交叉应用学科，美学与体育学交叉的形态此处不再多叙。体育美学的发展除了交叉，更多的还要融合，只有这样，才能保证体育美学可以朝自我的独特性发展，才不会被其他交叉美学学科所融合。体育美学的融合要注意三个方面。

一是中外融合。美学是"西方舶来品"，中国美学始终有一个"西学背景"的问题。尽管中国体育美学最早由胡小明介绍日本体育美学开始，但对我国当代体育美学理论背景影响更大的还是欧美体育强国。因此，如何与国外体育美学理论、流派、思潮对接融合，而不是简单地介绍、移植相关理论，是我国当代体育美学研究者需要思考的问题。对国外体育美学理论的引入只有与中国文化、中国体育文化相融合，用中国文化的视角去发现体育美，才能为中国体育美学的发展赢得真正的学术地位。

二是交叉学科的融合。体育美学要发展不只是与美学的融合，还应借鉴融合体育学科体系内的学科理论、原理，真正从体育的角度去发现体育美的特征、体育审美的机制、体育美育的途径。此外，还要与其他学科融合，如与旅游融合，探索体育旅游审美的规律；与军事融合，探寻体育美育的起源与发展的内在动力美。

三是人才融合。综观国外体育美学研究发展得较好的国家，都有大批美学、艺术学、教育学等学科领域的专家投身到体育美学的研究中，从而确保有高质量的研究成果。因此，我国体育美学的研究应当引入美学研究人才，加强体育美学研究队伍的建设。如，设置体育美学联合培养硕士点，引进美学专家担任导师，招收美学或哲学专业学生学习研究体育。

在人类知识和思想的大网中，各学科、各学派不再孤立存在，它们相互联系更加紧密。体育美学只是这个大网中的一个结点，只有加强与其他学科结点的联系，才能整体地、全面地认识体育，认识体育中的人。

思考题
  1．我国体育美学学科的发展分为几个阶段？体育美学学科在当代的历史使命是什么？
  2．如何理解体育美学的概念和体育美学的学科属性？
  3．体育美学的研究对象和研究方法是什么？

第三章 美学理论与体育美

第一节 美与美的本质

一、美是什么

美是美学的基本概念之一。美的内涵是对所有审美对象之共同本质属性的抽象概括。"美"作为语言文字出现,远早于人类对"美"本质的追寻,这也导致了"美"字的含义与"美"的本质,具有很大的歧义性。从语义学看,希腊语 καλόν、德语 Schonheit、俄语 красота、源自拉丁语 belle 的意大利语和西班牙语 bello,以及法语 beauté 和英语 beauty,等等,均含有美好、善良和愉快等意思。汉语中的"美"来源于甲骨文 (图3-1),《说文解字》注解为:"甘也。从羊,从大,羊在六畜,主给膳也。美与善同意。"后来引出"羊人为美""羊大为美"与"美善同一"等说法。也有人考据出不同的语义,何新认为"'美'字并非羊、大的合体会意字。'美'字是一个独文象形字。其字形乃是一个头戴羽饰作舞蹈状的人形。"①

图3-1

---

① 何新:《艺术分析与美学思辩》,时事出版社2001年版,第1页。

从文字考据看，美与原始舞人的衣着外观、饮食等感性实用的需要及社会伦理有关，具有装饰、美味和善行的含义。今天，美在日常用语中，也一般与外观漂亮、感官愉悦、伦理赞赏和审美判断相联系。

日常生活中的美和美学上的美是有联系的，美学上的美由日常生活中的美经过理论上的凝练而形成的。但到底美是什么，从两千多年前的柏拉图至今仍没有一个确切的定义。柏拉图在《大希庇阿斯篇》中，从年轻的小姐、汤罐、汤匙、神、制度习俗等，一直追溯到"美本身"，希望求得"美是什么"的确切答案。但是直到最后，他也没有获得一个明确的概念，只能慨叹"美是难的"。

自美学学科诞生以来，关于美的定义五花八门、应有尽有。黑格尔所谓"美是理念的感性显现"，就是一个著名的定义。有的西方学者认为"美"至少有五种不同含义：从形而上学角度看，美等同于世界的秩序性（world's orderliness）；从认识论角度看，美适合于感性思维（adequacy to the mind in perception）；从人类学角度看，美是指感性魅力（sensual attractiveness）；在鉴赏家看来，美便成了一种审美特性（aesthetic quality）；在艺术批评家看来，美便意味着审美之至（aesthetic excellence）。[①]

我国由于受苏联的美学思想影响很大，当代中国美学主要借鉴苏联美学理论体系来讨论"美是什么"这个问题，这种现象直到改革开放后才有所改变，但主流思想还是由改革开放前成长起来的美学家占据。因此，我们在当代中国美学中不难发现很多关于"美"的定义，如"美是自由的象征"（高尔泰），"美是人的本质力量的对象化"（蒋孔阳），"美是自由的形式"（李泽厚）都受到苏联美学的影响。李泽厚还认为"美"这个词至少有三层（种）含义："第一层（种）含义是审美对象，第二层（种）含义是审美性质（审美素质），第三层（种）含义则是美的本质、美的根源。"[②]

这种从"美是什么"的角度来理解美、探讨美的本质问题的做法，在当代西方美学研究中已基本消失了。但从当今西方美学家的眼光来看，把"美的本质"等同于"美的定义"，存在着很大的问题。柏拉图假定存在着一个可以脱离具体的美的事物的"美本身"，具有很强的诱导性，然后再询问"美本身"究竟是什么，是找不到答案的。因为，柏拉图其实是忽视了实体与属性之间的根本区别。就像我们说一个人长得"美"，这与说一个人

[①] Cf. Sparshott, *The Structure of Aesthetics*, University of Toronto Press, 1963, p.59.

[②] 李泽厚：《美学四讲》，长江文艺出版社 2019 年版，第 55 页。

长得"白"在语义上是同一类型的陈述。因为，人是实体，"美"或"白"只是实体的属性。属性可以各种各样，但实体则是一个相对独立的个体，属性不能变成实体。分析哲学家路德维希·约瑟夫·约翰·维特根斯坦（Ludwig Josef Johann Wittgenstein，1889—1951）基于语言学的观点认为，"美"这个词是一个形容词、感叹词，它常常被我们误解为事物的"某种性质，即'美'的性质"，误解为"美是所有美的事物的一个成分，正如酒精是啤酒和葡萄酒的一个成分"。① 分析美学的观点对传统美学理论可以说是一次解构，也再次导致美的本质探索之路更加混乱。纵观二千多年来关于美本质问题研究的历程，无论是"美在于比例和谐"之类的客观论，还是"美在于心"之类的主观论，抑或"美在关系"之类的主客观结合论，其实质都在于探讨"美"的物之所以美的原因。

二、美的本质

通常，我们提出"美是什么"这个问题时，就是在问"美的本质是什么"。事实上，这个问题诚如英国哲学家、美学家罗宾·乔治·科林伍德（Robin George Collingwood，1889—1943）所说，并非要搞清"美"这个术语的用意何在，而是用其来表示我们想要表示的东西。② 例如，"美是什么"如果是问"什么是美的事物、美的对象"，那么，这基本是审美对象的问题。如果是问"哪些客观性质、因素、条件构成了对象、事物的美"，这是审美性质问题。但如果要问这些审美性质是从何来的，亦即美从根本上是如何成为可能的，这就是美的本质问题了。在美学史上，对美所下的定义很多。譬如，美是善的理念的体现、美是形式的和谐、美是神性、美是完善、美是关系、美是道德的象征、美是理念的感性显现、美是生活、美是纯粹的快感、美是成功的表现等。从研究美的方法路径来看，美的本质论大致有以下四种。

第一，客观论。这种理论可以追溯到两千多前古希腊的毕达哥拉斯，他及其门徒把美当作事物的一种客观属性，侧重研究美的自然属性及其外观的

---

① 韩林合：《维特根斯坦（哲学研究）解读》，商务印书馆2010年版，第1068-1069页。

② 参见［英］科林伍德《艺术原理》，王至元、陈华中译，中国社会科学出版社1985年版，第146页。

形式法则，从而发现了美与和谐、均衡、对称、色彩、比例、黄金分割等客观形式因素的联系。近代以来，这种理论开始关注美的社会性，进而考察事物美的自然属性在社会关系中的地位与作用，强调社会生活与美的内在联系和二者在审美关系中的辩证统一。这种理论还认为审美判断的普遍有效性正是美的客观性的一种明证。

第二，主观论。这种理论偏重于从审美意识、审美心理和审美情感等方面考察美的本质，通常认为美不在于物而在于心，是人的审美意识和情感活动的产物或外射（projection），是把自我的情思意趣带入审美对象的结果，所以美也被界定为一种具有感性形态的想象的价值。这种理论还认为，美是一种审美判断力，这种能力根据不同的人，或同一个人在不同阶段而不同，具有相对性和易变性，因为这种判断有赖于审美主体的经验和个人知识体系的掌握，同时还受时代和社会审美趣味的影响。另外，美学上的怀疑论也是主观论的一种形式，对美的定义的普遍有效性表示怀疑，认为美不可能为定义所掌握的。

第三，关系论。这种理论主要从审美主体和审美客体的相互关系角度来研究美的本质，通常认为美不在客观对象，也不在主观意识，而在于二者的结合或统一关系中。但是，一般的关系论往往不可避免地有偏于客观或主观一方的倾向，很难平衡二者的关系。因此，美国实用主义哲学家、逻辑学家克拉伦斯·欧文·刘易斯（Clarence Irving Lewis，1883—1964）提出了客观事物作为美的潜能（potentiality）的说法，认为美的价值是客观事物固有的特性，但了解这种特性只能通过认识途径，这样美便成了刺激内心价值经验的一种潜能，审美价值便成了一种关系的价值，是客体作为一种美的潜能而与主体相结合的产物。这种潜能的激发主要靠主客体之间的价值关系，客体的美在于审美特质与审美知觉的结合。

第四，实践论。这种理论主要从人类物质生产实践角度探讨美的本质，认为美的本质是人的本质的对象化，是自然的人化。这种人化包含两个方面：一是外在自然的人化，成为人类实践的结果和成果；二是内在自然的人化，成为人性思想的内容。人的本质的对象化也是合规律性（真）与合目的性（善）的统一。因为，物质生产过程中的人化实践依据的是美的规律，这种规律表现为主体尺度与自然形式的统一，或者说是表现为（人的）目的与（客观）规律的统一，合于这种目的和规律的形式便是美。所以，美可以说是自由的形式。美作为自由的形式，一方面存在于主体实践合规律性与合目的性的统一活动中，另一方面存在于主体实践的产品中（特别是艺术作品之类)。

　　两千多年来，无数美学家的艰辛探索，不能说没有成果。像普列汉诺夫（Plekhanov，1856—1918）的关于社会生活中美的事物形成过程的论述，无疑非常有价值。我国的潘知常从生命美学的视域探讨美的本质，也很有意义。当代一些美学家认为美感是事物成为美的根本原因，也是有价值的。但是，仔细分析审美实际，不难发现，美感只是一种现象，是结果而非原因。当然，作为区别于其他事物的标志，美感却具有独一无二的特性，对"美是什么"的追问还可能起到反推的作用。

三、多元包容的美

　　虽然从柏拉图追问"美是什么"至今已有两千多年，人类还不能对美下一个准确的定义。但人类还在前赴后继地投入研究，从不同路线、不同领域去研究美，这说明人类是需要美的，美与人类生活息息相关，与人类的存在意义、终极命运有内在联系。因此，我们认为，美是多元的，美学应是包容的，美和美学都应是广域的。

　　在鲍姆嘉通为美学命名并称之为感性学前后，人们实际上还以其他的名字讨论过美学问题。根据历史的事实，美学还拥有一些不带"美"字的名称。这些不同名称的意义并不意味着美学的消解或解构，反而表明了美学的内涵丰富与生机，正如哲学一样。

　　第一，美论。它是哲学对于美的一般性的思考。哲学的基本主题是真、善、美，思考的是世界和人的终极存在和意义。于是任何一种哲学，任何一位哲学家或多或少都会以各种方式思考"美"、分析"美"，深入一些就会进入"什么是美"的思考框架。中国的孔子、孟子、老子以及禅家人士都不是专门的美学家，但他们都有不同形式的关于美的本性的论述。西方从苏格拉底乃至到现代的维特根斯坦、弗洛伊德等人也并非只从事美学研究，但他们的美学理论却极大地丰富了美学内涵。

　　第二，诗学。古希腊的亚里士多德将人的理性分为理论理性、实践、诗意或者创造理性三个方面。诗学是关于诗意或者是创造理性的科学，因此也可以被称为创造学和创作学。亚里士多德的《诗学》探讨了诗歌一般的本性、诗的创作和欣赏等。他把诗歌分为抒情诗、叙事诗和戏剧诗等。其中，叙事诗主要是史诗。戏剧诗则包括了喜剧和悲剧。在中国，古有刘勰的《文心雕龙》和严羽的《沧浪诗话》等，近现代有王国维的《人间词话》和朱光潜的《诗论》。这些著作以诗言志，展现了作者对人性高尚情操的精神世界追求。

第三，艺术哲学。作为对于艺术现象的哲学思考，它主要兴起于近代的德意志唯心主义时期。此时的哲学作为主体性哲学的典型形态，设定了主客体的二元思维模式，并因此成为世界观和方法论的哲学。作为艺术哲学就是从这种世界观和方法论去探讨艺术现象。由此出发，艺术被理解为人所创造的感性的精神世界。谢林的《艺术哲学》把艺术视为一般认识的最高形态。黑格尔的《美学》其实就是典型的艺术哲学，它把美和艺术看成是绝对理念的感性显现。

在现代美学思想，特别是西方美学思想中，除了美学自身的意义发生了根本的变化，它的合法性也遭到了怀疑。这主要发生在语言分析哲学。分析哲学强调哲学就是思维结构的分析，而且唯一的途径就是语言分析。他们发现，美学和伦理学的命题不同于科学的命题，也就是关于美和善的陈述不同于真的陈述。美并不关涉事实，而是关涉价值。关于价值是不可描述和定义的。于是，美的判断不能看作是真的判断。在这样的意义上，美学难以作为哲学的一个分支学科而成立。这种美学的否定论在于其对于语言及其分析有着极为褊狭的看法。事实上，语言本身既具有多种形态，包括了自然语言、科学语言和诗意语言，具有历史性，不同时代的语言语义也附着时代变化而变化。同时，语言分析也与逻辑分析和数理运算不同，又具有描述性。这种描述性对事物规律的揭示并不一定科学、准确，甚至说很难达到科学、准确，只能接近。这种现象在人文社会科学著作关于概念的各种定义中特别明显，因此，语言分析应当作为认识事物的工具，而非标准。

西方对美学解构与西方文化中二元对立的思维模式有一定关系。随着中国的崛起，西学东渐的历史趋势必将逆转，文化自信也会逐渐被唤醒。中国文化"天人合一"的思想从来不认为自然是外界、是彼岸，是人身外的知识活动对象，而是与人自身融为一体的统一有机体，这些都与美学的核心价值和谐统一。随着美学教育的进一步深入，进入到大众的日常生活中，东方文化必将对人类美学的发展做出应有的贡献。

第二节 美的基本范畴

　　美的形态与美的范畴也被称为"审美形态"和"审美范畴"。在美学研究中,容易把审美形态与审美范畴混淆。"形态"这个词在《现代汉语词典》中有三个义项:一是指事物的形状或表现,例如意识形态、观念形态;二是指生物体外部的形状;三是指词的内部变化形式,包括构词形式和词形变化形式。综合来说,可以认为"形态"是指事物的形状、形式和表现。汉语"范畴"一词取自《尚书·洪范》中的"洪范九畴",原指归类范物,具有价值规范、制度法规的意义。在《现代汉语词典》中它有两个义项,一是指人的思维对客观事物的普遍本质的概括和反映;指类型、范围。范畴对应英文中的 category,这个词还有类型的含义。范畴作为思维的基本形式,是人们借以认识和掌握客观事物、现象及其特性、方面和关系的普遍本质的基本概念,也就是帮助人们把握现象之网的"网上纽结"。

　　审美形态是在审美实践活动中特定的人生样态、自由人生境界的对象化和审美情趣、审美风格等的感性凝聚、显现及其逻辑分类。审美形态不同于审美范畴。如果说审美形态是关于美的区域和范围的划分,那么审美范畴是关于美的性质的区分。同一审美形态会有不同的审美范畴。如艺术美的领域就不仅包括了单一的审美范畴,而且包括了所有的审美范畴。同时,同一的审美范畴会表现于不同的审美形态。如优美既显现于自然界,也显现于社会界,还显示于人文界。

　　审美范畴有很多区分。有因民族而不同,如西方传统美学的审美范畴主要有优美、崇高、悲剧性、喜剧性、丑、荒诞等。中国传统审美范畴主要有沉郁、飘逸、空灵、中和、刚柔、虚实、气韵、意境等。同一审美范畴在不同的时代有不同的意义,如崇高美,我国不同历史阶段展现出不同的意义。从审美范畴的区分看,由于美学学科建立于西方,西方对审美范畴的划分更具一般性,而我国对审美范畴的划分则是美学引进我国对特定的美学领域进行的归类,更具特殊性。

　　我们认为,审美形态与审美范畴应当区分清楚,才能更准确把握美的内涵。体育美学作为一门交叉应用学科,不能直接把一般意义的审美范畴移植过来,把体育美局限在优美、崇高、悲剧性、喜剧性、丑、荒诞等范畴;也不能把体育审美形态看作审美范畴,把体育的健康美、韵律美、节奏美当成体育的审美范畴；这些都不利于对体育美学的理解和认识。体育活动是人以人体这个自然载体进行的社会文化活动，既具有自然属性，又具有社会属性。每一个审美对象可能包含多种美的范畴，但同一审美对象所包含的不同范畴之间必然具有层次和程度之分。当然不是主次之分、轻重之分。体育美涉及的审美范畴虽然很多，但比较多地显现在审美主体面前的主要是丑、优美、崇高，本节将作简单介绍，而相对主体显现较少的悲剧、喜剧、荒诞等范畴可以参见其他美学教材。

一、关于丑

在美学史上，丑（ugliness）是与美相比较而存在的重要概念，具有与美相反的内涵性质或客观属性。但对丑的论述远不如对美的研究充分，往往是在论述美的本质时为了进行比较才附带地谈到丑。如英国画家威廉·荷加斯（William Hogarth，1697—1764）认为丑是自然的一种属性，适宜可以产生美，不适宜则会变成丑。他用赛马和战马的不同性质、体形来说明："赛马的马的周身上下的尺寸，都最适宜于跑得快，因此也获得了一种美的一贯的特点。为了证明这一点，让我们设想把战马的美丽的头和秀美的弯曲的颈放在赛马的马的肩上，用来代替它自己笨拙的直脖子，看起来一定不好看，不但不能增加美，反而变得更丑了。因为，大家的论断一定会说这是不适宜的。"① 他还认为，变化可以产生美，而"没有组织的变化、没有设计的变化，就是混乱，就是丑陋"②。鲍姆嘉通认为："完善的外形……就是美，相应不完善就是丑。因此，美本身就使观者喜爱，丑本身就使观者嫌厌。"又说："美学的目的是（单就它本身来说的）感性知识的完善（这就是美），应该避免的感性知识的不完善就是丑。"③

一般来讲，丑是美的反面。自然界、人类社会都客观地存在着丑的事物、现象和形式，它们同人类正常健康的生命发展、善良美好的生活理想相

---

① 北京大学哲学系美学教研室：《西方美学家论美和美感》，商务印书馆1980年版，第102页。
② 北京大学哲学系美学教研室：《西方美学家论美和美感》，商务印书馆1980年版，第103页。
③ 北京大学哲学系美学教研室：《西方美学家论美和美感》，商务印书馆1980年版，第142页。

对立，既不合人的生命意义目的，也违背自然和社会发展规律。根据美学史上的说法，如果事物形式和谐、合乎比例、多样统一是美，那么不和谐、不合比例、呆板僵硬就是丑；对象分享到神性或理性的光辉是美，否则就是丑；外形完善并合目的性是美，而不完善和不合目的性便是丑；对象给人以快感或令人愉悦是美，而给人以痛感或令人不快就是丑。德国哲学家、心理学家和美学家谷鲁斯认为丑"这个范畴是在审美的外观上肯定会使高级感官感到不快的东西"。德国哲学家、美学家乔南尼斯·伊曼纽尔·伏尔盖特（Johannes Immanuel Volkelt，1848—1930）认为丑是"反审美的东西（the anti-aesthetic），是完全缺乏审美价值的东西"，"这种丑的对象，经常表现出奇特、怪异、缺陷和任性，这些都是个性的明确无讹的标志；经常表现出生理上的畸形、道德上的败坏、精神上的怪癖，这些都是使得一个人判然不同于另一个人的地方。丑所表现的不是理想的种类典型，而是特征"。① 这说明，丑之所以为丑，就在于它违反了自然生命的内在规律，否定了生命价值的合理性，所以令人普遍反感。

和美学思维范式一样，对于丑也存在客观论和主观论。马克思、恩格斯在谈到现实中丑的事物时，把"丑"看作是客观事物的一种社会属性，并从历史的发展中说明丑的根源，指出生活中的丑和卑鄙、虚伪、腐朽的事物之间的联系。马克思在《〈黑格尔法哲学批判〉导言》中指出，19世纪40年代德国旧制度不过是历史喜剧中的丑角，当时德国在各个社会领域中都充满了卑鄙、虚伪的事物，它激起人民的憎恨和厌恶。恩格斯在《英国工人阶级状况》中，对资本主义社会的丑恶从两方面作了深刻剖析。首先是资产阶级本身的丑恶。在资本主义社会中金钱关系统治一切，在资产阶级看来，"他们活着就是为了赚钱"②。克罗齐认为，美是成功的表现，丑是一种不成功的表现。他所谓的"表现"是指审美主体心中所产生的物象。他说："丑和它所附带的不快感，就是没有能征服障碍的那种审美活动，美就是得到胜利的表现活动。"他又说："丑就是不成功的表现，就失败的艺术作品而言，

---

① ［英］李斯托威尔：《近代美学史评述》，蒋孔阳译，上海译文出版社1980年版，第232－233页。

② ［德］马克思、［德］恩格斯：《马克思恩格斯全集》第2卷，人民出版社2016年版，第564页。

有一句看来似离奇的话实在不错，就是美现为整一，丑现为杂多。"① 他也否认丑是客观事物的一种性质，他所谓"表现"，或者叫作"成功的表现"，是一种心灵的创造性活动，实际上指的是精神活动。因此，在艺术中仅仅把丑归结为形式上的杂多也是片面的。

当然，也有人认为把丑看成审美的对立面是不妥的，丑分为两种意义的丑：一种是审美意义上的丑，一种是非审美意义上的丑。西班牙裔美国美学家乔治·桑塔耶纳（George Santayana，1863—1952）认为："当丑不再是富有情趣，或者仅仅是因索然寡味而变得可厌时，丑就真的成为一种积极的恶，不过这是一种德性的恶或实际的恶，不是审美的恶"，"缺乏审美的善，是一种德性的恶；审美的恶只是相对的，它表示比起此时此地所期望的审美的善较少而已。"② 桑塔耶纳将"德性的恶"与"审美的恶"区别开来，他认为，审美的恶并非绝对地与审美的善相对立。所谓审美的恶只是低于人们所期望的审美的善。这里，桑塔耶纳敏锐地发现了在审美意义下善与恶的内在联系及其相互转化。

二、美与丑的关系

正如桑塔耶纳认为在审美意义下善与恶存在内在联系，并可以相互转化，美与丑是相互依存、相互对举的关系。这种关系主要表现在二者之间的相对性、反衬性和转化性三个方面。

首先，所谓美与丑的相对性，一方面是指它们彼此都客观地存在着，表现出一种同步共生的特性。正像歌德所言："美与丑从来就不肯协调，挽着手儿在芳草地上逍遥。"③ 雨果也曾认为："丑就在美的旁边，畸形靠近着优美，丑怪藏在崇高的背后，美与恶并存，光明与黑暗相共。"④ 另一方面是指美与丑的相互相关性，就像善与恶一样，彼此是在对立中相比较而存在的。毛泽东曾说："真的、善的、美的东西总是在同假的、恶的、丑的东西

---

① 北京大学哲学系美学教研室：《西方美学家论美和美感》，商务印书馆1980年版，第290页。
② ［美］桑塔耶纳：《美感》，缪灵珠译，中国社会科学出版社1979年版，第33—35页。
③ ［德］歌德：《浮士德》，董问樵译，复旦大学出版社1983年版，第509页。
④ ［法］雨果：《论文学》，柳鸣九译，上海译文出版社1980年版，第30页。

相比较而存在，相斗争而发展的。"① 晋代的葛洪曾经说："不睹琼琨之熠烁，则不觉瓦砾之可贱；不觌虎豹之或蔚，则不知犬羊之质漫。"（《抱朴子》）老子说："天下皆知美之为美，斯恶已。天下皆知善之为善，斯不善已。"（《老子》二章）正因为有丑的存在，有美丑之间价值差异的存在，美才显得可贵。

其次，关于美与丑的反衬性，这是一个动态性的概念，涉及美与丑在对照和衬托中所产生的不同审美效应。在艺术创作中，经常采取美丑并置、对比反衬的方式，或着重彰显美，或集中揭示丑，达到使美者更美、丑者更丑的对比效果。像达·芬奇所说："美和丑因互相对照而显著。"其实，在现实生活中，也存在类似的现象。本来不美的人和物，在丑的一方的衬托下，显得美了，反之亦然。德国心理学家、美学家马克斯·德苏瓦尔（Max Dessoir, 1867—1947）认为丑可以作为"一种背景，用来增强美的光辉"②。

最后，关于美与丑的转化性，一方面是指由丑向美转化。丑在形式和本质上都与人的生命需要、审美理想相抵触，是人的感官、心理上的痛苦与不安。丑陋的东西看起来不顺眼，与形式美法则相抵触，违反人对秩序与和谐的规范，不协调、嘈杂与混乱的场景，畸形、病态的形体，邪恶、虚假的形象，无不引起人的反感。但是，丑又能给人以强烈的情感刺激、审美震撼。尼采说："无论在造型艺术还是在音乐和诗歌中，除了美丽灵魂的艺术外，还有丑恶灵魂的艺术；也许正是这种艺术最能达到艺术的最强烈效果，令心灵破碎，顽石移动，禽兽变人。"③ 这种具有强烈情感刺激效果的丑，有利于激发人们的审美热情和道德共鸣，唤醒麻木的人性，以实现更高层次的审美超越。

三、优美与崇高

优美和崇高是美的两种不同类型的范畴，美学研究往往把二者放在一起进行阐述，这是因为二者有着鲜明的对比，并且在表述时，也多是一起

---

① 毛泽东：《毛泽东文集》第 7 卷，人民出版社 1999 年版，第 230 页。
② ［英］李斯托威尔：《近代美学史评述》，蒋孔阳译，上海译文出版社 1980 年版，第 232 页。
③ ［德］尼采：《悲剧的诞生》，周国平译，生活·读书·新知三联书店 1986 年版，第 251 页。

表述。

在西方美学思想发展史上,是希腊修辞学家朗吉弩斯(Casius Longinus,约213—273)在《论崇高》中最先论及崇高这一范畴的。朗吉弩斯认为在两个方面可以使用崇高。一是文辞,他认为优秀的文辞是思想的光辉,"崇高的风格"犹如利剑出鞘,长空闪电,是"伟大的心灵的回声",具有"更大的感动力"。当一篇文章具有深刻的思想,又有强烈的情感,那么,体现这种思想与情感的形象就能产生出一种惊心动魄的力量,这力量就是崇高。二是自然,朗吉弩斯认为自然界有崇高,他认为那些如同火山爆发的雄伟的自然景观是崇高的,人们对自然界的崇高总是充满敬畏之情。[①]

在西方美学史上,从美学角度对优美和崇高做出深入分析与解释的是英国经验主义学派美学家博克(Edmund Burke,1729—1797)、德国古典哲学家康德、黑格尔和俄国哲学家车尔尼雪夫斯基就崇高(sublime)与优美(graceful)的基本属性与特征做了区分。例如,博克认为:"崇高的对象在它们的体积方面是巨大(greatness),而美的对象则比较小(littleness);美必须是平滑光亮的,而伟大的东西则是凹凸不平和奔放不羁的;美必须避开直线条,然而又必须缓慢地偏离直线,而伟大的东西则在许多情况下喜欢直线条,而当它偏离直线时,也往往作强烈的偏离;美必须不是朦胧模糊的,而伟大的东西则必须是阴暗朦胧的;美必须是轻巧而娇柔的,而伟大的东西则必须是坚实的,甚至是笨重的;美是以快感为基础的,而崇高则是以痛感为基础的;美让人喜爱,崇高则让人惊赞。"[②] 从审美角度看,博克认为审美主体在凝神观照崇高与优美的审美对象时,所引发的情感体验是有差异的。如观照悬崖、峭壁、黑夜、烈马、瀚漠、大海、苍穹等崇高型审美对象,往往会导致带有"自我保全"情感(self-defensive passions)色彩的崇高感。这种情感体验与危险、恐惧和痛感相关,始初不能产生积极的快感,但随着危险与恐惧(有些时候是处于自我保全状态而由自我想象出来的负面感觉)的消失,真正意识到自己与危险恐惧的对象隔着一定距离,自己处于不受对方加害或威胁的安全地带,于是原来的痛感会转化为一种喜悦感或愉悦感,而且较之于原先的痛感而成为一种更为强烈的快感。这种感受的根源

---

① 参见北京大学哲学系美学教研室《西方美学家论美和美感》,商务印书馆1980年版,第48-50页。

② 北京大学哲学系美学教研室:《西方美学家论美和美感》,商务印书馆1980年版,第123页。

来自崇高对象内含的那种力量，那种人所不能征服驾驭的、自由不拘或奔放不羁的、使人望而生畏但又对人无害的力量。相比之下，优美的对象通常会诱发一种具有交互性情感。这种感受主要与爱联系在一起，使人在观赏以和谐的形式或形象为特征的优美对象时，譬如观赏花草、小宠物、锦缎、溪流、朝霞、少女等时，容易产生积极的快感，感到喜悦和欢欣，感到松弛舒畅。

继博克之后，康德受英国经验主义哲学与大陆理性主义的影响，从质、量、关系和方式四个方面系统地分析和论述了美与崇高及其审美判断的基本特性。他认为："美和崇高在下列一点上是一致的，就是二者都是自身令人愉快的。"[①]

关于美，康德作了如下的界定和概括。首先，在质的方面，美有别于愉快和善。美的特点在于不涉及利害计较，因而不涉及欲念和概念。例如，康德把审美判断和逻辑判断严格分开，认为在肯定"这朵花是美的"的审美判断中，"花"只涉及形式而不涉及内容意义，所以不涉及概念。审美趣味是一种不凭任何利害关系而单凭快感或不快感来对一个对象或一种形象显现方式进行判断的能力。这样一种能引起快感的对象就是美的。其次，在量的方面，康德认为"美是不涉及概念而普遍地使人愉快的"。审美的对象都是个别事物或个别形象的显现，所以审美判断在量上都是单称判断。日常生活中的单称判断都不能显示出普遍性。如某人说"这种酒是令人愉快的"，只是他凭个人主观味感来判断，旁人对它也许有不同的感觉，所以单纯的感官满足没有普遍性。审美判断却不然，它虽是单称判断，却仍带有普遍性。这种普遍性的基础是不在私人的欲念或利害计较。再次，在关系方面，也就是在审美对象与其目的之间的关系方面，美是一个对象的符合目的性的形式，但感觉到这形式美时并不凭对于某一目的的表现，即审美主体意识不到一个明确的目的。在此，他把美分为纯粹美（pure beauty）和依存美（adherent beauty）。前者是一种我们不能明确地认识其目的或利益的美，如古代装饰性的图案花纹、音乐中的幻想曲和自然美等，即一种没有失去纯洁性的自由美。后者是一种与某种实用目的交织在一起的美，如宫殿与教堂之美。这种美虽失去了纯洁性，但却获得了丰富性。依存美的最高形式是理想美，是"审美的快感与理智的快感二者结合"的一种美。最后，在方式方面，康德认为，审美判断具有必然性，凡是不借助概念而被认为必然产生快感的对象

[①] ［德］康德：《判断力批判》上卷，宗白华译，商务印书馆1985年版，第83页。

就是美的。这种必然性是建立在共通感或共同感觉力（common sense）之上的。例如我觉得这朵花美，我就有理由要求一切人都感觉它美，因为在判断它美时，我们根据的就是尽人皆有的"共同感觉力"，而不是个人所特有的癖性或幻想。①

关于崇高，康德将崇高分为两类：一类是数学上的崇高（the mathematic sublime），一类是力学上的崇高（the dynamic sublime）。前者以体积取胜，主要特点在于对象体积的无限大，如浩瀚大海和崇山峻岭等；后者以力量见长，基本特点在于对象既引起恐惧（terror）又引起惊羡（astonishment）和崇敬（admiration）的那种巨大的威力或气魄，如雷电和风暴等。在康德看来，对象是否崇高，在于是否有限制。崇高特点在于对象的无限制或无限大，并且多数是无形式的，更多地涉及对象的形大或数量大。从审美心理看，美感始终是单纯的快感，而崇高感则由压抑转化为振奋，由痛感转化为快感，所以使观赏者的心灵处在动荡不已的状态，这种状态对主体的冲击更强烈、更持久，有助于提高或升华人的道德精神。正如康德自己所说："在我们的审美判断中，自然之所以被判定为崇高的，并非由于它可怕，而是由于它唤醒我们的力量（这不是属于自然的），来把我们平常关心的东西（如财产、健康与生命）看得渺小，因而把自然的威力（在财产、健康和生命这些方面，我们不免受这种威力支配）看作不能对我们和我们的人格施加粗暴的支配力，……在这些情况之下，心灵认识到自己的使命的崇高性，甚至高过自然。"②

表面上看，康德似乎认为崇高是客观的，其实，他将崇高看成一种主观的感受，一种精神的力量。自然界在这里之所以被称为崇高，只是因为它提升了人的想象力，在那种场合里，人的心情能够使自己感觉到它的使命的自身的崇高性超越了自然。所以康德的崇高实质上还是主观的。

黑格尔从客观唯心主义出发，认为崇高是绝对理念大于感性形式。他说："自在自为的东西（绝对精神）初次彻底地从感性现实事物，即经验界的个别外在事物中净化出来，而且和这种现实事物明白地划分开来，这种情况就要到崇高里去找。"③ 黑格尔认为，在美与崇高里都是以理念为内容，

---

① 朱光潜：《西方美学史》，中华书局2013年版，第399页。
② 朱光潜：《西方美学史》，中华书局2013年版，第409－410页。
③ ［德］黑格尔：《美学》第二卷，朱光潜译，北京大学出版社2017年版，第99页。

以感性的表现为形式，不过这两种因素只是表现不同而已。在美的内在因素即理念渗透进外在的感性的现实里，成为外在现实的内在生命，使内外两方面相互配合、互相渗透，成为和谐的统一体。崇高却不然，用来表现理念的"呈现于观照的外在事物被贬低到隶属于实体的地位"①，内在意义并不能在外在事物里显现出来，而是要溢出物之外。"崇高一般是一种表达无限的企图，而在现象领域里又找不到恰好能表达无限的对象"。这里无限也即自在自为的东西，现象领域指经验界个别的有限的事物。所以，在这个领域里不可能找到表现无限性的对象。按其本性说，无限性超越出通过有限事物的表达形式，也就是在有限事物中容纳不下理性的内容。"因此，用来表现的形象就被所表现的内容消灭掉了，内容的表现同时也就是对表现的否定，这就是崇高的特征。"②

车尔尼雪夫斯基则认为美和崇高是客观存在的，并对黑格尔关于崇高的两个定义进行了批判。他认为黑格尔的"崇高是理念压倒形式"，"崇高是'绝对'的显现"的观点不适用于崇高。他认为"理念压倒形式"这条定义并不适用于崇高，而结果只能得出"朦胧的模糊的"和"丑"的概念。车尔尼雪夫斯基认为，不论怎样理解，"无限"的观念并不一定是或者从来不是与崇高的观念相联系的。"第一，我们觉得崇高的是事物本身，而不是这事物所唤起的任何思想。""第二，我们觉得崇高的东西常常绝不是无限的，而是完全和无限的观念相反。"例如，山是崇高的、雄伟的，但绝不是无限的或不可测量的。③ 那么，到底什么是崇高呢？车尔尼雪夫斯基认为，崇高是"一件事物较之与它相比的一切事物要巨大得多，那便是崇高。……一件东西在量上大大超过我们拿来和它相比的东西，那便是崇高的东西；一种现象较之我们拿来和它相比的其他现象都强有力得多，那便是崇高的现象。……更大得多，更强得多——这就是崇高的显著特点。"④ 车尔尼雪夫斯基关于崇高的定义，强调了崇高在客观事物本身，而不是观念或"无限"所

---

① ［德］黑格尔：《美学》第二卷，朱光潜译，北京大学出版社2017年版，第115页。

② ［德］黑格尔：《美学》第二卷，朱光潜译，北京大学出版社2017年版，第100页。

③ ［俄］车尔尼雪夫斯基：《车尔尼雪夫斯基选集》上卷，周杨、缪灵珠、辛未艾译，生活·读书·新知三联书店1958年版，第15–16页。

④ ［俄］车尔尼雪夫斯基：《车尔尼雪夫斯基选集》上卷，周杨、缪灵珠、辛未艾译，生活·读书·新知三联书店1958年版，第18页。

引起的。提出了崇高与人类的社会实践的关系,这是难能可贵的。

四、壮美

王国维是最早将西方美学引进到中国的学者之一,也是第一位以美学的名义使用壮美的学者。他在所著的美学名著《红楼梦评论》中说:"美之为物有两种:一曰优美,一曰壮美。"他说优美这种美,我们欣赏它时,心态很宁静,与人不产生利害关系,也就是说,主体与客体是和谐的;然"若此物大不利于吾人,而吾人生活之意志为之破裂,因之意志遁去,而知力得为独立之作用,以深观其物,吾人谓此物曰壮美,而谓其感情曰壮美之情"①。王国维这里说的"壮美"其实即西方美学中的"崇高",但他借用了中国古典美学中"壮美"这一概念。

后来,随着中国学者对中国美学思想的挖掘,壮美才逐渐与崇高分离,成为中国化的美的范畴。壮美,也称阳刚之美,其审美意蕴、情感力度强盛,具有宏大、挺利、奔放、雄浑等特性。

与崇高不同,壮美仍属于和谐的审美形态,不含恐惧、压抑的痛感,而主要是激昂、奋发、豪迈、乐观的快感。"天行健,君子以自强不息",展示了宏大壮阔的境界:刚健的天,自强的人,奋发直前;无比广大的宇宙,充满着生生不息的生命和刚劲强健的气势。这就是说,壮美形态虽然形体雄阔、力量强盛,但并非威胁人的暴力。宇宙之壮阔、人格之伟大,给人以景仰、高昂、豪迈等积极的审美体验。壮美凝结着人的浩然之气、英雄襟度和宽广壮伟的胸怀。孟子曰:"我善养吾浩然之气。……其为气也,至大至刚,以直养而无害,则塞于天地之间。其为气也,配义与道,无是,馁也。"(《孟子·公孙丑上》)管同《与友人论文书》亦云:"日蓄吾浩然之气,绝其卑靡,遏其鄙吝,使夫为体也常宏,其为用也常毅,则一旦随其所发,而其至大至刚之概,可以塞乎天地之间也。""浩然之气"是一种伟岸磅礴的精神力量,其养之于人,可以威武不屈,贫贱不移,富贵不淫,摆脱卑俗,挺立于世;付之于诗文书画,则可贯通至大至刚的气势,达到雄伟豪壮的境界。而毛泽东的词《沁园春·雪》是壮美的经典之作。这首词上半阕着重写景,作者把置身于秋水长天的广阔背景中,也把读者带入了高远的深秋境界。远观是"万山红遍,层林尽染",近观则是"漫江碧透,百舸争流"。

---

① 王国维:《静庵文集》,载《红楼梦评论》,辽宁教育出版社1997年版,第68页。

目接"千里""万里",在人的视角上,有远近高低;在逻辑上,从点到面,由实到虚,从自然到人类。而又寓情于景,句句洋溢着热爱祖国山河的豪情,"欲与天公试比高",雄浑磅礴之极!这首词的下半阕着重议论,即由景生情,由祖国山河的壮丽,想到无数为之倾倒的英雄,视通几千年,评点历代英雄,充满自信的情怀。博大的胸襟和抱负与广阔雄奇的北国雪景交相辉映,充分展示了雄阔豪放、气势磅礴的风格。"俱往矣"由评论历史人物落到赞扬当代风流人物,使全词的思想境界达到高峰,尽显一代伟人担当历史重任的豪情壮志。

第三节　美的形态

一、形式美

　　形式美是自然、社会和艺术中各种感性形式因素的有规律组合所显现出来的审美特性。在美学范围内,形式美是指客观事物外观形式的美。形式美不是一种自身独立的美的形态,它渗透于美的广泛存在领域,对人类审美活动有着重要的价值和作用。在社会美、自然美和艺术美中,都包含了形式美的存在因素。

　　形式美是在人类长期的生产劳动实践(包括审美创造和审美欣赏活动)的基础上形成并发展起来的。也就是说,形式美不是自然形成的,而是人类社会实践的结果,经历了一段长期的由内容向形式演化的历史积淀过程。此过程中,人类的某些心理、观念、情绪等内容因素积淀于形式,转化为形式。一方面,人类在活动过程中,通过对对象和活动本身各种形式特征的不断认识和反复比较,逐渐形成和发展出人所特有的对于形式的要求和把握能力。另一方面,在人类活动(包括审美活动)中,对象本身所具有的各种形式因素及其不同的组合关系,因其日益明显地体现了人的生命需要和情感色彩,越来越直接地呈现出人的生命运动规律,从而日渐具体地成为一种满足人的生命和情感的存在。这表明,形式美是人类"通过在生产劳动和生活活动中所掌握和熟练了的合规律性的自然法则本身而实现的"[①]。作为审美对象,美的形式并非单纯的物质形式或感性形式,而是包含着某种观念情

---

① 李泽厚:《美学三书》,安徽文艺出版社1999年版,第35页。

绪、意义、意味或象征等内容成分，可以说是"有意味的形式"。

另外，形式美与社会美、自然美、艺术美等美的一般形态既相联系、又有区别。一方面，形式美源于美的一般形态；另一方面，社会美、自然美、艺术美等形态又不能脱离开具体表现形式，因而是有限的。而形式美却可以不依赖具体表现内容，呈现出相对独立的审美价值。换句话说，形式美的内涵宽泛而界限模糊，具有一定的抽象性、普遍性。英国剧作家王尔德（Oscar Wilde，1854—1900）曾说，"形式都是万物的起源""形式是信仰的粮食""形式就是一切，它是生命的奥秘"。[①]

对于形式美，很多教材都没有对它的特征或特点做总结或阐述，或阐述比较空泛或勉强。我们认为，形式美最具独立性的特征应该是它的社会性。

形式美的形成和发展不是一个纯自然的过程，而是历史文化积淀的成果，是与人相关的。马克思在《1844年经济学哲学手稿》中指出："人不仅通过思维，而且以全部感觉在对象世界中肯定自己。"[②]恩格斯也说过："鹰比人看得远得多，但是人的眼睛识别东西远胜于鹰。狗比人具有锐敏得多的嗅觉，但是它连被人当作各种物的特定标志的不同气味的百分之一也辨别不出来。至于触觉，即在猿类中刚刚显示出最粗糙的萌芽的触觉，只是由于劳动才随着人手本身而一同形成。"[③] 因此，人的感觉与动物的感觉有着本质的区别。形式作为人的审美对象，是从动物感觉到非社会的人的感觉再上升到社会的人的感觉的过程中逐步实现的，充分显示了人的本质和本质力量的结果。因此，形式美是人类专有的审美对象，形式美感也是人类所特有的社会感觉。正因为如此，社会性是形式美的主要特征。

形式美的构成，是指其感性质料，主要包括色彩、线条、形体和声音等。

(一) 色彩

色彩是光作用于物体所给人的一种视觉反应，它是构成形式美的重要因

[①] ［英］王尔德：《谎言的衰落》，萧易译，江苏教育出版社2004年版，第173-174页。

[②] ［德］马克思：《1844年经济学哲学手稿》，中共中央马克思恩格斯列宁斯大林著作编译局译，人民出版社2018年版，第83-84页。

[③] ［德］马克思、［德］恩格斯：《马克思恩格斯选集》第3卷，中共中央马克思恩格斯列宁斯大林著作编译局译，人民出版社2012年版，第992页。

素。一方面,色彩具有情感性,色彩刺激能影响人的情感或情绪。鲜艳明亮的色彩可以使人兴奋,晦暗浑浊的色彩则使人感到压抑;红色和黄色给人以温暖、热烈和喜庆的感觉,蓝色和紫色给人以寒冷、沉静的感觉,绿色则给人以生机盎然的感觉。另一方面,色彩又具有象征性,如红色象征革命,黑色象征死亡,白色象征纯洁。中国自古就有色彩方位之说,东蓝、南红、西白、北黑、中黄,称之为"方位色"。而京剧脸谱也以不同色彩象征不同的人物性格:红脸表示忠义,黑脸表示憨直,蓝脸表示刚强,白脸表示奸诈,金银脸表示神怪。形式美是人类长期实践产生的情感存在,但这种存在与审美主体和审美意境应和谐统一,否则难以产生普遍性的审美感。体育活动中的色彩多以明亮、轻快、鲜艳的颜色为主,显现出活力、热情。

(二) 线条

线条可分为直线、曲线、折线三大类,它们分别给人以不同的感受。直线一般表示刚毅、挺拔、单纯,其中粗直线有厚重、强壮感,细直线有明快、敏锐感,水平线有平静、安稳感;曲线表示优美,给人以柔和、轻盈、流畅的感受;折线表示转折、变化的方向,给人一种动态与灵巧的感受。不论在现实生活中,还是在艺术作品中,线条都表现出复杂多样性。荷加斯在《美的分析》中将线条的复杂性(intricacy)定义为:"它是组成这种形状的线条的特点,它引导着眼睛作一种变化无常的追逐,由于它给予心灵的快乐,可以给它冠以美的称号。"[①] 并得出结论:蛇形线是最美的线条。他说:"如果从一座优秀的古代雕像上也照此除去它的弯弯曲曲的蛇形线,它就会从精美的艺术作品变成一个轮廓呆板、内容单调的形体。"[②] 在体育活动中,线条主要包含人和物的线条、运动的线条。运动员身体优美的曲线、体育器材和建筑设施的各种形状形成的线条、运动中人体和物体(球、箭、标枪等)运动的轨迹都是完美的线条,并且大多是经过科学论证的线条,如标枪

---

① 范明生:《西方美学通史》第三卷,上海文艺出版社1999年版,第274页。《西方美学通史》把 intricacy 看作一个概念,翻译成"错杂"。这句引文的原文是"Intricacy in form, therefore, I shall define to be that peculiarity in the lines, which compose it, that leads the eye a wanton kind of chace, and from the pleasure that gives the mind, intitles it to the name of beautiful."但《西方美学通史》和同一译者翻译的《美的分析》(1984版、2002年版),三种译本的译文都不同。

② [英]荷加斯:《美的分析》,杨成寅译,佟景韩校,人民美术出版社1984年版,60页。

飞行的角度和轨迹。

（三）形体

形体则以线条为基础，由点、线、面按一定规律组合而成。除了有平面和立体之分，不同的形体还给人以不同的审美感受。例如，圆形和球形给人以柔和完美之感，所以古希腊的毕达哥拉斯学派提出："一切立体图形中最美的是球体，一切平面图形中最美的是圆形。"① 圆形或由圆形演化而来的图形，给人的感受是柔韧、温和、充实、丰满、富有弹性的，还有自我满足、周而复始的意味，因而是一种阴柔美。康定斯基认为正方形是"最客观的形态""寒冷感和暖和感保持着相对均衡"②，方形或由方形演化而来的图形给人的感受有平实、刚劲、端正、稳健，也有拘谨、固执，甚至死板，但总的来说是一种阳刚美。三角形有各种形态，对人的心理往往产生不同的情绪感应：立三角形给人以稳定、庄重、崇高以至永恒的感觉；倒三角形给人以动荡、不安和倾危感；斜三角形则表示方向和前进等。正梯形有很强的稳定感；倒梯形有轻巧的动感。体育活动中会呈现出各种各样的形体，除人身体本身的形体，还有因动作而形成的形体，如太极拳中的各种圆。体育活动中的形体也是动态的，这也是与美术等艺术形式的不同之处。

（四）声音

声音是由物体振动产生的声波，是通过介质（空气或固体、液体）传播并能被人或动物的听觉器官所感知的波动现象。频率和振幅决定了声音的音调与响度，因此自然界有无数种声音。根据是否具有审美价值，声音可以分为自然界发生的声音和人按照美的规律创造的音乐的声音。

自然界发生的声音复杂万端，如雷鸣、风吼、虎啸、猿啼、莺啭、虫吟、人喊、马鸣等。作为自然现象的声音，与自然美对人发生作用的规律一样，同样可以构成审美对象，并具有一定的审美价值。《诗经》中有"喓喓草虫""呦呦鹿鸣""伐木丁丁""鸟鸣嘤嘤"等，这些诗句通过声响的和谐韵味，唤起了人的诗情，激发了审美感受，也寄托了审美情趣。刘勰在

---

① 北京大学哲学系外国哲学史教研室：《古希腊罗马哲学》，生活·读书·新知三联书店1957年版，第75页。

② [苏]康定斯基：《论艺术的精神》，查立译，腾守尧校，中国社会科学出版社1987年版，第176页。

《文心雕龙·原道》中把自然界的音响看成是"道之文",他说:"至于林籁结响,调如竽瑟;泉石激韵,和若球锽。故形立则章成矣,声发则文生矣。"

音乐的声音是人按照美的规律创造的,以人声和乐器声作为材料,在时间中流淌,不塑造直接形象,无确切含义。但音乐的声音却能表现人的感情,并激发人的感情,在表情的功能上与其他艺术类型相比,它甚至是最有优越性的。人们可以用语言描述音乐声音的声像,就文学本身意义而言可能是成功的,却不能完全代替音乐本身的意蕴。声音有情绪意义,这与声音的创造主体相关。《乐记》有:"凡音者,生人心者也。情动于中,故形于声;声成文,谓之音。"又由于心对物之所感的心境不同,也就产生了带有不同情绪意义的乐音。声音有色彩感。这是由听觉引起人生理上的通感,发生视觉作用,产生色彩效果。朱光潜在《近代实验美学》中介绍,美国的梵斯华兹(Farnsworth)和贝蒙(Bemont)进行试验,叫一班学图画的学生听两支乐调不同的乐曲,并要他们随时把音乐所引起的意象画在纸上,结果发现,各人所画的图画情景虽有别,情调和着色却十分相近:乐调凄惨时各图画的着色都很暗淡,乐调喜悦时各图画的情调都很生动。这就是所谓"着色的听觉"。[①] 声音有意象感。声音虽是一种自然现象,在自然现实中,声音虽是形式的,却与一定的内容联系在一起,转化为有依存内容的形式。温庭筠在《更漏子》中写道:"一叶叶,一声声,空阶滴到明。"使人产生一种满怀愁绪的心理意象。这种意象的造成,是对声音综合创造的结果,其中有主体的想象和移情。当然,由于主体的状态不同,不同主体之间对同一声音可能产生不同的意象。

二、自然美

人类作为大自然的组成部分,自出生起便在大自然的襁褓中进化、成长。随着人类的发展,人类对大自然的认识也在不断加深。对于大自然,人类从恐惧到索取、从改造到共丰、从敬畏到审美,大自然成为人类自由发展的载体和母体。

所谓自然美,是指在审美活动中对人具有特定审美价值的自然物和自然现象的品质特征。自然之所以是美的,是因为自然作为人的生命存在的必要

[①] 《朱光潜全集》编辑委员会:《朱光潜全集》第1卷,安徽教育出版社1987年版,第506-507页。

条件，不仅符合了人的感觉需要和特性，而且能够满足人在特定情境下的生命追求，启发人对人生的独到领悟，激发人积极向上的生命力，因而成为人的审美对象。一般说来，自然美的存在可分为两大类。一类存在于未经人类劳动改造过的自然物和自然现象上，如海洋、瀑布、原始森林、日月云霞、雨雪风霜等纯自然状态下的事物。它们虽未受到人类实践的直接作用，但又与人类生活保持着一定的联系，其感性形式中蕴涵和体现了人类生活的内容、人的某种观念、人所珍视的品质，因而进入人的审美活动领域，使人在对它们的审视过程中得到愉快，获得审美享受。另一类则存在于经过人类劳动加工的自然物和自然现象上。这种自然美的存在状态又可以分为一般加工和艺术加工两种：前者如开垦后的农田、人造岛屿、高速公路等，它们直接体现了人的劳动创造能力和心灵智慧，具有一定的审美元素，可能在某个方面或某个点会引发人们的审美感；后者如园林景观、摩崖题刻、乐山大佛等，它们本身就是一些为直接满足人的精神生活需要与审美享受而存在的艺术性劳动过程及其结果，因而审美特征和审美效果更为明显、强烈。

在美学理论中，自然美的产生是一个长期争论的难点。一种观点认为，自然美在于自然事物本身，是自然事物本身固有的属性，如山水花鸟的美，在于山水花鸟本身的自然属性，如形状、颜色、质感等。另一种观点认为，自然美是由于受人的生活暗示，这在人看来才是美的。如车尔尼雪夫斯基认为："自然中使我们想起人来（或者，用他们的术语，预示人格）的东西，就是美的，并且主张自然中美的事物，只有作为人的一种暗示才显示出美。"① 再一种观点认为，自然本身不可能有美，自然美只是属于心灵的那种美的反映。黑格尔就是如此，他认为："人们从来没有单从美的观点，把自然界事物提出来排在一起加以比较研究。我们感觉到，就自然美来说，概念既不确定，又没有什么标准，因此，这种比较研究就不会有什么意思。"②

当然，无论是从人类社会劳动实践的历史或文明发展的历史来看，还是从人类审美意识的生成及其发展的历史来看，自然美或人类对自然美的欣赏，均是一定社会实践的结果，是人类社会生活的产物。在人类出现以前，绚丽的朝霞、清澄的月光，虽然作为物质的属性仍然存在，但这些属性对于

---

① ［俄］车尔尼雪夫斯基：《生活与美学》，周杨译，人民出版社1957年版，第10页。
② ［德］黑格尔：《美学》第一卷，朱光潜译，北京大学出版社2017年版，第6页。

自然本身来说是没有美的意义的。这是因为：一方面，没有人类存在便没有把自然作为观照对象的主体存在；另一方面，一切自然现象本身"全是不自觉的，盲目的动力"，它们没有任何预期的自觉的审美目的。在远古时期，我们的先民由于生产能力与认识水平的低下，许多自然现象和自然事物是人无法对抗的，如海浪、暴风雨、冰天雪地、巍峨大山等，这些自然现象和自然事物不仅不具美感，反而与人对立、使人恐惧，谈不上可亲可爱，谈不上风景优美（"风景"一词本身是人类文明的产物）。所以今天不能用现代人类对自然的审美感受去推论在人类社会出现以前自然美就早已存在。随着人的社会实践的发展，自然美的领域才逐渐扩大的。马克思、恩格斯曾说："自然界起初是作为一种完全异己的、有无限威力的和不可制服的力量与人们对立，人们同它的关系完全像动物同它的关系一样，人们就像牲畜一样服从它的权力。"① 在这种状态下，自然对于人来说就无所谓有没有美了，正如高尔基说："在环绕着我们并且仇视着我们的自然界中是没有美的。"②

随着人类社会的发展，特别是科技的发展，人类与自然的关系也在不断变化中，二者之间的联系不断拓展。一方面，自然对于人作为物质生活的对象，覆盖范围在不断扩大；另一方面，自然作为精神生活的对象涵盖范围也在不断扩展，如动物、植物、山水甚至狂风暴雨、惊涛骇浪都可以成为审美对象。诚如马克思所言："人（和动物一样）依赖无机自然界来生活，而人较之动物越是万能，那么，人赖以生活的那个无机自然界的范围也就越广阔。从理论方面来说，植物、动物、石头、空气、光等，部分地作为自然科学的对象，部分地作为艺术的对象，都是人的意识和人的活动的一部分。"③

所以，从根本意义上讲，人类对自然认识的不断深入，也不断扩大了人类审美对象的范围。从广义上讲，人在与自然界的交往中，不仅通过直接地加工与改造生成了"人化的自然"（或"第二自然"），而且也通过自己的意识（特别是审美意识）间接地加工和创造了"原态的自然"（或"第一自然"）。譬如，2022年北京冬奥会的滑雪等比赛场地依山而建，与山体融为一体，既展现了人类创造生成"人化自然"的成果（赛道），也改造了"原

---

① ［德］马克思、［德］恩格斯：《马克思恩格斯全集》第3卷，中共中央马克思恩格斯列宁斯大林著作编译局译，人民出版社2016年版，第35页。

② ［苏］高尔基：《苏联的文学》，曹葆华译，新文艺出版社1953年版，第100页。

③ ［德］马克思、［德］恩格斯：《马克思恩格斯全集》第42卷，中共中央马克思恩格斯列宁斯大林著作编译局译，人民出版社2016年版，第95页。

态的自然"（山体）。

自然美的特殊性是其独特本质的具体表现。与形式美、社会美和艺术美等美的形态相比，自然美表现出以下三个特征。

首先，自然美偏重于形式，自然美不直接体现社会功利内容，但不等于说自然美同人的社会功利目的无关。自然之所以美，是因为人类通过生产实践活动，改造自然、征服自然，成了大自然的主人，亦即大自然在总体上肯定了人类的社会功利目的。人们在欣赏自然美时，对自然功利性目的要求，已经历史地沉积在合规律的形式中，更多的是通过对自然规律的认识，获得自由精神。人们为什么不欣赏穷山恶水？为什么不赞美地震海啸？本质上，是因为这类自然物同人的意志目的、同人的自由精神，是背道而驰、截然对立的。

其次，自然美具有内容与形式的统一性。同社会美和艺术美一样，自然美也具有内容与形式的统一。但是，这种统一往往表现为，自然美以自身鲜明的属性特征，去表现丰富繁杂的带有社会意义的内容。也就是说，同一审美对象，可能因不同的审美主体而赋予不同的社会意义。如月亮之美，皎洁、清澄、盘如弓、夜升昼落、圆缺变化等，是其自然属性，但由于欣赏主体的千变万化，月亮之美可能因人因事因时因地而异，带有不同的社会内容。但不管月亮之美的社会内容多么复杂，与人类社会的联系多么广泛，都不会超出月亮的自然属性和形式特点所能允许的范围。也就是在对自然美审美过程中，主体不仅沉醉于它们外在的形式美，还深深为某种精神力量所触动，使得这种自然美与主体的人格特征紧密相连，达到了外观与内涵的完美结合而富有情趣。

最后，自然美一般具有全人类性。自然美多属共同美，它虽然与人类生活相联系，具有一定的社会意义，但从根本上说，它与人类之间是一种自然关系，一般不受时代、民族和阶级的限制。而且，自然美重在形式，其功利性主要表现在观赏方面，不涉及民族、阶级的利益关系。因此，对青山绿水这类自然美，每个时代、每个民族、每个阶级的人都会流连忘返。当然，人们在欣赏自然美时，的确存在因时代、民族、阶级乃至个体不同而产生的差异性。如同是唐代诗人咏菊花，李白是："可叹东篱菊，茎疏叶且微。……当荣君不采，飘落欲何依？"（《感遇诗四首［其二］》）以菊自喻，抒发了怀才不遇的感慨。白居易是："满园花菊郁金黄，中有孤丛色似霜。还似今朝歌酒席，白头翁入少年场。"（《重阳席上赋白菊》）流露出恬适安乐的闲情逸趣。两首诗的情趣完全不一样，但我们不能就此断定菊花的美是各不相同的,而是诗句中的菊花,已是经过诗人心灵化的菊花,而不是自然形态的菊花了。也就是说,作为自然形态的菊花的审美价值并不是哪一个特定的时代、民族或阶级所赋予的,而是在整个人类历史发展中逐步"人化"的结果,因此,就自然美本身来说,它更多地具有全人类性。

三、社会美

社会美是社会生活中社会事物、社会现象的美,存在于社会生活的各个领域,如经济、政治、文化、科学以及人的衣食住行、社会交际和个人行为等各方面。它指的是那些包含着社会发展本质规律、体现人的理想愿望、给人以精神愉悦的社会生活现象。社会美来源于人类的社会实践,集中反映出一定时期人类的审美意识与其他社会意识形态之间的复杂关系。因此,它既是社会实践的产物,又是社会实践的直接表现。社会美这个概念提出来,是有意义的。随着人类社会的发展,不论是现实生活的交往,还是虚拟世界的联系都越来越广泛。随着交通工具的发展和提速,人们的生活空间越来越广阔;随着网络社会的发展,人们在线上交流的频次逐渐超过线下交流。因此,美的社会形象和社会生存审美化取向对个体生存、发展愈来愈具有重要意义。

在西方美学史的著作中,对社会美进行系统讨论的不多。在西方美学史上,有自然美、艺术美的概念范畴,却没有社会美这个范畴。当然,西方美学史虽然没有提出社会美的概念,并不意味着西方美学家认为这个问题不重要。实际上,从古希腊开始,有许多观点,如德谟克利特关于人的美与内在本质关系的看法,柏拉图关于心灵美与身体和谐一致是最美的境界的看法,歌德提出的"道德美"概念,黑格尔提出的"伦理的美""自由的美"概念,法国哲学家、美学家维克多·库申(Victor Cousin,1792—1867)提出的物质美、智性美、道德美的区分,车尔尼雪夫斯基提出的"美是生活"的著名命题都涉及社会美的问题。

目前,我国许多美学著作对社会美的理解存在着一种简单化的倾向。它们习惯于只从客体对象方面来理解和定义社会美,或把社会美说成是"现实生活中事物的美",或是"社会生活的美""社会现象的美""美的社会事物"等,甚至把社会美的追求与个体生命的体验对立起来,这显然是不能把握社会美的美学含义的。这里要注意,社会美与生活美是有区别的。虽然别林斯基指出:"在活生生的现实里有很多美的事物,或者,更确切地说,一切美的事物只能包括在活生生的现实里。"① 但是社会美要比生活美来得宽广深厚。它可以包容生活美，或者说生活美只是社会美的一部分。

社会美包括两个方面：一方面是社会事物的美，另一方面是人的美，即是社会实践的美和作为社会实践主体的人的美。社会实践的美集中体现了人与社会的关系，这其中又包括社会活动的美和环境的美。人的社会活动的美包括了劳动的美和社会斗争的美。环境的美包括了自然环境的美与社会环境的美。人是社会实践的主体，因此作为社会实践主体的人的美就包括了人的外在形态和内在心灵的美。人的外在形态的美主要指人的语言、行为、举止、仪表、服饰等方面的美，而人的内在心灵美主要指人的思想、情感、品格等方面的美。

相比较于自然美和艺术美等，社会美与人的关系最为密切。人们都欣赏自然美、艺术美，但不一定都亲自去创造它们，或者说可能只是偶尔进行一下创作。而对于社会美，人不仅是欣赏的主体，更是创造的主体，并且主体的创造是持续的、主动的，个体的创造与社会整体的美也息息相关。

关于社会美的审美特征，我们可以通过与自然美的比较来把握。

第一，与自然美以形式取胜不同，社会美主要以内容取胜。因为社会美与人类社会实践直接相关，有时就是实践活动本身，而社会实践活动是否属于社会美的范畴，就在于它是否对社会有益、有用，即所谓的"善"，这些显然都属于内容的范畴。人们欣赏社会美总是透过形式直视它的内容是否符合善的规则。例如，一个人外表漂亮，但言行丑恶不堪，就不能被认为是美的。社会实践中其他领域和事件的美也是如此，关键在于它是否符合人类社会进步和发展的要求。由此可见，与自然美相比，社会美有明确的内容且相对稳定，是侧重于内容的美。当然，说社会美偏重于内容，并不是否定感性形式在社会美中的作用，因为内容与形式是辩证统一的，一定的内容必然要表现为一定的形式。英雄的美虽然与他们的高矮胖瘦无关，但与他们平日的言行举止却是密切相关的。所以，说社会美偏重于内容，是指社会美的内容比较确定，而表现形式却是不确定的，更不像自然美和艺术美那样要求符合形式美的规律，但社会美也仍是内容和形式相统一的美，而当内容和形式达到完美的结合时，则达到社会美的最高境界。

第二，与自然美的全人类性不同，社会美具有明显的社会性，即不同的

---

① ［俄］别林斯基：《别林斯基论文学》，梁真译，新文艺出版社1958年版，第7页。

时代、不同的民族、不同的阶级有不同的社会审美观。人们总是生活于一定的时代，社会美的创造也总是在一定的时代中进行。不同的时代总是有不同的生活习俗、文化形式和善的标准，自然也就有不同的审美观念和审美理想。例如，从人与人的关系来看，我国封建社会信奉"三纲五常""三从四德"被当时看作社会秩序的一种美，而随着时代的发展，越来越多的人向往人格独立、个性解放，那种人身依附关系不再是美。又比如"三寸金莲"曾是古时候女性美的标志，而在现代社会则被看作一种病态审美。

第三，社会美的民族性也是很突出的。每个民族都被看作是一个整体，有着自己的共同的地理环境、生活方式、语言以及文化传统，这就决定了不同民族的人们会有不同的社会美追求。在社会发展过程中，有了民族服饰、民族建筑、民族艺术等不同概念，也才有了世界文化的异彩纷呈。

四、艺术美

艺术是人类重要的一种实践活动形式，也是人精神活动的外现。但同"美是什么"一样，"艺术是什么"也是美学的千年难题。美国美学家莫里斯·韦兹（Morris Weitz，1916—1981）和威廉·埃·肯尼克（William E. Kennick，1947—2009），甚至根本否定给艺术下定义的做法，宣称艺术是不可定义的。[①] 正由于艺术定义的多样性，导致人们在谈论艺术时，往往与艺术品混淆，反过来对艺术的定义造成更大的混乱。当然，否认艺术的可定义性并不能排除世间艺术现象的存在，也不能排除人们谈论艺术的可能性。

长期以来，人们把艺术美定义为是艺术家按照一定审美理想和美学观念、审美实践要求，遵循美的规律，同时借助于一定的物质媒介手段而创造的一种美的形态。人们认为它是艺术家对现实生活进行创造性反应的产物。这样做人为缩小了艺术产生和存在的范围，不利于全面认识艺术和艺术美。艺术应是人类的一种实践活动形式，和其他实践活动的区别在于，艺术更多的是一种精神活动，是在合目的的基础上求美的活动。艺术是人类生活的组成部分，并不是艺术家才懂艺术，当然，艺术家更能创造出具有美的特征的艺术品。因此，艺术美应是人在实践中赋予了人的意志、情感和理想的物化形态。并且，创造者生活经验的广度和深度，决定了其所创造出来的艺术形象体现人的生命意义、抒发人的生命情感的广度和深度。所以说，艺术来源

---

① 参见王涛《艺术"难题"的困境与出路》，厦门大学博士学位论文，2019年。

于生活。艺术家从生活中吸取的营养越丰富，其艺术构思和想象力就越自由，其所创造的艺术形象也就越富有生命的特征。

艺术美是客观性和主观性的统一。艺术作品是人对审美现实的审美反映和审美创造的产物，任何艺术形象的创造与创造活动，都具体包含了主观、客观两方面的因素。艺术美的产生，既与对客观审美对象的能动的、合乎美的规律的、富于艺术性的真实反映有关，又与艺术家的审美意识、审美理想、审美趣味、艺术才能的表现和发挥有关。艺术美对于艺术作品的欣赏者虽是客观的存在，而就它对艺术创作的主体、客体的关系来说，它是主观、客观的统一。艺术的对象不限于现实中的一切美的事物。现实中的人们普遍感兴趣的事物，具有审美特色的事物，能对人的感觉、情感、思想、心灵、精神发生影响的事物，都可以成为艺术的对象。同样，任何人都可以成为艺术的创造者。普通人与艺术家的区别在于，艺术作品在何种程度上真实而深刻地反映了审美现实，在何种程度上体现了创造主体自己的、某一个时代的、民族的积极健康的审美理想，在何种程度上显示了创造者的思想深度和情感的真挚强烈程度。

艺术美源于现实美，它不如现实美丰富却比现实美更高、更集中、更理想、更典型。车尔尼雪夫斯基认为："艺术在内容或表现的内在价值上足以与现实抗衡，更不要说高于现实……艺术作品任何时候都不及现实美的伟大。"[①] 这种看法是偏颇的，带有形而上学的性质。艺术美确实不能代替现实美，也没有现实美那样丰富。但是，艺术美又比现实美更集中、更典型、更带普遍性、更理想，具有思想认识价值和更高的审美价值，从这方面来看，艺术美应该高于生活美。关于艺术美与现实美的高低问题，别林斯基的看法是辩证的：他一方面肯定艺术美来源于现实生活，是生活的再现；另一方面又承认艺术在一定意义上高于生活，认为生活在艺术中比在现实中更像生活。因为艺术中的生活是经过提炼的、是典型的。他认为："现实本身是美的，不过它是美在本质、成分或内容上，不是在形式上。"[②] 也就是说，只有艺术美是内容与形式的辩证统一。

艺术美的审美特征概括起来主要有以下三点。

---

① ［俄］车尔尼雪夫斯基：《车尔尼雪夫斯基选集》上卷，周杨、缪灵珠、辛未艾译，生活·读书·新知三联书店1958年版，第85页。

② ［俄］别林斯基：《别林斯基论文学》，梁真译，新文艺出版社1958年版，第126页。

（一）内容和形式的高度统一性

社会美和自然美也追求内容与形式的统一，但社会美偏重于内容，自然美偏重于形式，而艺术美则是深刻的思想内涵与完美的艺术形式的高度统一。艺术美的魅力直接来自艺术形式，创作者通过色彩、声音、线条等质料组成一幅画、一部交响乐、一段舞蹈、一座雕塑，以各种形式呈现出来，而真正打动人的却是创作者通过作品表现出来的人生体验、情感和态度，亦即对生命意义的一种创造性表达。在生活中，我们常常可以看到各式各样的行为艺术，因为内容的空泛而无法激发人们的审美感受。所以，罗丹就指出："故一切素描、颜色，都是贡献一种意义，失掉了这意义，它们根本就无美之可言了。"①

（二）主体与客体的统一

现实生活是艺术美的客观因素，但它不同于自然形态的生活原型，而是集中了生活的精粹。艺术美的主体因素则主要指创作者的审美理想和思想情感，及其对于人生的态度和追求。任何艺术客体的创造与创造活动，都包含了创作主体的主观思想与情趣等因素，而二者的有机统一才产生艺术美。也正因此，如创作者主观的创作观念理想不同，主体与客体统一的方式和过程不一样，艺术美的表现也会产生不同特点。朱自清、俞平伯曾同游南京的秦淮河，并各自写了一篇同名散文《桨声灯影中的秦淮河》。两位作家面对同一景物所产生的理解和感受不同而存在不同的审美情感。如果说，朱自清笔下的秦淮河是一条抒情的河流，那么，俞平伯在桨声灯影中所展示的，则是一条启人沉思的秦淮河。这两条秦淮河在中国现代散文的原野上是相映成趣的。②

（三）情感想象性

无论是艺术创造还是艺术鉴赏，没有强烈的情感介入，就无法进行审美活动。情感性是艺术美的最重要的特征之一。艺术表现情感越充分，艺术审

---

① ［法］葛赛尔：《罗丹艺术论》，傅雷译，中国社会科学出版社 1999 年版，第 102 页。
② 参见江锡铨《桨声灯影中的品鉴与沉思：读俞平伯的散文〈桨声灯影里的秦淮河〉》，载《名作欣赏》2009 年第 1 期。

美价值就越高。艺术表现的情感是在对自然情感深刻体验后，经过选择、积淀、强化、升华等处理后的情感。在艺术美审美活动中，我们以自由人的身份，在情感世界中自由地活动，获得了自我实现。情感与想象总是同时发生、同时存在，没有想象的情感只能算情绪。艺术不仅集中表现了人类各种各样的想象形态，也集中体现了各种各样想象之间的关系。因而，黑格尔认为："最杰出的艺术本领就是想象。"① 艺术想象在性质上是一种情感思维，它既克服了日常生活中的想象所常有的偶发性、随意性和易逝性，又比科学想象含有更多的主体性意愿、意志和情绪，即艺术想象是认识与情感的统一。在艺术中，认识是直接完全地融汇在情感中的，其含义既清晰，又模糊，正如人们常说的"只可意会，不可言传"。同时，艺术想象又是实像与虚像的统一，既是真实的，又是虚幻的，既是可感知可体验的，又没有直接的现实性，"象"幻而"材"真，"事"幻而"理"真，"景"幻而"情"真。正因为如此，艺术美是培养想象力的重要途径。

思考题

1. 如何认识关于"美的本质"的不同观点？
2. 美的范畴和美的形态有什么区别？
3. 如何理解各种美的形态的特征？

---

① ［德］黑格尔：《美学》第一卷，朱光潜译，北京大学出版社 2017 年版，第 443 页。

第四章　体育美的本质与特征

确定美的本质是一个千年难题。美学作为各种实用美学、交叉美学学科的母学科至今无法解决"美是什么"的问题，也就是美的本质问题。因此，应用美学和交叉美学的学科教材大都回避谈论应用学科美的本质问题。我国早期体育美学教材还会论述体育美的本质问题，2010年以后出版的体育美学教材则少有提及。那么，关于体育美的本质问题的讨论，是否还应该进入体育美学教材？我们认为，对事物的本质问题的探讨不应停止，哪怕被批为"伪命题"。因为对事物本质的探讨是人类探究生存和存在意义的终极使命，即使方向错了，也说明离真理又进了一步。在从美学的发展历史看，在对美本质的追寻过程中，每出现一个理论，对美的认识都是一次进步。

第一节　美的哲学基础

一、美学的哲学范式

自美学诞生起，受不同历史阶段的社会思潮以及哲学流派的影响，美学一直在各种论争中发展前行。但随着美学研究领域的不断拓宽与科学理论方法的不断引入，美学总的发展趋势是不断地走向成熟，不断走向普罗大众。在当代，广义上的美，既包括自然美，又包括艺术美，还包括社会生活美等。广义上的美学，既研究人对现实的审美态度、审美理想与审美关系，又研究美的创造、美的欣赏与美的教育的规律，同时还研究人类实践活动的一切形态及其审美价值等。总之，随着人类文明的发展与审美意识的进步，美学也同其他学科一样，其研究对象与范围会不断扩展开来，与此相关的概念或学说也会发生变化，不同的研究方向构成了不同的话语体系，当代美学话语大致经历了本体论、认识论和价值论三种范式。

(一) 本体论美学

本体论是探讨实体之最高性质的学说或科学，是形而上学（metaphysics）中的一个重要领域，又称为"存有的科学"（the science of being），主要探讨存有和存在（existence）的问题。

本体论美学（ontological aesthetics）研究美的存在的最终本原、本性的美学理论。是哲学本体论在美学中的延伸。在中外美学史上有多种界说，如客体本体论、主体本体论、二元论本体论。[①] 本体论美学一般侧重研究美的本质、美的规律，带有形而上学与纯粹思辨的特点，旨在回答美的普遍有效性问题。本体论研究范式是在"人的本质"问题视域中，通过实践范畴探寻美的本质，带有鲜明的人学色彩。受马克思主义及其美学思想的影响，本体论美学在我国很长时间内占主导地位，其中，最有代表性的三种话语是主体性实践美学、实践创造论美学和实践本体论美学。

主体性实践美学是人类学历史本体论（也称为"主体性实践哲学"）的美学部分。主体性实践美学的实践范畴有广义和狭义两种，前者"几乎相等于人的全部感性活动和感性人的全部活动"，后者专指物质生产劳动实践。主体性实践美学将"美何以可能"和"人类何以可能"联系起来，认为答案在于物质生产劳动实践及其成果——"自然的人化"。主体性实践美学虽然突破了认识论范式，但其实践概念的本体地位主要是在哲学层面阐发的，因为"自然的人化"解释的仅仅是美和美感的起源，不等于美和美感的本质。

实践创造论美学对美的实践本质的论述，是从人的本质力量在对现实的审美关系中得以对象化的角度着手的。蒋孔阳在《美和美的创造》一文中提出："人通过劳动实践来改造客观世界的过程，事实上就是人的本质力量对象化的过程。"[②] 实践被等同于"人的本质力量对象化"，而这种"人的本质力量对象化"就是美。"实践创造论美学"强调实践与美的同一性，更看重"人的本质力量对象化"。人与自然关系的多样性导致美的多样性，这就引出了后来的"美是恒新恒异的创造""美是自由的形象"和"美是多层累

---

① 参见朱立元主编《美学大辞典（修订本）》，上海辞书出版社2014年版，第14-15页。

② 蒋孔阳：《美和美的创造》，载《学术月刊》1980年第3期。

的突创"等命题。实践的外延被泛化后，它就无异于一般意义上的人类生活活动，其美学意义也在一定程度上被消解了。

在本体论范式下，如果说主体性实践美学和实践创造论美学的实践范畴分别位于狭义和广义的两个极端，那么以刘纲纪为代表的实践本体论美学提出的实践范畴则处于二者之间，它更为关注人的自我实现的审美创造。基于实践的主客体辩证关系，实践本体论美学认为，美是人在实践中所表现出来的自由的感性表现形式，美感是人感受到自身本质力量实现之后而产生的愉悦，而美感则是对人本质力量的审美化、感性化和物态化反映。这一主客体辩证统一的实践本体论美学，实际上就是一种美学的实践本体论或本体论的实践美学。

本体论美学被认为是美学研究中的最高层次，但绝非美学研究的全部。现有学科研究成果表明：有关美的本质及其规律的探讨虽比以往深刻，但问题远未解决，似乎成了一个不解之谜。以致有人认为："美的本质问题一旦澄清，美学或许就不复存在了。"这虽是调侃之言，但却道出了解决这一问题难度之大的事实，同时也表明了美学家们为何对此孜孜以求的原因所在。

（二）认识论美学

认识论即个体的知识观，也即个体对知识和获得知识所持有的信念，主要包括有关知识结构和知识本质的信念、有关知识来源和知识判断的信念，以及这些信念在个体知识建构和知识获得过程的调节与影响作用。长久以来，认识论一直是哲学研究的核心问题。认识论美学主要侧重研究审美活动中的审美经验（或体验），也就是人在审美活动中的认识规律，旨在解决"审美认识如何可能""何为美感心理特征"等问题。我们知道，审美经验是审美活动的产物，属于主体性范畴，涉及人的审美态度、审美理想、审美趣味、审美心理与审美层次等。认识论美学借助现代科技成果及其研究手段，对主体审美经验的动态过程作了更为深刻和科学的描述、揭示与实证，对提高人的审美修养与审美意识（或审美敏感性）具有一定的指导意义，特别为审美教育（或艺术教育）提供了不少具有科学性和应用性的理论方法。但认识论美学往往忽视了对审美活动之客观范畴的研究，多少有些画地为牢之嫌。因为，审美活动首先是建立在主客体双方互动关联基础之上的，忽视其中任何一方，都不可能从整体上把握和洞识审美活动的特点与规律。

(三) 价值论美学

价值论亦称"价值哲学",是指关于价值的性质、构成、标准和评价的哲学学说。主要从主体的需要、客体能否满足主体的需要以及如何满足主体需要的角度,考察和评价各种物质的、精神的现象及主体的行为对个人、社会的意义。

价值论美学主要侧重研究主客体之间的审美关系,目的在于揭示美的价值与人类生存理想的关系,或者说,在于阐明认识美的价值对提高人类生活质量有何意义或作用。实际上,价值论美学在对主客体审美关系的研究中,必然会引出审美与人生价值的关系问题。因为,美,无论是狭义的还是广义的,终究是人类认识、发展与社会实践的结果,与人类的生存理想有着日益密切的价值关系,对人类的生活质量和人的全面发展具有直接或间接的促进作用。故此,价值论美学包含着对人类的"终极关怀"。譬如,基于自然主义、实用主义、存在主义和心理分析的美学,均表现出人本主义美学的特点。这种美学说到底,不仅"是一种以人的欲望为中心的价值理论"[①],而且也是一种以人的"此在""自由"与"尊严"为主要探讨内容的价值理论。随着美学的发展,生命美学突破了本体论美学和认识论美学的局限,成为价值论美学。重新思考、认识生命的意义和价值,将成为我们对待生命的新起点。

二、美学是人学

研究体育美的本质问题,要以马克思主义哲学作为理论基础,以马克思主义美学思想作为指导思想。马克思不像康德、黑格尔这样的美学家有专门的美学著作,但不能否认马克思有其独特的美学思想。而其美学思想与他整个思想理论体系交织在一起,因此不能单独抽取出来,而应当将其置于马克思整个思想理论体系中来理解,这是与其他美学理论研究的不同之处。正因为如此,基于马克思主义哲学的科学性,马克思主义美学思想对美的本质研究具有重要的指导意义。

关注美的事物(对象)的特性,以及着重探讨"美本身"是什么的问

---

① [美]吉尔伯特、[德]岸恩:《二十世纪的美学方向》,夏乾丰译,载《美学与艺术评论第一集》,复旦大学出版社1984年版,第357-358页。

题，是一种本体论或本质论和认识论的美学探索路径，也是西方古典美学的特点。现代美学的研究重心从美的对象物转向审美主体的人，美学问题也相应从"美"转向"审美"，成为一种主体论、审美论和价值论的美学，它把人的审美自由和审美解放等问题充分凸显出来了，这也是马克思主义的美学思想的核心内容。虽然说马克思主义的理论学说是19世纪的思想成果，但它的根本精神是面向未来发展的，是通向共产主义社会理想的，也就是向未来社会开放的，马克思主义美学思想同样如此，也正因此马克思主义美学的精神特质具有现代性品格。

马克思主义美学以人与对象的审美关系为中心，把美学建立在历史唯物论的"人学"基础上。马克思主义美学关注的重心在于人与对象在现实中所构成的审美关系，即对象何以能够成为人的审美对象，人作为审美主体又何以能够进入审美状态，并且获得审美感觉和生命体验。这种审美关系涉及四个方面。一是人的审美意识与审美能力，不能归结为人的先验或自然本质，而是从人的本质力量的历史生成与丰富发展中形成的。马克思说："五官感觉的形成是迄今为止全部世界历史的产物"，"只是由于人的本质客观地展开的丰富性，主体的、人的感性的丰富性，如有音乐感的耳朵、能感受形式美的眼睛，总之，那些能成为人的享受的感觉，即确证自己是人的本质力量的感觉，才一部分发展起来，一部分产生出来。因为，不仅五官感觉，而且连所谓精神感觉、实践感觉（意志、爱等），一句话，人的感觉、感觉的人性，都是由于它的对象的存在，由于人化的自然界，才产生出来的。"① 二是人与对象的审美关系，不是一种自然而然的关系，而是包含着特定的社会现实关系。马克思说："对象如何对他来说成为他的对象，这取决于对象的性质以及与之相适应的本质力量的性质，因为正是这种关系的规定性形成一种特殊的、现实的肯定方式。"② 只有立足于此，才能够解释这样一种现象："忧心忡忡的、贫穷的人对最美丽的景色都没有什么感觉；经营矿物的商人只看到矿物的商业价值，而看不到矿物的美和独特性；他没有矿物学的

---

① ［德］马克思、［德］恩格斯：《马克思恩格斯文集》第1卷，中共中央马克思恩格斯列宁斯大林著作编译局译，人民出版社2009年版，第191页。

② ［德］马克思、［德］恩格斯：《马克思恩格斯文集》第1卷，中共中央马克思恩格斯列宁斯大林著作编译局译，人民出版社2009年版，第191页。

感觉。"① 三是人的审美活动本质上是人在对象世界中肯定自己,从而确证人的本质和意义价值。马克思以人的耳朵和眼睛对于对象的审美感觉为例,来说明"我的对象只能是我的一种本质力量的确证"②。如果不是这样,那就是审美关系的异化,并且也确证着人本身的异化。四是审美与人的自由解放。正因为人的审美活动不是自然发生的,而且还会出现审美关系的异化,因此就必然带来人的审美解放和争取自由全面发展的要求。总之,马克思的审美论在根本上是以"人"为中心而展开的。过去有人说,马克思主义哲学与美学属于"唯物"主义,嘲讽其只见"物"不见"人",这显然不是误解便是歪曲。恰恰相反,与那些先验论和抽象化的人本主义相比,马克思主义哲学与美学正是建立在历史唯物论基础上的最深刻的"人学"理论学说。

马克思主义哲学与美学的"人学"理论非常契合我国在中华民族伟大复兴的过程中对先进文化的需要。习近平总书记在2014年文艺工作座谈会上的讲话中,多次谈到美学,指出要"传承和弘扬中华美学精神","要坚守中华文化立场、传承中华文化基因,展现中华审美风范","要虚心向人民学习、向生活学习,从人民的伟大实践和丰富多彩的生活中汲取营养,不断进行生活和艺术的积累,不断进行美的发现和美的创造"。③

体育美的本质问题在体育美学中占有很重要的地位。它是体育美学的重大理论问题,它回答"什么是体育美"这一问题。对体育美本质问题的回答影响着对其他问题的解决,制约着体育审美实践。因此,科学地揭示体育美的本质,不仅关系到体育美学理论的发展,也关系到体育美的欣赏和创造。

三、人的本质

美是作为人类认识世界、改造世界所特有的现象,美的本质与人的本质

---

① [德]马克思、[德]恩格斯:《马克思恩格斯文集》第1卷,中共中央马克思恩格斯列宁斯大林著作编译局译,人民出版社2009年版,第191页。
② [德]马克思、[德]恩格斯:《马克思恩格斯文集》第1卷,中共中央马克思恩格斯列宁斯大林著作编译局译,人民出版社2009年版,第191页。
③ 新华社:《习近平在文艺工作座谈会上的讲话》,见学习强国(https://www.xuexi.cn/126644f285070a1e38f3e1b7b1ec818c/e43e220633a65f9b6d8b53712cba9caa.html),2022-10-10。

有密切的联系。马克思说:"自由的有意识的活动恰恰就是人的类特性。"①他又说:"人的本质并不是单个人所固有的抽象物。在其现实性上,它是一切社会关系的总和。"② 马克思这两个著名论断,也是追寻美的本质的一把钥匙。

人类从大自然分化出来,仍属于大自然的一部分。作为大自然的产儿,人保存了人的自然属性,正如恩格斯所说:"人来源于动物界这一事实已经决定人永远不能完全摆脱兽性。"③ 人的自然属性,主要指人与生俱来的生理本能的、与动物共有的属性,也就是恩格斯所说的兽性,即人的自然属性。不过,人的自然属性和动物的自然属性有着本质的区别,这个区别就在于人的自然属性实质上已经是一种社会化了的属性,或者说"类特性"化了的自然属性。尽管人的自然属性与动物的自然属性(兽性)有本质差别,但它并不是人身上最本质的属性,不是人与动物相区别的最根本的标志。只有人的社会属性才是人的本质属性。人的本性或本质表现在与动物的自然属性相联系又相区别、只有人类才具有的社会属性中。人首先是作为社会的人而存在的,是在漫长的历史进程中,在一定的社会关系中经过"人的劳动"而"生成"的,是历史、社会、劳动三者相统一的产物,所以人是"最名副其实的社会动物"。作为一个科学概念的"人",不是指单个的人,而是指"一切社会关系的总和"的人,应当是自然属性与社会属性、自然本质与社会本质的有机统一体,而起主导和根本上人的本性,则是人的社会属性、社会本质。

人与动物本质的区别也必然导致人与动物在生产活动存在本质的区别。马克思指出:"有意识的生命活动把人同动物的生命活动直接区别出来……通过实践创造对象世界,改造无机界,人证明自己是有意识的类存在物,就是说是这样一种存在物,它把类看作自己的本质,或者说把自身看作类存在物。诚然,动物也生产,动物为自己营造巢穴或住所,如蜜蜂、海狸、蚂蚁

---

① [德] 马克思:《1844年经济学哲学手稿》,中共中央马克思恩格斯列宁斯大林著作编译局译,人民出版社2018年版,第53页。在1979年版,这句话翻译为"自由的自觉的活动恰恰是人类的特性"。

② [德] 马克思、[德] 恩格斯:《马克思恩格斯全集》第3卷,中共中央马克思恩格斯列宁斯大林著作编译局译,人民出版社2016年版,第7页。

③ [德] 马克思、[德] 恩格斯:《马克思恩格斯全集》第20卷,中共中央马克思恩格斯列宁斯大林著作编译局译,人民出版社2016年版,第110页。

等。但动物只生产它自己或它的幼仔所直接需要的东西；动物的生产是片面的，而人的生产是全面的；动物只是在直接的肉体需要的支配下生产，而人甚至不受肉体需要的影响也进行生产……动物只生产自身，而人再生产整个自然界；动物的产品直接属于它的肉体，而人则自由地面对自己的产品。动物只是按照它所属的那个种的尺度和需要来建造，而人却懂得按照任何一个种的尺度来进行生产，并且懂得处处都把固有的尺度运用于对象；因此，人也按照美的规律来建造。"① 按照美的规律进行生产也是马克思主义美学的核心思想。

"按照美的规律来建造"，这是人类劳动区别于动物"生产"的一个根本特点。人类在掌握客观必然规律的基础上，进行自由的、有目的的创造性的劳动。"任何一个种的尺度"，指的是客观事物的必然规律；"内在的尺度"，指的是人对客观规律的认识和掌握，使之服务于自身的目的。这二者的结合体现了合规律性（真）与合目的性（善）的统一，就是"美的规律"。所以劳动的规律和美的规律在这里是完全一致的。由于劳动的结果实现了人的目的和意图，成了"他的作品和现实"，因而充满了创造性的喜悦，"带着诗意的光辉对人的全身心发出微笑"，看到了作为"人的类特性"的本质力量的肯定和确证。因此，按照客观必然规律来改造人周围的整个世界，就要充分发挥"人的类特性"的本质力量，"按照美的规律来建造"，建设更新更美的对象世界，以满足人们日益增长的物质生活和精神生活的需求。

前面我们谈到美的本质与人的本质的关系。它指的是人的全面的本质，是人在一定社会关系中对自然、对社会、对整个世界展开的，自由自觉的，有意识、有目的的创造性的活动。正如马克思所指出的："人以一种全面的方式，也就是说，作为一个完整的人，占有自己全面的本质。人同世界任何一种人的关系——视觉、听觉、嗅觉、味觉、触觉、思维、直观、感觉、愿望、活动、爱，——总之，他的个性的一切器官，正像在形式上直接是社会的器官的那些器官一样，通过自己的对象性关系，即通过自己同对象的关系而占有对象。"② 这种"全面本质"是自然本质与社会本质、物质本质与精

---

① ［德］马克思：《1844年经济学哲学手稿》，中共中央马克思恩格斯列宁斯大林著作编译局译，人民出版社2018年版，第53页。

② ［德］马克思、［德］恩格斯：《马克思恩格斯全集》第42卷，中共中央马克思恩格斯列宁斯大林著作编译局译，人民出版社2016年版，第123－124页。

神本质的具体的、历史的统一，具有无限的丰富性和由于主客观原因造成的差异性。必须强调的是：我们不能忽略社会变革对人的本质的制约，如果否认人的本质是"一切社会关系的总和"，就必然会陷入抽象人性论的泥坑；反之，我们也不能把社会关系等同于阶级关系或民族关系。用阶级、民族的本质来囊括人的一切基本的属性，这也是对人的本质所作的简单化的理解。

四、人的本质力量

作为实践、创造和审美主体的人，其本质力量究竟是什么？简单来说，人的本质力量是人的本质的具体表现。黑格尔把意识当成人的本质，他认为人是"能思考的意识"。这一意识来自超自然的"绝对理念"。当"绝对理念"发展到精神阶段，也就是人的阶段，就表现为意识。当作为精神的心灵意识在客观事物的感性形象中显现出来，也就是对象化，这时就表现为美。因此，人的本质和美的本质，都是精神性的。费尔巴哈不同意这一观点，认为人的本质不是精神性的意识，而是物质性的自然。作为自然的人的本质，是感觉、欲望、爱。他说："如果人的本质就是人所认为的至高本质，那么，在实践上，最高的和首要的基则，也必须是人对人的爱。"[①]

马克思否定了黑格尔和费尔巴哈片面的观点，认为人的本质既不是抽象的精神属性，也不是抽象的物质属性。人应当是"现实的、活生生的人"[②]。这样的人，既有精神意识的属性，又有物质自然的属性。我们应当把它们统一起来，在人的"感性活动"中来理解人。所谓"感性活动"，就是实践。在实践中，人作为活动的主体，首先就是一种自然的存在物。"人作为自然存在物，而且作为有生命的自然存在物，一方面具有自然力、生命力，是能动的自然存在物。这些力量是作为天赋和才能、作为欲望存在于人身上。另一方面，人作为自然的、肉体的、感性的、对象性的存在物，同动植物一样，是受动的、受制约的和受限制的存在物，就是说，他的欲望的对象是作为不依赖于他的对象而存在于他之外的。但是，这些对象是他的需要的对

---

① ［德］费尔巴哈：《基督教的本质》，荣震华译，商务印书馆1984年版，第350页。

② ［德］马克思、［德］恩格斯：《马克思恩格斯全集》第2卷，中共中央马克思恩格斯列宁斯大林著作编译局译，人民出版社2016年版，第118页。

象，是表现和确证他的本质力量所不可缺少的、重要的对象。"① 人作为自然存在物，他的本质力量，首先是他的自然力和生命力，他的自然的禀赋和能力，他的情欲和需要。为了表现和证实这些本质力量，必须有存在于他外面的对象，也就是制约和限制他的自然。因此，自然的物质属性、自然的禀赋和能力、自然的情欲和需要，以及我们来自自然的生命力和创造力，都应当是人的本质力量，是人之所以为人的感性基础。

当然，如果人只有自然方面的属性，他就超越不了自然，永远停留在动物的阶段。人之所以为人，主要在于他能不断超越自然、动物，超越人自己，从而不断地从自然的动物生活上升到人的社会生活，并最终从人的社会生活上升到理想的自由生活。人之所以能够不断地超越和提高自己，那是因为他有心灵和意识，有了心灵和意识，人就能够以自我为中心，建立一个主体世界。有了主体世界，人就可以具有自我意识和精神力量。这些精神力量，首先是能够认识自己和认识客观世界的思维力量，其次是能够强烈地实现自我愿望和目的的意志力量，再次是能够感受世界并能够表现主观的爱好和厌恶的感情力量。这些精神力量，都是自觉的，有目的的，清醒地意识到自己是什么以及在干什么，并都是富有创造性按照客观的规律有计划地实现自己的目的。正是自觉性、目的性和创造性等特点，使人的本质力量突破自然的物质束缚，在改造客观自然的过程中创造出自然所没有的东西，并向着精神的自由王国上升。人除了自然的本质力量之外，更具有了精神的本质力量。只有当人具有了精神的本质力量，他才告别动物，具有丰富复杂的内心生活和精神生活，成为真正的人。同样离开了人，离开了对人的本质的全面把握，就无法对美的本质进行科学的论述。

人的本质力量不是单一的，而是一个多元的、多层次的复合结构。也就是说，人的本质力量，并不是固定不变的，而是万古常新、永远在创造中。如体育运动中，通过训练，人的力量、速度、灵敏性、耐力等自然力可以得到一定的提升。然而，随着年龄的增长，身体这个自然力载体逐渐衰退后，人的精神生产的能力却在不断增强。所以，人的本质力量是一种动态存在。也有学者认为人既是一个物质的、肉体的存在，又是一个精神的、认识的存在，还是一个话语的、符号的存在，所以，人既具有物质的、肉体的能力，也具有精神的、认识的能力，还具有话语的、符号的能力，也就是人具有物

---

① ［德］马克思：《1844年经济学哲学手稿》，中共中央马克思恩格斯列宁斯大林著作编译局译，人民出版社2018年版，第103页。

质生产、精神生产、话语生产三种能力。①

五、人的本质力量的对象化

所谓人的本质力量的对象化，指的是整个现实世界"对人说来到处成为人的本质力量的现实，成为人的现实，因而成为人自己的本质力量的现实，一切对象对他说来也就成为他自身的对象化，成为确证和实现他的个性的对象"②。具体地说，它一方面指人在认识和改造客观世界的实践中，将自己的创造才能和智慧乃至整个生命活动（即"能动的"类生活），包括思想、情感、意志、理想、品格等物化在对象之中，使人的本质见之于客体，从而成为人的对象。另一方面，指的是对象"人化"了、"社会化"了，赋予对象以人的社会性的内容，打上人的意志的印记，人从经过自己实践改造过的对象中，看到了自己的创造才能、智慧、思想、情感、意志、理想、品格等，即将人的本质力量对象化到具体的事物上面，以求得在对象世界中"肯定自己""确证自己"③，"理智地复现自己""能动地、现实地复现自己，从而在他所创造的世界中直观自身"④ 或者"在观照对象中就会感到个人的喜悦，在对象里认识到自己的人格""对着我们光辉灿烂地放射出我们的本质"⑤。这就是人的本质力量体现于客体、客体对象表现人的本质力量的过程，是美的产生并成为人的审美对象的过程，实际上也就是人类创造美和欣赏美的全过程。也就是说，只有人与客体事物建立起对象性的审美关系来占有对象（自由状态下的精神占有），对象对于人才是美的。即美的形象应当反映出人作为人的本质力量，也即人有意识、有目的、能动地去改造世界，追求真与善，从而在客观世界获得精神自由这样一种能力和力量。

---

① 参见张玉能《人的本质力量与美》，载《青岛科技大学学报（社会科学版）》2006 年第 2 期。

② ［德］马克思、［德］恩格斯：《马克思恩格斯全集》第 42 卷，中共中央马克思恩格斯列宁斯大林著作编译局译，人民出版社 2016 年版，第 125 页。

③ ［德］马克思、［德］恩格斯：《马克思恩格斯全集》第 42 卷，中共中央马克思恩格斯列宁斯大林著作编译局译，人民出版社 2016 年版，第 125、126 页。

④ ［德］马克思、［德］恩格斯：《马克思恩格斯全集》第 42 卷，中共中央马克思恩格斯列宁斯大林著作编译局译，人民出版社 2016 年版，第 97 页。

⑤ 朱光潜：《生产劳动与人对世界的艺术掌握：马克思主义美学的实践观点》，转引自新建设编辑部编《美学问题讨论集》第 6 集，作家出版社 1964 年版，第 187 页。

"美是人的本质力量的对象化"这一命题可以说是我国美学"客观性与社会性统一"派的核心观点。其代表人物是李泽厚和蒋孔阳。这种学说较早出现在全国高等民族院校编写的《美学十讲》教材中。该教材认为："其根据马克思主义的历史唯物主义和实践论的观点，美的本质就是'人的本质力量的对象化'。也就是说，决定事物的形象是美的形象，使其具有一种怡情悦性、能引起人喜爱感情的独特性质、且能体现人类社会实践的要求、又不以人的主观意志为转移的美的本质，就是对象化了的人的本质。"① 后来，李泽厚放弃了这一命题，而采用"自然的人化"。蒋孔阳则坚持用"人的本质力量对象化"，同时也用"自然的人化"，他将这两个命题统一起来。他在《美和美的创造》一文中将美定义为："美是一种客观存在的社会现象，它是人类通过创造性的劳动实践，把具有真和善的品质的本质力量，在对象中实现出来，从而使对象成为一种能够引起爱慕和喜悦的感情的观赏形象。这一形象，就是美。"②

　　蒋孔阳认为"人的本质力量对象化"有这样的意思：能对象化成为美的本质力量，是人的"具有真和善的品质"的本质力量，那么，就不是所有的本质力量对象化都是美的了。这一点十分重要，这也是我国大多体育美学教材在对美的本质进行分析时，都要强调的观点。但这一点也成为执其他观点学者的批判焦点。蒋孔阳曾强调："美的形象就是形象地反映了人的最好的本质力量的形象。"什么是"最好的本质力量"？蒋孔阳除了用"真"与"善"来概括外，还从两个方面加以界定："一是它不同于动物的本质力量，而是人的本质力量；二是它是在一定的历史条件和社会关系中所形成起来的人类最先进的一些品质、性格、思想、感情、智能和才能等。"③ 后期，他在《美学新论》中仍坚持"美是人的本质力量对象化"的观点，对"人的本质力量"论述则更为详尽。他强调，人除了自然的本质力量外，还有精神的本质力量。"只有当人具有了精神的本质力量，他才告别动物，具有丰富复杂的内心生活和精神生活，成为真正的人。"④

---

① 全国高等民族院校编写组：《美学十讲》，云南人民出版社1982年版，第74页。
② 蒋孔阳：《美和美的创造》，载《学术月刊》1980年第3期。
③ 蒋孔阳：《美和美的创造》，载《学术月刊》1980年第3期。
④ 蒋孔阳：《美学新论》，人民文学出版社1995年版，第169页。

六、美是感性显现

执"美是人的本质力量的感性显现"命题者,以刘叔成、夏之放、楼昔勇等人为代表。他们编写的大学美学教材《美学基本原理》在1984年出版后,经多次重印,印数多达数十万册,"美是人的本质力量的感性显现"随着教材的发行而广为流传,影响非常大。此命题也成为多门交叉应用美学对美本质阐释的来源。"美是人的本质力量的感性显现"理论来源于黑格尔对美下过的定义:"美是理念的感性显现。"黑格尔这个观点在我国被批判为唯心主义。正因这如此,楼昔勇在《美是人的本质力量的感性显现》一文中,强调:"他的所谓'理念'当然是唯心主义的,是虚无缥缈、不可捉摸的东西,我们必须扬弃。他所谓的'感性显现'却是很精辟的。"① 所谓"感性",就是具体性、形象性,所谓"显现",按照朱光潜的解释,就是"'现外形'和'放光辉'的意思"②。在黑格尔看来,一个事物之所以美,就因为它通过具体而又光辉的感性形式,显示了自立于现实世界以外的理念。楼昔勇在文中还说:"如果我们对黑格尔的定义进行适当的扬弃和吸取,并按照马克思主义的观点加以改造,那么我们认为,美应该是人的本质力量的感性显现。一个对象之所以美,在于它总是直接或间接地显示了人的本质力量,显示了人凭着自己的本质力量所创造的生活。但是,这种显示方式必须是具体的,而不是抽象的;是生动的,而不是枯燥的。一个对象的美,既不能离开通过感性形式显示的人的本质力量,又不能离开显示人的本质力量的感性形式。美的感染性和愉悦性,正是通过这种内容与形式的统一体中表现出来的。"③

楼昔勇也对"美是人的本质力量的对象化"进行批判。他认为:人的一切实践活动,不论是政治的、经济的、文化的,不论是物质生产还是精神生产,都是在实现人的本质力量对象化。我们能否说这些活动都是在创造美呢?不能。比如,政治、哲学、经济等方面的著作,各种各样的法律、制

---

① 楼昔勇:《美是人的本质力量的感性显现》,载《河北大学学报》1984年第3期,第110-118页。

② 朱光潜:《西方美学史》,中华书局2013年版,第509页。

③ 楼昔勇:《美是人的本质力量的感性显现》,载《河北大学学报》1984年第3期,第110-118页。

度，都是人创造的，它们可以是符合客观规律的，是符合人的目的需要的，但它们不是审美对象，因为它们的存在方式是抽象的，人们无法从中"直观自身"。

对于"美是人的本质力量的感性显现"命题，也有不少批判意见。学界主要认为，这个命题存在着严重的逻辑缺陷，也不符合生活的现实。一是把人的本质力量理解为只有积极向上、向善求真的力量，这实际上把人的本性看作是善的了。这就出现了一个严重问题：那些腐朽的、反动的、丑恶的、消极的力量是不是人的本质力量。二是混淆了真、善与美的界限。他们把美定义为人的本质力量的感性显现，而人的本质力量是促进人类进步，推动历史前进的求真、向善的积极力量，这实际上取消了美，把美归属到了真与善的领域，美成了被动表现真与善的从属性的东西。

七、美是合规律性和合目的性的统一

"合规律性"是主体的认识行为对客体规律的符合与顺应，也就是包含了作为真理的"真"。与客观规律本身不同，是否合规律性存在主体主观的判断。它既包含了认识对规律的符合，还包括了行动对规律的顺应。

"合目的性"是目的的实现和需要的满足，包含了作为功利意义的"善"。实践活动的合目的性不仅表现在对自我需要的满足，而且也表现在对他人的需要的满足上；不仅表现在个体或某一群体的需要的满足上，而且表现在社会多数成员或全人类的物质、精神需要的满足上。

主体实践或对象化过程中，合规律性和合目的性的统一是美成立的基础。

一方面，合规律性和合目的性的统一是人的本质力量的确证。人的活动是自觉的，是有目的的。恩格斯说："人离开动物愈远，他们对自然界的作用就愈带有经过思考的、有计划的、向着一定的和事先知道的目标前进的特征"，从而"在自然界打上它们意志的印记"。[①] 人的意志、目的作为实践理性，引导、控制作为实践主体的人为实现自己的意志、目的付出自然力。马克思在《资本论》中指出，最蹩脚的建筑师从一开始就比最灵巧的蜜蜂高明的地方，是他在用蜂蜡建筑蜂房以前，已经在自己的头脑中把它建成了。

---

① ［德］马克思、［德］恩格斯：《马克思恩格斯全集》第3卷，中共中央马克思恩格斯列宁斯大林著作编译局译，人民出版社2012年版，第996－997页。

劳动过程结束时得到的结果，在这个过程开始时就已经在劳动者的表象中存在着，即已经观念地存在着。① 因此，人在生产实践过程中，人的本质力量通过人的生理、心理机制根据事先确定的目标完成对象化过程，最终，按意志、目的得以实现的产品，就具备了美的品格，就使主体感到喜悦和快慰。

另一方面，合规律性和合目的性的统一，使实践活动具有美的性质。在生产实践活动中，主体固然要在对象上实现既定的目的。但是，人的实践面对着这个客观世界，在实现目的时会经常遇到"困难"，甚至会碰到"无法解决的问题"。因此，人为了实现自己的目的，就必须认识和把握客观规律，在实践中获得自由，使客观必然性与人的目的性相统一。合规律并且合目的实践活动本身就是对象化或自然的人化过程，通过这种实践活动，实践主体或审美主体都会得到美的享受。参与者在体育运动中，充分展现人的本质力量，把人的作为类存在的力量、速度、灵敏等精确发挥到极致，活动者和欣赏者都得到美的享受，对人在活动中展现出的智慧和才能、情感和毅力，能动性和创造性地产生一种精神价值的共鸣。

八、体育美与真、善的关系

了解体育美与真、善的关系，有助于进一步理解体育美的本质。真、善、美不仅作为人类永远追求的目标，也是哲学上永恒的主题，从某种意义上讲，也是人类认识宇宙的方式。作为三大主题之一，美与真、善既存在相互联系又有区别，美学史上对真、善、美关系有三种看法。

（一）等同关系

从古至今，在现实生活中，美与善在很多情形下是混用等同的。就如我国西北人民对好东西或事物，喜欢说"美得很"一样，实际上主要表达的是"很好"或"不错"的意思，与合目的性、和善有关。即使在学者、思想家那里，也经常混用或等同。如苏格拉底就认为"美与善"并非"截然不同的两回事"②，"例如说，德行并不是从某一观点看来是美的，而从另一

---

① 参见［德］马克思、［德］恩格斯《马克思恩格斯全集》第23卷，中共中央马克思恩格斯列宁斯大林著作编译局译，人民出版社2016年版，第202页。

② 北京大学哲学系美学教研室：《西方美学家论美和美感》，商务印书馆1980年版，第18页。

观点来看才是善的"①。又如亚里士多德认为"美是一种善，其所以引起快感正因为它是善"②。在中国美学史中，孔子在论述伦理时，经常美、善不分。如在《论语》中，有"里仁为美"（《论语·里仁》）"君子成人之美，不成人之恶"（《论语·颜渊》）"如有周公之才之美"（《论语·泰伯》），等等。在中国现代美学史上，美善等同说在蔡仪的《新美学》也有类似的论述，即"社会美就是善"。

（二）对立关系

美和真、善是对立关系，此种观点认为美与真、善无关。康德提出，"美不涉及概念""美不涉及功利"，这就把美和真、善的关系划分清楚了。在我国，朱光潜接受了克罗齐的观点，强调美和真、善的对立。说"艺术就是直觉"，是"不带实用目的的""无理性思考的"，因此艺术不考察善的问题，"艺术无善恶"。这样，对艺术的认识变成了"是孤立绝缘的东西"，要采取"无所为而为"的态度。

当然，随着科学的发展，人类对自然事物和规律的认识不断加深，美和真、善的对立说基本无人再提。

（三）统一关系

在西方美学史上，第一个提出真、善、美统一的是普洛丁（Plotinus，204—270）。他认为"神才是美的来源""心灵的善与美都是为着接近神""真实就是美""真实界就是善的东西和美的东西，或则说就是善和美"，换句话说，"真、善、美统一于神"。③ 英国美学家夏夫兹博里（Shaftesbury，1671—1713）也论述到真、善、美统一的问题，指出："凡是美的都是和谐的和比例合度的，凡是和谐的和比例合度的就是真的，凡是既美而又真的也就在结果上是愉快的和善的。"④ 但夏夫兹博里只是把真、善、美统一在一

---

① 北京大学哲学系美学教研室：《西方美学家论美和美感》，商务印书馆1980年版，第191页。

② 北京大学哲学系美学教研室：《西方美学家论美和美感》，商务印书馆1980年版，第41页。

③ 北京大学哲学系美学教研室：《西方美学家论美和美感》，商务印书馆1980年版，第57-58页。

④ 北京大学哲学系美学教研室：《西方美学家论美和美感》，商务印书馆1980年版，第94页。

种感性把握的结果上了。我们认为，真、善、美的统一，既不是统一于神，又不是统一于感性把握的结果上，而是统一于社会实践。只有当人在实践中掌握了客观规律（真），并运用实践达到了一定的目的，实现了善，又取得感性的形式，并能"直观自身"，才能获得精神上的愉悦，成为美。近代美育教育家蔡元培曾用行路为例来阐释真、善、美的统一关系。他认为："善离了真，不免以恶为善；离了美，不免见善而不能行。例如行路，要达一目的地是善；然夜间不能不用灯，是真；行路易疲，不能不随口唱歌，或赏玩风景，是美。"①

（四）正确理解体育活动中真、善、美的关系

真、善、美是人类认识世界的三种路径。人类对世界的认识是历史的，随着人类的发展，对真、善、美及其关系的认识也是不断加深的。体育作为人类社会的组织部分，加强对体育真、善、美的认识，有助于体育更符合人类的本质和人类的需求。

真是指客观世界自身的变化和发展规律，真理就是客观事物及其规律的正确反映。

一方面，美离不开真，美要符合真。真理是客观的，指的是人们认识世界、改造世界的客观规律。人要从客观世界取得自由，就要掌握真，并付之于实践。而美是改造客观世界的产物。美的产生和发展，都离不开对客观事物规律的掌握。体育运动是人类有目的地以人体运动（身体活动）为基本手段的一种社会实践活动，但作为碳基生命的人类受自我生理结构和组织的限制，人类身体活动的范围和强度要符合人体运动的自然规律，符合人的不同年龄、性别等生理及心理特点，也要符合体育运动发展规律和整个人类社会发展规律的要求。从社会实践的关系来看，美和善，都要掌握客观规律。例如，有的人为了快速通过体育锻炼强身健体，任意加大运动量，超出自己身体的承受范围，或做自己不熟悉的身体运动，结果导致身体受伤。美要以真为前提，真是美的基础，没有真也就没有美。美依赖于真，合规律性是体育美的前提。

另一方面，真不等于美。因为美不是客观规律本身，而是运用客观规律改造世界的人的能动创造的实践活动的实现。真作为客观世界的规律，作为

---

① 中国蔡元培研究会编：《蔡元培全集》第六卷，浙江教育出版社1997年版，第137页。

科学认识的对象，它自身无所谓美丑。只有当客观规律不仅为人所认识，而且被运用于人改造世界的实践活动，它的感性的、具体的存在形式成为人的能动创造活动所必须掌握的东西，并成为对这种活动的肯定，真才具有美的意义。从个体来说，体育运动中个人的身体练习要符合自身对人体运动规律的掌握情况来制订锻炼计划，否则造成身体伤害就谈不上美了。从整体上讲，在体育运动中，合规律性的客观事物除体现一定的自然规律，还体现一定的社会规律，如体育教育、体育管理规律，也就是说合规律不一定产生美，还得合目的性。利用社会规律促进社会的发展，同样能达到合目的性，也可以产生美、创造美。

第二节 体育美的本质

人的本质力量的对象化，主要是在人类最基本的社会实践——生产劳动中实现的。劳动是人和自然都参与的物质交换过程。人在劳动中不仅以自身的"自然力"作用于自然，同时还要以自己的意志、理想、情感和目的作用于自然。在劳动过程中，"劳动与劳动对象结合在一起。劳动物化了，而对象被加工了。在劳动者方面曾以动的形式表现出来的东西，现在在产品方面作为静的属性，以存在的形式表现出来"[1]。人类的生产劳动，一方面创造出了人类所需要的劳动产品；另一方面，在这些产品中凝结了劳动者的智慧和才能，体现了人的本质力量，它蕴含着一种人类所特有的并视为最珍贵的东西"自由的生命表现"[2]，才给人带来喜悦和欢愉并从中获得美的享受。

关于体育美的本质，在体育美学界主流的观点是：体育美的本质是人的本质力量在体育运动实践这个特定领域中的感性显现；也有学者从人的本质出发，把认为"体育美的本质是体育运动中所呈现出来的美的内部联系"[3]；还有人认为"体育美的本质既是展示人的本质力量，又是人的主体客体化的

---

[1] ［德］马克思、［德］恩格斯：《马克思恩格斯全集》第23卷，中共中央马克思恩格斯列宁斯大林著作编译局译，人民出版社2016年版，第205页。

[2] ［德］马克思、［德］恩格斯：《马克思恩格斯全集》第42卷，中共中央马克思恩格斯列宁斯大林著作编译局译，人民出版社2016年版，第38页。

[3] 黄渭铭：《体育美的真谛：谈体育美的本质特征及表现形态》，载《湖北体育科技》1994年第4期。

过程"①。

本质是事物质的规定性，作为事物的美，具有独特性。但作为美的事物或现象，美的本质又应是通约的，所以体育美的本质应该也是美的本质，只是美发生在体育运动中。本章第一节对美的本质与相关哲学基础与命题作了简要介绍，可以看出对于美的本质命题存在不同的观点。本书大胆提出，体育美的本质是体育运动中人的本质力量对象化自由。

20世纪50年代美学大讨论后，中国美学界形成了几大学派，尽管各学派在主客观问题上有区别，但在美与自由的关系方面却是一致的。高尔泰说"美是自由的象征"，核心是精神自由的形式，侧重于形式的象征意味；李泽厚说"美是自由的形式"，核心是现实的自由形式，侧重于形式的造型活动；蒋孔阳说"美是自由的形象"，兼顾两者。

自古以来，自由是哲学和美学的重要命题和内容。自由与美的关系主要体现在以下三个方面。

一、美的理想即自由的理想

自古以来，美的理想就和自由的理想结合在一起。孔子、庄子、柏拉图、黑格尔、席勒等人都论述过自由理想。康德认为，人的意志不应是被外部规定的，而应该是自我立法的理性规定，理性独立于外部规定而规定自我意志的能力便是自由。黑格尔认为，实现自由，必须要通过理性的自我奠基、自我规定，自由是心灵的最高定性。主体所掌握的最高内容即是自由，主体和客体不是一种界限或局限的对立关系，而是从对立的东西中发现自己，实现精神性与自然因素的统一。有了自由，欠缺和不幸得以消除，主体与世界和解，在世界中得到满足，对立和矛盾随之解决。最美的自由意味着人神天地的对立得以和解。

二、美的规律即自由的规律

马克思认为，人在实践活动中"懂得怎样处处都把内在的尺度运用到对

---

① 单舜：《体育美的本质特征与艺术表现形式》，载《湖南第一师范学报》2008年第2期。

象上去。因此，人也按照美的规律来建造"①。自由不是盲目的，而是有规律的，自由的规律就在于对于客观必然的规律的认识与掌握。能够认识和掌握客观规律的人，就是自由的人。人要获得美，必须首先获得自由。把刀斧架在一个人的脖子上，让他去进行体育运动、参加体育比赛，那是一种煎熬，是体会不到愉悦的美感的。马克思强调人的实践生产有两个"自由"：自由地选择任何一个物种的"尺度"来进行生产；自由地与自己的产品相对立，即自由地处理自己的劳动成果。这两个"自由"很重要，它与美的规律应该有某种内在的关系。根据马克思的意思，美的生产应该是显示人的自由意志的生产，美的规律应该包含有人的自由天性怎样得到体现的内容。

三、对象化自由

按照西方传统哲学的认知理性精神，具有理性认知能力的人就是从事认知活动的"主体"，而整个外部世界则是人的认知活动指向的"对象"。黑格尔进一步把绝对精神以及能够对其产生自觉意识的人视为主体性的存在物，而把自然界看作是绝对精神外化或对象化的产物，同时认为，人也能够通过自我意识的辩证发展而在外部世界中实现自身的"对象化"，并在一定程度上把美的本质与这种"对象化"活动直接联系起来。

马克思的对象化观念与西方传统哲学，尤其是与德国古典哲学中黑格尔哲学的主客二分思维模式保持着密切的内在关联，也就是说马克思的有关见解都还没有完全突破西方哲学主客二分的对象化思维模式。当然，他的劳动实践精神以及"对象化"观念对主客二分思维模式进行吸收改造。马克思把人首先看作是能够在自觉意识（包括理性认知）的指导下从事实践活动的"主体"，而把外部世界看作是人的实践活动指向的"对象"，并且明确肯定"对象化"就是人们通过能动的实践活动，把自己作为实践主体所具有的创造性自由本质力量凝聚和体现在作为实践活动改造对象的客观事物中。马克思还强调，作为人类社会的存在基础和发展动力的劳动实践，在本质上是一种人们将自己的创造性自由本质"对象化"在客观世界中的能动

---

① ［德］马克思、［德］恩格斯：《马克思恩格斯全集》第42卷，中共中央马克思恩格斯列宁斯大林著作编译局译，人民出版社2016年版，第97页。

活动。他反复指出:"劳动的现实化就是劳动的对象化"①,"正是在改造对象世界的过程中,人才真正地证明自己是类存在物。这种生产是人的能动的类生活。通过这种生产,自然界才表现为他的作品和他的现实"②,"主体的物化,也就是实在的自由"③。

因此,在马克思主义美学那里,美在本质上首先还是被视为人类通过主体实践活动在客观世界中创造的一种可以被主体认知能力所把握的对象化产物,即一种具有可以感知的客观形象的对象性存在。虽然马克思反复强调这种对象化的美归根到底就是人在创造性实践活动中所实现的自由本质和自由存在的感性显现,但他并没有将人的这种自由本质和自由存在本身直接指认为"美",而是主张只有人的这种自由本质和自由存在客观事物感性形象中的对象化存在才能构成"美"。换句话说,虽然马克思对美与人的自由存在之间的本质性关联十分重视,甚至明确肯定了美是人的创造性自由存在的感性表现,但他并没有直接把美理解为人在创造性实践中实现的自由存在本身,而是在主客二分的模式中依然赋予了美以对象性的特征,把美看作是一种"对象化"的存在,并没有说明人的自由存在本身就是美的内在本质。

对于西方哲学主客二分的对象化思维模式,中国传统哲学和美学思想中主客融合、天人和谐的思想是一种合理的补充或补缺。中国古代哲学家的美学思想尽管并不否认外界事物可以具有令人愉悦的审美特征,但它在总体上更强调人的自由存在本身的美。在老子那里,美是"道"的"无为而无不为"(《道德经》)的运行状态,以及人在效法"道"的"无为而无不为"时所达到的自由状态。庄子的"逍遥游"境界则是美的自由状态的典范,他认为"天地有大美而不言……圣人者,原天地之美而达万物之理,是故至人无为,大圣不作,观于天地之谓也"(《庄子·外篇·知北游》)。在自由状态下人的存在便进入"备于天地之美""得至美而游乎至乐"(《田子方》)的"逍遥游"境界,即所谓的"静而圣,动而王,无为也而尊,素朴而天下莫食与之争美"(《天道》)。他热情讴歌的"游乎四海之外"的"神

---

① [德]马克思:《1844年经济学哲学手稿》,中共中央马克思恩格斯列宁斯大林著作编译局译,人民出版社2018年版,第47页。
② [德]马克思:《1844年经济学哲学手稿》,中共中央马克思恩格斯列宁斯大林著作编译局译,人民出版社2018年版,第54页。
③ [德]马克思、[德]恩格斯:《马克思恩格斯全集》第46卷下,中共中央马克思恩格斯列宁斯大林著作编译局译,人民出版社2016年版,第112页。

人","大泽焚而不能热，河汉沍而不能寒"的"至人"(《庄子·内篇·齐物论》)，便是人的存在达到了这种美的自由状态的典范。中国美学传统是把人自身存在的美置于外界事物感性形象的美之上的，或者说把美首先看作人自身的一种自由存在境界。而建立在主客二分模式基础上的"对象化"解释存在着一些不容否认的局限性和不足之处，因为这个定义虽然明确肯定了美"对象化"地体现着人的创造性自由，但恰恰是由于这种"对象化"的规定，它并没有把美首先理解为人的创造自由存在本身，就无法在形而上的层面上被理解为人的存在的一种"美"的境界，也就无法达到马克思始终强调的"人的自由全面发展"的美好理想。

体育运动中，人本身作为对象的感性形象是否成为美的表现形式，只说明是一种可能性，并不能体现美的本质，只是引发人在对象化过程中对美的本质的掌握，从而激发、加强或重构人对美的本质的认识，从而形成形而上层面的精神世界建构。因此，感性显现只是人的部分对象化实践活动的结果或产物，距离"美"，还差一层精神世界的建构，那就是自由，而这个自由应贯穿对象化实践过程中的每一个阶段。这里讲的自由，不仅是外在的自由，还是个人精神的自由，如果精神上和人格上受限制，就不可能成为真正意义上的审美主体，也不可能进入审美状态。在体育运动中，特别是体育运动参与者，对主客体融合、超越自我的自由存在有深刻的体会。例如，许多参与足球运动的人都有这样一种体会，在踢了一个好球或踢进一个球后的那瞬间，很多人都会处于一种无法自我控制的状态，手脚不知怎么放、面部毫无表情。在这一瞬间，人其实经历了一次自我超越，精神完全处于一种自由的状态，也就是作为客体的身体与人的思想进行了一次极短暂的分离。这种短暂、强烈、自由的分离状态是"无我又有我"的，是真正自由的，也是其他审美活动难以达到的。

综上所述，我们认为，体育美的本质是人的本质力量对象化自由。

思考题

1. 怎样理解体育运动中人的本质和人的本质力量？
2. 体育美的本质是什么？如何看待体育美的本质的不同观点？
3. 体育运动中真、善、美的关系是什么？如何使三者统一？

第五章　体育自然美

第一节　自然美的争议

　　自然美与其他美的形态不一样，在美学历史上存在较大争议。虽然早在新柏拉图主义的欧洲中世纪及文艺复兴时期的美学著作中，自然美的问题就引起了人们的充分关注。但在19世纪后，自然美普遍受到人们的轻视。克罗齐说，从谢林那里开始，自然美被放逐出美学领域之外。谢林否定自然美这个概念，认为"自然美纯粹是偶然的，为了发现和评价它，只有艺术才能提供规范"①。法兰克福派的美学家阿多诺也认为从谢林开始，"美学几乎只关心艺术作品，中断了对'自然美'的系统研究"②。自然美为什么受到人们的轻视呢？阿多诺认为是"由于人类自由与尊严观念至上的不断扩展所致"③。其实，更重要的原因恐怕还在于西方美学史历来存在的以艺术为中心的研究传统，使自然美的问题容易遭美学家的轻视和冷落。不过，随着社会的发展，人类对所处环境越来越关注，对自然美的研究也逐渐增多，特别是一些发展中国家，在发展过程中付出了破坏自然环境的代价，因此，如何与自然和谐共处也成为美学研究的历史使命。我国随着从上自下对生态环境关注的加强，保护环境已成为国家的发展战略，生态美学成为美学研究的热点，将自然环境作为其研究对象。生态美学相当一部分的研究领域也是自然美的研究范畴。随着科学技术的发展，人们对自己所处的自然环境愈加关

---

　　①　[意] 克罗齐：《美学的历史》，王天清译，袁华清校，商务印书馆2018年版，第195页。
　　②　[德] 阿多诺：《美学理论》，王柯平译，四川人民出版社1998年版，第109页。
　　③　[德] 阿多诺：《美学理论》，王柯平译，四川人民出版社1998年版，第110页。

注，自然美将在美学研究中占有越来越重要的地位。不过，在自然美范围，未来美学理论与传统美学理论所关注的问题将有很大的不同，未来美学理论将不再关注自然美是否存在、其本质是什么等问题，而会更多关注自然美的性质和特点为何、以及它如何对现代人类的发展产生影响等问题。

自然美的问题看似简单，似乎就是自然事物本身的美，或者说是客观自然界自然生成的美。而实际上，对自然美的理解不能这样简单化。在美学史上，人们关于自然美的看法也是各不相同的。在我国美学界曾产生过较大影响的观点主要有以下五种。

第一种观点认为，自然美在于客观事物本身，在于自然事物本身的某些属性，如色彩、光线、形状的和谐、对称、多样统一等。这与形式美的内涵非常一致。早在文艺复兴时期，诗人塔索（Torquato Tasso，1544—1595）就认为自然本身存在着美，"美是自然的一种作品，因为美在于四肢五官具有一定的比例，加上适当的身材和美好悦目的色泽"[①]。苏联美学家波斯彼洛夫、我国美学家蔡仪都持这种看法。波斯彼洛夫在谈到无机自然界的美时，认为这种美就在于无机自然存在的组织性表现。比如，"太阳的橙黄中某些色素的洁净与鲜明，月亮的金黄，天空的蔚蓝，大海的碧绿，雪的晶莹，以及各种矿石之各有一定颜色和贵金属的'天然光彩'，都反映了这种情况。海的潮汐、浪的拍岸、水的滴落各有其节奏"[②]。蔡仪把自然物的美分为现象美、种类美、个体美三种，认为它们的美都在于自然物本身。比如，无机自然物的美属于现象美，它的美就在于无机自然物的光芒、色彩、形状和音响的美。"明月繁星、蓝天、白云等，它们所表现出来的美主要在于光、色、形体。"[③] 金银的美也在于"金银的天然的光泽、颜色"[④]。

第二种观点认为，自然美是心灵美的反映，是一种不完善的形式。黑格尔就持这种观点。他说："自然美只是属于心灵美的那种美的反映，它所反映的只是一种不完全不完善的形态，而按照它的实体，这种形态原已包含在

[①] 北京大学哲学系美学教研室：《西方美学家论美和美感》，商务印书馆1980年版，第73页。

[②] ［苏］波斯彼洛夫：《论美和艺术》，刘宾雁译，上海译文出版社1981年版，第80页。

[③] 蔡仪：《美学原理》，湖南人民出版社1985年版，第73页。

[④] 蔡仪：《美学原理》，湖南人民出版社1985年版，第73页。

心灵里。"① 黑格尔认为自然美是因人而美，只有在自然形象附合某种理念（精神），体现出生气的灌注②与精神相统一时才显出美。为此，他把自然美与自然生命演进联系起来考察，认为自然美是在自然的生命演进过程中从低级走向高级，显现出不同的形态和特征。自然美作为内在生气的灌注可以从三个角度见出：第一，与人对生命的观念。比如，活动和敏捷是见出生命的较高的观念性。我们对于两栖动物，某些鱼类、鳄鱼、癞蛤蟆、许多昆虫都引不起美感。第二，事物的概念。例如在对一片自然风景的观照里，摆在我们面前的并不是有机的有生命的形体，这里并没有什么由全体有机地区分成的部分，而是根据它们的概念，显现为生气灌注的观念性的统一体。第三，自然美是感发心情和契合心情而得到一种美。如寂静的月夜、平静的山谷、蜿蜒的小溪、波涛汹涌的海洋和肃穆而庄严的气象的美，就"并不属于对象本身"，而是在于所唤醒的心情。③ 我们甚至于说动物美，如果它们现出某一种灵魂的表现，和人的特性有一种契合，如勇敢、强壮、敏捷、和蔼之类。从一方面看，这种表现固然是对象所固有的，见出动物生活的一方面；而从另一方面看，这种表现却联系到人的观念和人所特有的心情。④ 黑格尔认为自然美不是一种理想的审美形态，它在表现心灵方面无法与艺术美相比，他说："不过我们可以肯定地说，艺术美高于自然。因为艺术美是由心灵产生和再生的美，心灵和它的产品比自然和它的现象高多少，艺术美也就比自然美高多少。"⑤ 黑格尔在他巨著《美学》的开篇就"根据'艺术的哲

---

① ［德］黑格尔：《美学》第一卷，朱光潜译，北京大学出版社2017年版，第5页。

② 生气灌注，黑格尔用语，在其著作《美学》中提出。用以表述美与人的心灵的联系。在论及自然生命的美时，黑格尔指出，自然生命的美体现在有机体的多方面的性格显现于形象的生气灌注的整体中。参见朱立元主编《美学大辞典（修订本）》，上海辞书出版社2014年版，第407页。

③ ［德］黑格尔：《美学》第一卷，朱光潜译，北京大学出版社2017年版，第208-209页。

④ 参见［德］黑格尔《美学》第一卷，朱光潜译，北京大学出版社2017年版，第209页。

⑤ ［德］黑格尔：《美学》第一卷，朱光潜译，北京大学出版社2017年版，第4页。

学'这个名称,我们就把自然美除开了"。①

第三种观点认为,自然美在于自然物对人生的意义和暗示。这种观点以车尔尼雪夫斯基为代表。他说:"构成自然界美的是使我们想起人(或者,预示人格)来的东西,自然界的美的事物,只有作为人的一种暗示才有美的意义。"② 他又说:"人一般的都是用所有者的眼光去看自然,他觉得大地上的美的东西总是与人生的幸福和欢乐相连的。太阳和日光所以美得可爱,也就是因为它们是自然界一切生命的源泉。"③

第四种观点认为,自然美是"自然的人化"。这种观点主要以马克思实践美学为代表,既肯定人对自然的依存关系、自然对人的决定性作用,同时又肯定人不是自然的奴隶,因为人具有认识自然、改造自然的积极能动作用。自然从与人对立转化为人的作品,成为确证和展示人的本质力量的对象,成为人类审美的对象,从而有了自然美。"自然的人化"首先是人把自然当作征服的对象,按照自然规律和功利要求,用本质力量对自然进行改造,目的是满足物质生活的需要。正如马克思所论证的:"通过实践创造对象世界,改造无机界,人证明自己是有意识的类存在物,就是说是这样一种存在物,它把类看做自己的本质,或者说把自身看做类存在物。"④ 这种情况下,人和自然是对立的。"自然的人化"的审美形态是人把自然当作审美对象,不但按照一般自然规律,而且按照审美规律,采用更复杂的物质手段,在更高的程度上对自然进行改造。所以马克思说,"人也按照美的规律来构造"。当然,人类的生产实践也包括通过抽象思维完成"自然的人化",如人类基于气象或星球的运行规律总结出来的节气和历法,并在此基础按美的规律进行审美活动。马克思在其哲学手稿中有一段精辟的论述:"从理论方面来说,植物、动物、石头、空气、光等,部分地作为自然科学的对象,部分地作为艺术的对象,都是人的意识的一部分,都是人的精神的无机自然界,是人为了能够宴乐和消化而必须事先准备好的精神食粮;同样地,从实

---

① [德]黑格尔:《美学》第一卷,朱光潜译,北京大学出版社 2017 年版,第 4 页。

② 北京大学哲学系美学教研室:《西方美学家论美和美感》,商务印书馆 1980 年版,第 244 页。

③ 北京大学哲学系美学教研室:《西方美学家论美和美感》,商务印书馆 1980 年版,第 244 页。

④ [德]马克思:《1844 年经济学哲学手稿》,中共中央马克思恩格斯列宁斯大林著作编译局译,人民出版社 2018 年版,第 53 页。

践方面来说,这些东西也是人的生活和人的活动的一部分。"①

人不但能适应自然,而且能改造自然、人化自然。自然美也不在于自然属性和自然生命,而在于人类社会实践与自然事物中沉积的社会生活内容。也就是说,自然美在于自然的社会性。这种观点还区分了"自然的人化"的两种含义:一是狭义的"自然的人化",它是指"通过劳动、技术去改造自然事物";一是广义的"自然的人化",它"指的是整个社会发展到一定阶段,人和自然的关系发生了根本改变"。②自然美的产生虽然与狭义的"自然的人化"相关,但更重要的还是广义"自然的人化"的结果。这种观点还认为,用"自然的人化"解释自然美的问题,只是从哲学美学角度处理自然美的问题,只关系美的根源、美的本质,"至于具体的自然景物,山水花鸟如何和何时成为人们的审美对象(美学客体),则属于历史具体地逐一研讨的实证的科学问题"③。

第五种观点认为,自然美是自然艺术化的结果。一般意义上的"人化"只是形成自然美的必要条件而不是充分条件。所有的自然美固然都具有属人的性质,但是不能反过来推论,凡是具有属人性质的自然物都是美的东西。显而易见,这是仅仅将人的本质的某一方面对象化,那么,自然物尽管成为"为我"的却未必是美的;只有将人的本质丰富性全方位地对象化,仿佛在自然物上见出完整的人格或诗意的境界,对象才成为美的形象。因此,审美活动中的"人化"当理解为人格化、诗化、理想化,这也就是艺术化。德国客观唯心主义哲学家谢林就明确地认为"完美无缺的艺术所创造的东西才是评判自然美的原则与标准"④。克罗齐也反复谈到"自然美"并非科学的说法,所谓自然美是相对艺术而言的,"只有对于用艺术家的眼光去观照自然的人,自然才显得美"⑤。我国美学家朱光潜也赞成这一看法。在《文艺心理学》中,他指出:"自然中无所谓美,在觉自然为美时,自然就已告成

---

① [德]马克思:《1844年经济学哲学手稿》,中共中央马克思恩格斯列宁斯大林著作编译局译,人民出版社2018年版,第52页。
② 李泽厚:《美学四讲》,长江文艺出版社2019年版,第81页。
③ 李泽厚:《美学四讲》,长江文艺出版社2019年版,第83页。
④ [德]谢林:《先验唯心论体系》,梁志学、石泉译,商务印书馆1983年版,第271页。
⑤ [意]克罗齐:《美学原理》,朱光潜译,商务印书馆2012年版,第113页。

表现情趣的意象，就已经是艺术品。"① 在《谈美》中，他也系统地阐发了这一观点。他认为："其实'自然美'三个字，从美学观点来看，是自相矛盾的，是'美'就不自然，只是'自然'就还没有成为'美'……如果你觉得自然美，自然就已经艺术化过，成为你的作品，不复是生糙的自然了。"②

英国哲学家卡尔·波普尔（Karl Popper，1902—1994）认为，自然艺术化的核心是第二世界发挥着的理想化的整合机制。1968年，他在《关于客观精神的理论》中对三个世界作了明确地划分。波普尔指出："世界至少包括在本体论上存在有泾渭分明的三个世界。第一世界是物理世界或物理状态的世界；第二世界是精神世界或精神状态的世界；第三世界是概念东西的世界，即客观意义上的观念的世界——它是可能的思想客体的世界；自在的理论及其逻辑关系、自在的论据、自在的问题境况等的世界。"③ 也就是说，如果人类心灵仅仅像镜子那样反映、像白板那样记录，那么来自第一世界的客观物象与来自第三世界的文化观念都是散乱无序的东西，它们的拼合也不可能出现生命活力。正是由于第二世界的作用，才使自然美既反映现实又超越现实。

以上看法还不是关于自然美看法的全部，它们虽各有片面性，却是基于不同方面、不同角度对自然美的一些基本理解，为我们讨论自然美的问题提供了重要的基础和前提。自然美是一个非常复杂的问题，在我国美学界也没有定论。我国现有的美学教科书和美学著作中，不少把自然美定义为"客观自然界中自然生成的事物的美"，或者说是"自然事物的美"。其实，这些定义还只是从客体对象方面规定了自然美的存在，远非自然美的真义。自然美的特殊性在于它是以自然物为审美对象，围绕这一对象它当然也显示出不同于其他审美形态的特征，如形式美、社会美。但是，自然美作为一种审美形态，它和其他审美形态一样，同样是不可能脱离人的审美意识而存在的。它们都是人类审美活动的产物。所以，从审美过程看，自然美可以说是以自

---

① 《朱光潜全集》编辑委员会：《朱光潜全集》第1卷，安徽教育出版社1987年版，第347页。
② 《朱光潜全集》编辑委员会：《朱光潜全集》第2卷，安徽教育出版社1987年版，第46页。
③ ［英］波普尔：《客观知识》，舒炜光等译，上海译文出版社2001年版，第164 - 165页。

然物为审美对象而与人的审美活动、审美意识发生关系的美。

第二节　自然的人化与人的自然化

　　对于人化自然，马克思在《1844年经济学哲学手稿》有过相关的解释，他指出："人的感觉、感觉的人性，都是由于它的对象的存在，由于人化的自然界，才产生出来的。"① 同时，他还指出："在人类社会的形成过程中生成的自然界，是人的现实的自然界。"② "人化自然"思想实际上也是德国古典美学中常见的一个概念。黑格尔在《美学》中就曾提出过"人把它的环境人化了"的思想。费尔巴哈也提出过人的本质对象化的思想。他在谈到日月星辰与人的关系时认为，它们虽然离人很遥远，但被人看见后便成为人的对象，成为人的本质力量的确证。叔本华、尼采等人也提出过"人化"的观念。

　　人类对自然美的欣赏，也是以社会的物质生产力和整个人类社会文明所达到的成就为限度的。马克思和恩格斯说："自然界起初是作为一种完全异己的，有无限威力的和不可制服的力量与人们对立的，人们同它的关系完全像动物同它的关系一样，人们就像牲畜一样服从它的权力，因而，这是对自然界的一种纯粹动物式的意识（自然宗教）。"③ 一些人类学家、考古学家和艺术史学家也用大量的事实证明了这一论断。例如，植物和花，在今天的人看来是美的，可是人类学家和考古学家却告诉我们，原始民族对植物和花的美的认识是很晚的。德国艺术史学家格罗塞（Ernst Grosse，1862—1927）说："狩猎部落由自然界得来的画题，几乎绝对限于人物和动物的图形。"④ 普列汉诺夫引用车尔尼雪夫斯在《生活与美学》一书中多次提到南非的原始部落布什门人和澳大利亚土人从不曾用花来装饰自己，虽然他们住在遍地

---

　　① ［德］马克思：《1844年经济学哲学手稿》，中共中央马克思恩格斯列宁斯大林著作编译局译，人民出版社2018年版，第84页。
　　② ［德］马克思：《1844年经济学哲学手稿》，中共中央马克思恩格斯列宁斯大林著作编译局译，人民出版社2018年版，第86页。
　　③ ［德］马克思、［德］恩格斯：《马克思恩格斯选集》第1卷，中共中央马克思恩格斯列宁斯大林著作编译局译，人民出版社2012年版，第161页。
　　④ ［德］格罗塞：《艺术的起源》，蔡慕晖译，商务印书馆1984年版，第116页。

是花的地方。① 他认为，狩猎民族艺术主要对动物感兴趣，植物题材进入人们的审美视野是在农耕民族形成之后。他说，原始狩猎民族即使生活在花的海洋上，也不知道花的美，就很形象地说明了这点。又如山水风景的美，它也不是一种纯自然现象，它成为人们的审美对象是经过了一个漫长的历史过程的。风景可以说是既作为自然对象又作为与人类文明进程相关的对象进入人们的审美视野中的，所以风景审美一直发生着变化。在我国，自然风景作为一种独立的审美对象大概发生在魏晋时期。在先秦，人们虽然也注意到自然风景（如山水）的美，但占主导地位的是山水"比德"理论②，山水还是道德的附庸品，绘画也是以人物画为主。直到魏晋时期，随着山水审美意识的自觉，山水诗画才得以兴起，并出现以山水审美为特征的山水"畅神"的理论。西方美学对自然风景审美价值的认识就更晚。一般认为，独立的山水风景画大概到了17世纪的荷兰才出现。普列汉诺夫则认为直到19世纪，人们才开始珍惜风景。③ 不过，我们认为，以出现风景画作为人类对自然美的认识开端有些牵强，人类对自然美的认识应是与人类意识产生是同步的，相信原始人看见朝霞、夕阳也会偶尔驻足凝视的。文学诗画对山水风景的关注可以看作是自然美理论化的开始。马克思所说的"人化自然"的思想主要指通过劳动生产实践使人与自然环境发生根本改变，使自然成为属人的自然，成为人的本质力量的确证，同时也成为人的审美对象。马克思这个"人化自然"学说被我国美学界广泛运用于解释自然美的问题。应该说这一观点

---

① 参见［俄］普列汉诺夫《论艺术：没有地址的信》，曹葆华译，生活·读书·新知三联书店1973年版，第32页。

② "比德"是中国商周至秦汉时期的一种有代表性的美学思想。在审美主体和审美客体关系的认识上，体现了早期儒家对自然的审美特点。儒家认为，人对自然物的欣赏和赞美，是因为自然物的某些特征能够比拟、象征人的某些美德。这一思想最早可觅于《论语·雍也》："知者乐山，仁者乐水"，把山、水与人的道德修养——仁、智联系起来。刘向的《说苑·杂言》记载了孔子答子贡问："夫水者，君子比德焉。（水）遍予而无私，似德；所及者生，似仁；其流卑下，句倨皆循其理，似义；浅者流行，深者不测，似智。"这里孔子明确地把人的道德修养、品格节操与水的自然特征联系起来相比拟，使水拥有了社会伦理的意义。于是人观水，就是观德。《论语·子平》："岁寒，然后知松柏之后凋也。"用松柏不畏严寒的自然特征来比拟人的坚强不屈的品格。参见顾建华、张占国主编《美学与美育词典》，学苑出版社1999年版，第146页。

③ 参见［俄］普列汉诺夫《普列汉诺夫美学论文集》第1卷，曹葆华译，人民出版社1983年版，第333页。

在说明自然美产生的根源上,具有一定的价值和意义。

人化自然包括两个方面,即"自然的人化"与"人的自然化"。"自然的人化"实现方式主要通过实践完成的,同样"人的自然化"实现方式也是通过实践来完成的。"自然的人化"与"人的自然化"正是在人类的实践活动中相互统一。

一、自然的人化

李泽厚在20世纪五六十年代美学大讨论时期发表的多篇论文中,有六篇直接或专门谈到了"自然的人化"。他于1959年7月发表的《山水花鸟的美》首次提出了"自然的人化",在此之前的多篇论文都是用"人化的自然"。这两种表述实质上是一致的,都是关于人与自然的关系,"自然的人化"是就"人化"的过程而言的,"人化的自然"是就"人化"的结果而言的。

马克思认为,"自然的人化"是在人类的劳动实践中形成的。他认为:"在劳动过程中,人的活动借助劳动资料使劳动对象发生预定的变化。"[①] 也就是说,人在劳动实践中通过目的性的施加,依靠生产工具的使用并作用于人们将要改造的自然对象,在这一实践的过程中使自然打上了人类印记,即自然人化了。但是,以劳动生产实践为基础的"自然的人化"说解释自然美,也面临两大问题。

第一个问题是,以劳动生产为基础的"自然的人化"的"人化"和人类劳动有可能破坏自然美。事实上,人类劳动生产所带来的"自然的人化"不仅创造自然美,人化自然也可能破坏自然的美。随着人口的不断增加,对资源的索取不断加剧,对自然的破坏还在持续,这些都说明人化的自然对自然美生成具有一定的消极影响。要解决这个问题,我们就不仅要承认"自然的人化"对自然美形成的意义,更要防止在"自然的人化"旗帜下夸大人的作用,以人工来取代自然,违反和完全忽视自然自身的审美价值。西方一些美学家看到了这一点。德国哲学家、音乐理论家西奥多·阿多诺(Theodor Wiesengrund Adorno,1903—1969)说:"大自然的尊严在于尚未人化的这一特质,它凭其表现方式来抵制一切有意人化的企图,尊严乃是大自然留给

---

① [德]马克思、[德]恩格斯:《马克思恩格斯全集》第23卷,中共中央马克思恩格斯列宁斯大林著作编译局译,人民出版社2016年版,第205页。

艺术的另一遗产。"① 法国美学家、现象学美学的主要代表之一米盖尔·杜夫海纳（Mikel Dufrenne，1910—1995）也认为"人化的自然"不仅对自然美的产生无益，反而会破坏自然的状态。因为人化的自然表现出来的只是宇宙秀丽，未经人化的自然才可能表现崇高，而"秀丽是一种减了价的崇高"②。人化的自然并不一定意味着美，"只有当自然是无人性的对象时，它才是表现性的，才与人相似"③。这些看法当然不是说自然美的产生与人无关，它是要提醒人们要意识到自然美之所以为自然美，是因为它是自然的，不违自然的本性的。

随着人类科技的发展，赛博朋克式的黑暗城市、迷乱的霓虹灯正向我们走来，人们厌倦了钢筋水泥的城市森林，反而越来越向往德国地理学家阿尔夫雷德·赫特纳（Alfred Hettner，1859—1941）所说的"荒野的自然美"，即保持原始野性和非人工雕琢的自然美。在人类征服自然能力愈来愈强大的今天，人们越来越重视这种自然本色美。美国环境伦理学家奥尔多·利奥波德（Aldo Leopold，1887—1948）于1935年创建了"荒野学会"并担任主席，该学会旨在保护面临被侵害和污染的荒野大地以及荒野上的自由生命。利奥波德阐述了他的大地伦理思想，认为"一个事物，当它趋于保持生物共同体的完整和美丽时就是正确的，反之就是错误的"④，强调保持生态多样性的重要意义，主张恢复和保护生态多样性。生态多样性意味着自然风景的原生性和丰富性。自然风景的原生状态就是未经人类染指的荒野。美国生态哲学家罗尔斯顿（Holmes Rolston，1933—　）指出："我们欣赏自然风景在很大程度上是由于其自身价值。我们选择保存某些自然风景，并不意味着我们断定其他自然风景是无价值的。其他未被选中的自然风景可能是为了更高的价值而被牺牲了，或许被选择的自然风景被认为是充分地代表了更丰富的自然环境。我们保存某些自然风景，意味着我们在那儿发现了价值而应予保护。并非我们保护的所有自然风景都是宜人的。我们越来越被荒野、沙漠、

---

① ［德］阿多诺：《美学理论》，王柯平译，四川人民出版社1998年版，第132页。
② ［法］杜夫海纳：《美学与哲学》，孙非译，中国社会科学出版社1985年版，第48页。
③ ［法］杜夫海纳：《美学与哲学》，孙非译，中国社会科学出版社1985年版，第42页。
④ Cf. Holmes, *Philosophy Gone Wild: Essays in Environmental Eithics*, Prometheus Books, 1986, p. 18.

冻原、极地和海洋的美所吸引。"①

也就是自然美不能囿于优美的自然风光或人工改造过的自然风景如花园等，而是按照"如其所是"的思路去欣赏本真自然，把视野投向更为野性的自然和广袤的荒野，强调这些并不宜人的风景有值得珍视的审美价值，自然风景有一种不依赖于人而存在的原初之美。

第二个问题是，用以劳动生产实践为基础的"自然的人化"说来解释自然美，但没有解释"人化"与人的审美意识和心理是什么关系。李泽厚曾批评朱光潜把实践（生产劳动）作用于自然的"人化"与意识（审美或艺术活动）作用于自然的"人化"混淆而论，他认为，"自然的人化"指的是劳动生产实践所造成的自然的人化。但是，这种"人化"是很难揭示自然美产生的独特原因和机制的，其他美的形态也是"人化"的结果。所以，我们认为，用"自然的人化"说来解释自然美，必须承认作为审美主体的意识对自然的人化作用，承认自然的人格化、心灵化在自然美生成中的重要作用。柳宗元说："夫美不自美，因人而彰。兰亭也，不遭右军，则清湍修竹，芜没于空山矣。"（《邕州柳中丞作马退山茅亭记》）这句话说明，自然美的产生必须通过人的观赏来显现，自然美的产生与自然的人格化、心灵化密切相关。恩格斯说他在欣赏自然美时，曾经感到过"幸福的战栗"。他说："请你抓住船头桅杆的缆索，望一望那被龙骨冲开的波浪，它们溅起白色的泡沫，远远地飞过你的头上。你再望一望远方的碧绿的海面，波涛汹涌翻腾，永不停息。阳光从无数闪烁的镜子中反射到你的眼里，碧绿的海水同蔚蓝的镜子般的天空和金色的太阳融化成美妙的色彩——于是你的一切忧思，一切关于人世间的敌人及其阴谋狡计的回忆，就会烟消云散，你就会溶化在自由的无限的精神的骄傲意识中。"② 波浪、阳光、蓝天，与恩格斯当时的情思相吻合，才使得心灵也得以畅游。

朱光潜也说："单靠自然不能产生美，要使自然产生美，人的意识一定要起作用。"③ 他反对在"艺术美""社会美""自然美"等审美形态方面作本质上的区分。他说："任何自然状态的东西，包括未经认识与体会的艺术

---

① Holmes, *Philosophy Gone Wild: Essays in Environmental Eithics*, Prometheus Books, 1986, pp. 21-22.

② ［德］马克思、［德］恩格斯：《马克思恩格斯论艺术》第四册，曹葆华译，人民文学出版社1966年版，第393-384页。

③ 朱光潜：《山水诗与自然美》，载《文学评论》1960年第6期。

品在内,都没有美学意义的美。"① 这些观点有些绝对化,却有合理的一面。因为自然美虽不能等同于艺术美,但要成为审美对象,也必须像艺术美一样,要用人的审美意识去发现它、照亮它。自然美和艺术美虽有着不同的表现对象,但在人们的审美活动中,它们之间并不存在泾渭分明的界限。日本美学家今道友信(1922—2012)提出要根据"意识状态"来区分自然美和艺术美,他以观塔为例说:"如果我们将其作为风景来观赏,就没有必要说它是艺术美,说它是自然美就更为合适。但是,虽然是在观赏同一风景,而我们酝酿起诗情,在风景中寻找着诗的素材,当然,能否创作出诗另当别论,但必须承认,这时我们的思想已经和艺术发生了联系。"② 实际上,自然美的观赏,总带有某种艺术的情怀,而真正的艺术品又总是来自自然,"永远带有自然的外表"③。

二、人的自然化

马克思主张自然人化并没有同时提出"人的自然化"。"人的自然化"这一术语最早出自施密特的《马克思的自然概念》一书。在该书中,施密特三次明确提到"人的自然化"。其中,前两次都出自"人与自然的物质变换概念——历史的辩证法和'否定的'本体论"部分。第一次出现在施密特提出自然主义=人本主义,他说:"马克思在'巴黎手稿'中,把劳动看成是自然的人化这一进步过程,而这个过程同人的自然化过程则是相一致的。"④ 第二次出现在自然的物质转换,他说:"物质变换以自然被人化、人被自然化为内容。"⑤ 第三次出现在第四章,施密特从人与自然关系的视角切入,在关于未来社会的讨论中,施密特提到了"青年马克思的梦想",

---

① 《朱光潜全集》编辑委员会:《朱光潜全集》第5卷,安徽教育出版社1987年版,第2页。
② [日]今道友信:《关于美》,鲍显阳、王永丽译,黑龙江人民出版社1983年版,第156页。
③ [法]杜夫海纳:《美学与哲学》,孙非译,中国社会科学出版社1985年版,第42页。
④ [德]施密特:《马克思的自然概念》,欧力同、吴仲昉译,商务印书馆1988年版,第75页。
⑤ [德]施密特:《马克思的自然概念》,欧力同、吴仲昉译,商务印书馆1988年版,第77页。

"即自然的人化同时也包含人的自然化"。① 这些论断都清楚地表明，施密特是在与"自然的人化"相对应的意义上提出"人的自然化"这一命题的，其目的在于将之与"自然的人化"构成一对范畴。同时，他还将"人的自然化"与"自然的人化"视为同一过程。除此之外，施密特并未说出更多的东西，也没有涉及"人的自然化"的含义。马克思认为"人的自然化"同样也是在实践中完成的。他说："人自身作为一种自然力与自然物质对立，为了在对自身生活有用的形式上占有自然物质，人就使他身上的自然力——臂和腿、头和手活动起来。当他通过这种活动作用于他身外的自然并改变自然时，也就同时改变他自身的自然。"② 人们在认识、改造自然的实践过程中，为了能够获取自然资源，就必须遵循自然界的客观规律，合规律地改变自然。因此，这种改变的结果就是"人的自然化"。"人的自然化"也是李泽厚在阐述他的"自然的人化"的思想时提出的一个相关命题。他认为，"人的自然化"指的是"本已'人化''社会化'了的人的心理、精神又返回到自然去"③。

但当代，我国学者对"人的自然化"也提出了不少异见。有学者指出"人的自然化"不是马克思的命题，而是施密特为论证马克思和恩格斯的对立而虚构的假命题④；或者认为这一命题"逻辑上不通，实践上多余"⑤。在他们看来，"人的自然化"最终只能转向"自然物质本体论"，从而使"人、劳动和社会历史最终都要复归于自然，社会存在最终都退化到自然物质"⑥。诚然，人自身在改造外部自然界的过程中引起的自身的自然的改变，的确可以被视为"自然的人化"范畴。这是就结果而言的，是"人自身主动行为

---

① ［德］施密特：《马克思的自然概念》，欧力同、吴仲昉译，商务印书馆1988年版，第169页。
② ［德］马克思、［德］恩格斯：《马克思恩格斯全集》第23卷，中共中央马克思恩格斯列宁斯大林著作编译局译，第202页。
③ 李泽厚：《人类学历史本体论》，天津社会科学院出版社2008年版，第49—50页。
④ 参见刘增惠、彭会珠《论"人的自然化"不是马克思的命题》，载《理论月刊》2008年第8期。
⑤ 李万古：《自然界的人化和人的自然化辨析》，载《山东师范大学学报（人文社会科学版）》1999年第3期。
⑥ 刘维春、刘怀玉：《论马克思对哲学唯物主义传统的超越及其新唯物主义的革命意义：兼论施米特〈马克思的自然概念〉一书》，载《教学与研究》2009年第3期。

的结果，而不是自然界的功劳"。但是，就结果发生的原因而言，人"自身的自然"的改变之所以发生，却不全然是人自身主动行为的结果，这其中不能排除"自然界的功劳"。作为"与自然物质相对立"的人自身，其改变自然、占有自然物质的活动之首要目的必然是对"自身生活有用"，但在这个过程中，他自身的自然、他身上的自然力也发生着相应的改变，而且这种改变是由他"身外的自然"而引起的。如果说"自然的人化"强调自然因人而发生的变化，那么，在与"自然的人化"相对的意义上，"人的自然化"特别突出自然对人的影响。在这个意义上，"人的自然化"是"自然的人化"的逆过程，是马克思自然概念的题中应有之义。

第三节 人体自然美

一、人体的"人化"与"自然化"

作为自然美的最高表现形态，人体美是在"自然的人化"过程中形成的"人化了的自然"。所谓"自然的人化"，归根结底就是人的本质力量对象化，是人通过思维和自由创造的实践活动在自然对象上打上自己意志和意识的烙印，使原本独立于人之外的自然成为人的本质的物化表现。人本身的发展，包括人的精神和身体的发展，也都是自由创造的实践活动的结果。自由的有意识的活动是人类的特性，自由创造是人区别于动物的最珍贵的特性，"自由"又是其中最根本的一点。与人相比，动物只能适应环境，无法进行自由自觉的活动。"自由"是人对事物的规律性和必然性的认识，并在这认识的指引下，有目的、有意识地进行改造世界的实践活动。"自由"包含了创造，包含了精神实践和劳动实践。自由创造，即在符合预期的目的、符合规律的精神活动指引下的劳动。

毋庸置疑，体育是自然人体的人化和人体自然化的最自由自觉的活动。虽然，体育不是马克思理论中的生产劳动，但体育是人的实践活动。人是一种生物体，人的身体活动是人作为人存在的基本形式。人的身体活动分为自在自然和自为自然两种形式。

第一种自在自然形式。作为生命体，人的肢体活动是生命存在的直接标志，很多时候表现出一种"无意识"活动，大略如生活中的坐、站、行、走、吃、喝、拉、撒，具体如睡觉时的翻身。这些身体活动很多是一种无意识的"自然化"活动。这种自然是"人的自然化"的直接体现。通过这种"自然化"活动，人体得以正常生长。亦即具有这种生命特征的人的身体活动，并不是自觉地去追求一种生命的价值，但人自身的生命价值已经通过其自我存在而彰显出来，这种价值就是人身上的那种生命的自然性。并且我们可以看到，不同地区的人由于自然环境的影响，人体的外形外貌存在差别，运动能力也有所差异。比如非洲人的奔跑能力和弹跳力相对较好，高原地区人的耐力比较好，这些都是自在自然的影响结果。

第二种自为自然形式。人类通过有意志和有目的的自由创造，人体发展出"敏感"，产生和动物的区别。[①] 通过长期连续不断的自由创造活动，人在从猿进化成人的过程中体毛退化，学会直立行走，人体的所有器官都符合并成为自由的劳动实践的成果。到了后来，人类又逐渐发展出发达的大脑、灵活的肢体动作、敏锐的五官感觉等。现代人的大脑容量远远超过原始人。自由、精细、复杂的肢体动是其他动物所难以比拟，这都是人所独具的，是人通过自由劳动实践形成的。比如，足球运动员通过长期的练习，视野范围比普通人大，速度、耐力、敏捷性等身体的自然属性也得到提升，能做普通人做不了的身体动作。另外，通过自由自觉的创造活动，人的精神生活也获得同步发展，实现了从必然到自由的飞跃。在这个进化和发展了的人的形体及其言行举止上，必然体现出精神和心灵力量的痕迹与要求。体育运动中人表现出坚毅、智慧、拼搏、勇敢、互助、博爱等各种美好的品质和思想，并流露出生命活动之美。这是"自然的人化"最直观的显现。

二、人体自然美的内涵

人体骨骼结构的精妙，连建筑学家和机械工程师都赞叹不已。对人体美的欣赏，当然不能离开自然所提供的形式特征。人体实际上也是最能和谐体现人的生命情调和性格的自然物。

人体美作为自然美的一种形态，也离不开人体自身的构造和形态。人体本身就是一件天然的艺术品，它是大自然孕育的"最美的花朵"，是大自然中最和谐、最美妙的形式。以自然身体形式表现的人体美，同时也是作为自然的最高形态而存在的美。对于人体美，许多美学家均有精彩的论述。黑格

---

① 参见［德］黑格尔《美学》第一卷，朱光潜译，北京大学出版社2017年版，第205－206页。

尔说："人体到处都显出人是一种受到生气灌注的能感觉的整体。他的皮肤不像植物那样被一层无生命的外壳遮盖住，血脉流行在全部皮肤表面都可以看出，跳动的有生命的心好像无处不在，显现为人所特有的生气活跃，生命的扩张。就连皮肤也到处显得是敏感的，现出温柔细腻的肉与血脉的色泽，使画家束手无策。"①因此，他认为"自然美的顶峰是动物的生命"②，人体美则属于动物生命美的最高一级。古希腊哲学家赫拉克利特（Herakleitus，约前535—前475）认为："最美的猴子与人类比起来还是丑陋的。"③

人体自然美是指人的自然身体形式的美，也包括人的内在精神和心灵美，美的人体应该是感性的自然身体形式同内在的精神、心灵美的统一。人体自然美首先是人的自然身体形式的美，是自然美的一个重要组成部分。所谓"自然身体形式"，指的是人的生物存在形式。人本身是自然界的一个成员，是自然生命的一分子。生物形式的美是人体美的基础。人体在构造的一切方面，都符合其作为自然存在物——动物的特征。今天的人类虽然带有高度社会化的痕迹，已经远离了作为动物的原始生命情态，但是人与动物具有同样的生理构造和生物属性，同样有吃喝拉撒和繁衍后代的自然需要，这些都是无法改变的自然前提。可见，人体自然美首先是建立在人的生物属性基础上的生物形式的美，是人作为自然存在物，符合自然生命形式的必然性和规律性所呈现的美。

但同时，人体又是局限的，尽管能表现出生气的灌注，但是"它存在的范围是窄狭的，而它的兴趣是受到食欲、色欲之类自然需要统治着的"④。人虽然局限于自然需要本身，但在自身的发展过程中又超越了这个需要。这种超越性表现在：人能意识到自己的思维、感情、情欲和需求，感觉自己灵魂的存在，具备发展自身精神和心灵，进行有目的和有意识的自由创造的可能性。如马克思指出的，人不仅是自在存在物，而且是"自为地存在着的存

---

① ［德］黑格尔：《美学》第一卷，朱光潜译，北京大学出版社2017年版，第232页。

② ［德］黑格尔：《美学》第一卷，朱光潜译，北京大学出版社2017年版，第210页。

③ 北京大学哲学系外国哲学史教研室编译：《古希腊罗马哲学》，生活·读书·新知三联书店1961年版，第27页。

④ ［德］黑格尔：《美学》第一卷，朱光潜译，北京大学出版社2017年版，第210页。

在物"①。这就是说，人是具备意识与精神能动性的存在物，这种意识与能动性使得人同动物的生命活动彻底区别开来，使人的生命活动变成了人自身意志与意识的对象，进而使人体自然美超越了普通动物的生命美而成为自然的最高形态美。

第四节 体育自然环境美

体育环境是指与体育相互联系、相互制约、相互促进的一切自然条件与社会条件的总称。② 体育环境构成的因素繁多，既有自然环境因素、人工环境因素，又有社会环境因素。本节主要讨论体育自然环境美的内涵、特征和审美价值。

一、体育自然环境美的内涵

（一）环境与环境美学

在当代西方自然美学研究领域，自然美学、环境美学与自然环境美学是三个都在使用的术语。它们时而具有相同含义，时而又被标上独立的标签。三个术语的内涵其实是有区别的。环境美学孕育于传统自然美学的发展中，既是对传统自然美学的承续与反叛，又是对它的回归与超越。萧振邦曾在文章《放下的美学：环境美学新展望》中指出："就西方美学的概括发展历程来看，学者专家大致上是以20世纪作为环境美学具备自身发展特色的分水岭——此前，'环境美学'仅形同传统自然美学的延伸，20世纪之后，环境美学才正式取代了自然美学。"③ 自然环境美学既是自然美学的最新发展，也是环境美学的核心组成部分。与现代自然美学不同，环境美学不是一种用外在的客观眼光来凝视自然的美学，而是一种环境美学家所说的"介入美

---

① ［德］马克思：《1844年经济学哲学手稿》，中共中央马克思恩格斯列宁斯大林著作编译局译，人民出版社2018年版，第81页。
② 参见熊茂湘《体育环境学导论》，北京体育大学出版社2003年版，第18页。
③ 萧振邦：《放下的美学：环境美学新展望》，载《应用伦理评论》2009年第47期。

学"。因为欣赏自然时我们往往身处自然之中，不仅成为动态自然对象的一部分，还参与自然欣赏并促成自然欣赏的形成。我们栖居环境之中，对它的审美体验从一开始就是"亲密、整体而包容的"①。尽管环境美学强调自然美学是环境美学的源头和核心问题，并将自然、景观、建筑、城市等与环境相关的审美对象纳入"环境"概念。"环境"概念的宽泛性决定了环境美学的研究对象、范围和性质的宽泛性。因此，在美国环境美学家阿诺德·柏林特（Arnold Berleant，1932— ）看来，"环境"不仅包括了自然环境，还包括人类设计和建造起来的周围世界，甚至还包括艺术。"因为当代艺术已经拓展到自然环境、都市环境和文化环境等更广阔的领域，比如当代环境艺术的产生与发展。在这种情况下，艺术与环境实质上是相互融合的。"② 关于什么是环境美学，我国环境美学学科的创立者陈望衡认为，"环境美学何为？简要地说，它是研究人在环境中乐居的学科"③。"环境美学首先应该属于哲学，它是环境哲学的直接派生物。环境哲学关于环境的思考是环境美学的哲学基础。比如，环境哲学是对人与自然、主体与客体、生态与文化等对立问题的思考，并寻求这些因素的和谐。"④ 当对这种和谐的探讨作为理性的认知时，它是哲学的；而当它作为感性的体验时，它就是美学的。

（二）体育自然环境美

体育环境是人进行体育运动的空间领域及周边相关区域，包括体育自然环境、体育社会环境。体育自然环境是指可进行体育运动的天然和经过人工改造的存在空间。体育自然环境根据活动主体可分为竞技体育的自然环境、学校体育的自然环境和群众体育的自然环境；根据空间类型可分为天然自然环境、人造自然环境；根据体育活动内容可分为体育的竞赛自然环境、体育的训练自然环境、体育的教学自然环境和体育的锻炼自然环境；等等。

从自然环境的内涵看，体育自然环境美首先是一种自然美，也包含形式

---

① ［加］卡尔松：《环境美学：自然、艺术与建筑的鉴赏》，杨平译，四川人民出版社2006年版，第5页。
② 谭好哲：《当代环境美学对西方现代美学的拓展与超越》，载《天津社会科学》2013年第5期。
③ 陈望衡：《环境美学何为》，载《寻根》2019年第6期。
④ 陈望衡：《境美学的兴起》，载《郑州大学学报（哲学社会科学版）》2007年第3期。

美、社会美和艺术美。在体育自然环境中，人是动态的，与自然是一种融合关系。运动者在体育自然环境中是为了自我体能和意志的完善，为了自我超越，在不破坏自然和生态的前提下，寻找与大自然融为一体的感觉，并磨炼胆略、培养品格、陶冶情操，寻找生命的价值和意义。

二、体育自然环境美特征

环境美学以研究人与自然环境的关系为主题。自工业革命以来，人类研究自然、改造自然的能力空前强大，掠夺性开发给自然环境造成了巨大破坏，人类的生存环境受到了严重的威胁。环境越来越成为人们关注的议题。"自然与环境本是两个不同的概念，自然只是自然，无须与人发生关系，即便与人发生关系，成为'人化'的自然，也无须接受环境的定性。然而，当我们以环境的视角来看自然的时候，这自然就必须接受环境的定性了。"[①]人类自诞生以来，与自然的关系基本上处于一种征服和被征服的对立状态。自然成为人类获得生存资源的宝库，因此，在某种意义上说，自然成为资源的代名词。随着人类的扩张，自然逐渐成为人的生活空间，人与自然的关系转变成了人与环境的关系，人与自然的关系反而逐渐疏远。将自然作为体育环境，就意味着它与人存在内在关系。这种关系，就自然对人的意义来讲，主要体现在四个方面：第一，体育自然环境是人的体育活动的母体，环境可造就人、成就人；第二，体育自然环境是人的身体生活场所和空间；第三，体育自然环境也是人的活动对象、克服对象；第四，体育自然环境也制约人、控制人。运动者与体育环境的关系是双向关系：运动者作用于环境，环境作用于运动者；环境成就运动者，也可毁伤运动者；运动者可成就环境，也可毁灭环境。体育环境与人既分又合。分则是环境与人处对立的位置，如在现实生活中，很多人在运动时破坏环境的事件。2017年，三位登山爱好者私自攀登江西三清山巨蟒峰，为了攀登方便，在山体打入26颗膨胀螺钉，对山体造成巨大的破坏，主要发起人因此获刑一年，三人共判赔偿环境资源损失费600万元。合则环境与人实现为高度的统一：环境是人的环境，人是环境的人，人和环境融为一体，人参与保护环境，环境参与改进人，"自然的人化"与"人的自然化"都有实现的可能。

相互参与是体育环境与人的最为重要的也是最为基本的关系。人与体育

---

① 陈望衡：《我们的家园：环境美学谈》，江苏人民出版社2014年版，第104页。

环境的这种交融互成的关系,从时、空两个方面展开。既展现为"人化"的过程,又展现为人与自然的历史延续。人与体育环境的特殊关系具有以下三个特征。

(一) 多样性

体育自然环境美的多样性体现在环境的多样性和运动内容的多样性。体育自然环境多样性是指地域的多样性和条件的多样性。体育自然环境处于不同地域、不同气象中,则每一个环境都不同,同一个环境在不同时间段的气象也不同。体育自然环境有的处于高山大海旁,庞大的体积和巨大的力量给人以刚健、雄伟、壮阔、恢宏、深厚、豪放、浓烈的美学感受,给人一种势不可挡、所向披靡之感。有的体育环境地形奇特让人感觉大自然物态构造的神奇,给人带来神秘、惊奇、不可思议的审美感受。也有的体育自然环境秀美、优雅,展示出和谐统一、协调一致的特性,给人以清新、秀丽、淡雅、愉悦的感觉。而体育自然环境的不同气象也会带来不同的美感。气象天气中有风、云、雷电、雨雪、霜雾、光象等各种状态和现象之美。在不同的气象中运动,可多层次地感受生命和自然之美。如风是流动的空气,它是无形的,但却是产生动态美的一种动力,它能驱动浮云、掀起波澜、摇拂垂柳、荡出松涛——是运动和力量的象征,在安全的不同风速中运动者能用多种感官来感受风的各种形态的美。又如滑雪场的山体银装素裹,壮美而又秀丽,令人神清气爽、豪情满怀。

体育环境中的运动项目也是多样的。在不同的自然环境中,人可做不同运动项目,即使在同一自然环境中,也可做不同的运动项目,如在高山大海旁,人既可爬山登高,也可入水潜游。运动者通过不同的运动项目感受自然、融入自然,以多种形式体验运动中的精神自由,逐渐形成"尊重自然、顺应自然、保护自然"的理念,推动人与自然的和谐发展和"人的自然化"的实现。

(二) 整体性

体育环境的美应是一种整体性的美,整体性可理解成相关性。所谓相关性,就是说,体育环境中的任何自然物,它的美都依赖于其他物的作用。体育环境美是没有明确的边界的。一是没有物理边界,体育环境美不能独立成境,一定要与周边环境融合才能美。二是人类的生存情况与其他存在物息息相关。利奥波德的大地伦理就是将人与自然物作为一个整体,人类不能将自己作为一个征服者，应认可自然的权利和价值，以常见的生物完整性、稳定性和多样性为最高的善。人类作为大地整体的成员，依附并生存于该整体中，因此人类应该尊重这个整体以及包含于大地整体中的每一个成员。挪威学者阿伦·奈斯（Arne Naess，1912—2009）的深层生态学认同生物圈平等主义，要求人们重视其他生物的内涵，人类"自我实现的过程，就是把自我理解扩大为大我的过程，把其他存在物的利益看作自我利益的过程"。① 深层生态学以整体主义作为立脚点，将生物圈甚至全世界看作一个统一的生态系统，在这个生态系统中的所有存在物都是相互联系、相互作用和相互依赖的，而人作为这个生态系统的组成者，既不高于自然，也不逃脱出自然，而是存在于其中。体育环境的整体性既决定着运动的品质，也决定着运动者的精神边界。当帆船与海豚一起竞逐于开阔的海面时，人的心灵与思绪一定会飞得更远。

（三）功能性

人类最初对事物的认识，功用先于审美。这不仅于人类社会是一条铁的规律，于自然界也是铁的规律。当人类的认识水平提高，或功用得到满足时，有可能超越功利进入到审美的关系。而体育环境不是自然景观，可以把它当作艺术美或形式美来欣赏，无须在意它的功利性。但对体育环境来说，功能性是审美的基础，如果体育环境不方便或不能给运动者创造良好的运动条件，至少不能从环境美角度感受美了。

深圳湾体育中心（图5-1）的建设理念是能使设施最大限度地向市民

图5-1　深圳湾体育中心

---

① 杨通进：《当代西方环境伦理学》，科学出版社2017年版，第219页。

开放。为实现这一目的，设计师摒弃了以往惯用的体育设施分栋化布局手法，将一场两馆集约于一体，实现多样化、紧密的来往交流。竞技流线集中设置，餐饮、商铺、娱乐设施等公共空间则环绕于主空间外围，形成空中漫步走廊。在这里，即便没有体育赛事，市民也可以随意穿行，与其说它是一个体育设施，不如说它是一个开放的城市公园。

三、体育自然环境美的价值

自然环境犹如人类的母体，不同的自然环境孕育了不同的身体和体育活动，不同的自然环境决定和限制着人类社会活动的具体形式与内容。人类体育源于自然环境，立足于自然环境又在同自然环境的交流碰撞的过程中丰富和发展，自然环境孕育了人类体育的自然属性。

（一）自然的"人化"自由

作为自然美的最高表现形态，人体美是在"自然的人化"过程中形成的"人化了的自然"。在体育自然环境中，主体在欣赏环境美的同时，作为自然物的人体也在"人化"。人或人体的"人化"是对人本质力量的塑造，自然环境中的"人化"也更能体悟到人的存在价值和意义。但人类的技术进步，也给自然的人化一股异化的力量，造成人的心理的异化。人被物质欲望所牵引、制约、控制，成为物欲的奴隶。特别在当今社会各种信息技术条件下，人们可通过各种虚拟平台充分展示人的本质力量。但资本的介入，使虚拟社会也成为异化的试验场，再加上对此监管困难，虚拟社会藏污纳垢的现象一时难以杜绝。一些人为了流量而不计手段，让各种正常行为失去了本真，于是我们可以看到一些不顾危险的探险、户外游等活动最终酿成悲剧。

通过在体育自然环境中人的"自然的人化"也就是"人的自然化"确立人的理性与社会本体，是对抗异化的重要途径。"人的自然化"可重建个体的感性价值，使人在与自然的广泛情感联系中安放人的心灵与精神，实现海德格尔（Martin Heidegger，1889—1976）所谓的"诗意地安居"。正如李泽厚所说："'人自然化'要求人回到自然所赋予人的多样性中去，使人从为生存而制造出来的无所不在的权力——机器世界（科技机器、社会机器和作为二者现代结合的语言信息机器）中挣脱和解放出来，以取得诗意生存。在广泛的情感联系和交流中，创造性地实现人各不同的潜在的才智、能力、性格。……只有'人自然化'才能走出权力—知识—语言。人才能从20世纪的语言—权力统治中（科技语言、政治语言、'语言是家园'的哲学语言）解放出来。"①

（二）人的"自然化"回归

体育环境美有助于人的"自然化"回归。"所谓人的自然化，并不是要退回到动物性，去被动地适应环境；恰好相反，它指的是超出自身生物族类的局限，主动地与整个自然的功能、结构、规律相呼应，相建构。"② 人类体育运动固然有超越自我、自由发展的理想和意义，但人类随着社会形态结构的变化，人类的自然性也在弱化。人类越来越生活在自己创造的物理空间里，与自然越来越远离，生物性的退化一直在持续——即使速度非常缓慢，但对于人类短暂的发展史来说，退化速度远远快于进化速度。今天人类已意识到环境对人类生存的重大意义，各国加大了对环境治理和保护的投入。

现代体育要求人与大自然合一，不让异化污染自己的感官、器官，体育自然环境美审美意义就在于实现"人的自然化"，"是要求人的生理过程、生命节律与整个宇宙自然相拥抱、相同一"③。

思考题

1. 如何理解"自然的人化"与"人的自然化"的联系？
2. 人体自然美主要体现哪几个方面？
3. 体育自然环境美的审美价值是什么？

---

① 李泽厚：《说天人新义》，载《历史本体论·己卯五说（增订本）》，生活·读书·新知三联书店2008年版，第263页。
② 李泽厚：《国古代思想史论》，人民出版社1985年版，第217页。
③ 李泽厚：《华夏美学·美学四讲》，生活·读书·新知三联书店2008年版，第123页。

第六章 体育形式美

第一节 体育形式美及其特征

一、什么是体育形式美

形式美可以说是美的最基本形态,也是一个特殊的形态。就空间而言,形式美广布于自然界和人类社会生活的各个领域,可以说是美的形态中最为广泛和恒久的。无论是自然美、社会美,还是艺术美,凡是有美的地方几乎都离不开形式美。对形式美的兴趣是人类最基本的审美倾向,它同人类生活和审美活动有着极其密切的联系,它最符合人类的共同心理、生理需求,形式美感同快感具有很强的共同性、一致性。可以说从原始社会开始,人们就有了这种兴趣。德裔美国人类学家弗朗茨·博厄斯(Franz Boas,1858—1942)说:"人们对于形式美的兴趣是最基本的,也是最主要的。"[1] 英国形式主义美学家克莱夫·贝尔(Clive Bell,1881—1964)非常推崇原始艺术,他认为从原始艺术开始,人们就有了一种对形式的敏感和纯粹的审美兴趣。他说:"原始艺术中看不到精确的再现,而只能看到有意味的形式;所以原始艺术使我们感动之深,是任何别的艺术所不能与之媲美的。"[2] 形式美这个概念的提出很早,大概可以追溯到古希腊时期的毕达哥拉斯和柏拉图等

---

[1] [美]博厄斯:《原始艺术》,金辉译,刘乃元校,上海文艺出版社1989年版,第56页。

[2] [英]贝尔:《艺术》,周金环、马钟元译,中国文联出版社2015年版,第12页。

人。毕达哥拉斯学派提出"身体美确实在于各部分之间的比例对称"[①]的观点；柏拉图认为"一切立体图形中最美的是球形，一切平面图形中最美的是圆形"[②]。形式美以抽象的形式而存在，并不依附于某一具体的美的载体，却能广泛适用于各个美的领域，因而带有一定的共同性和规范性，具有法则意义。例如，拿线条美来说，直线意味着坚挺有力，曲线意味着柔和优美，就是就其抽象的审美共性而言的。

形式美能否作为一个独立的审美形态提出来，在美学界是存在着争论的。一些人认为，从形式与内容关系上，把"形式"抽象出来，把"形式美"作为一个独立范畴或审美形态来研究，并没有多大意义。比如，阿多诺就认为："在美学中有一种要将形式和对称或重复等同起来的倾向。倘若这是寻找一个不变的形式特征的问题，那么连贯和重复，以及它们的对立面，诸如不平衡、对比和发展等，将是首当其冲的候选者。然而，建立这样的范畴不会有什么收获。"[③]其实，"形式美"作为一个独立的审美范畴或审美形态被确立，是非常必要的。形式美的研究，不仅有助于人们深入认识艺术的审美特征，而且对丰富人们的审美情感、美化人们的生活、强化人们的艺术体验和生命体验，都非常重要。

关于什么是形式美，美学界却存在不同的看法。在我国美学界，一般是肯定"形式美"这个概念的，并把它定义为"事物外在的形、声、色及其内在组合结构的美"，或"色、线、形、音感性物质及其空间、时间的排列组合上的形式规律的美"[④]。也有人认为，"形式美"指的就是"相对独立于具体事物的抽象的形式美"[⑤]。还有人认为，"'形式美'这个概念，其实并不是十分精确的；准确地说，应是'艺术的形式构成法则'，或可称为'外部形式'"[⑥]。

形式美也广泛存在于体育活动中。那么，如何定义体育形式美？体育形

[①] 北京大学哲学系美学教研室：《西方美学家论美和美感》，商务印书馆1980年版，第14页。

[②] 北京大学哲学系美学教研室：《西方美学家论美和美感》，商务印书馆1980年版，第15页。

[③] [德]阿多诺：《美学理论》，王柯平译，四川人民出版社1998年版，第246－247页。

[④] 周来祥：《形式美与艺术》，载《文艺研究》1983年第1期。

[⑤] 刘纲纪：《略谈"抽象"》，载《美术》1980年第11期。

[⑥] 徐书城：《也谈抽象美》，载《美术》1983年第1期。

式美作为体育运动中的审美对象，从其对象构成特点来说，它突出指向体育运动中事物形式如形、声、色一类构成因素及其组合规律（如平衡对称、比例、多样统一等）方面。这些构成因素和组合规律，作为人类文化和心理在身体活动中的发展的结果，具有相对独立的审美意义，可以脱离体育运动中事物的具体内容以相对独立的形式存在。亦即是说，体育形式美是指体育运动中美的对象在形式方面所呈现出来的某些具有共同性的美的要素和规律。它是从体育运动中具体的感性的美的事物形式中所抽象概括出来的，包括构成事物外形（体育场馆、体育设备器材、运动员）的自然物质属性（形、色、声），以及它们之间的组合原则（平衡、对称、比例、节奏）。

二、体育形式美的特征

体育形式美的特征是具有独立的审美价值。体育形式美与其他领域的形式美不同，它与内容是远离的，或者说是分离的。体育形式美审美价值的独立性，可以从两方面来考察：一是当它为内容所制约时，表现出来的对内容的制约性；二是形式与内容的疏离性。

形式对内容的制约性在于对内容所产生的能动的反作用，它比较集中地体现在艺术之中。形式的美与不美直接影响着内容的表达，关系到对人的本质力量对象化后美感是否生成。从艺术上讲，没有形式的美，就谈不上内容的美，就无所谓艺术作品的美。有时，甚至还有这样的现象，虽然内容比较平淡，但由于技巧的高超、形式的完美，使内容也变得动人起来。例如，同样一段舞蹈，舞者技巧是否高超、舞台布置是否精美，会直接影响舞蹈本身表达的思想与价值。

体育形式美真正独立的审美价值，主要表现于当形式疏离内容时它自身所体现出来的美。一般来说，形式美的独立审美价值大小，同它和内容的疏离程度正好成正比。形式同内容的关系愈是疏远，它的独立审美价值就愈大；形式同内容关系愈是密切，它的独立审美价值就愈小。总的来看，非艺术品（自然美、生活美等）的形式美的独立审美价值比艺术品更突出；在艺术品中，形式美的审美价值与内容有着密切的联系。艺术品因熔铸着艺术家的思想情感，反映一定的社会生活内容，其形式受制于内容的程度远高于非艺术品。正如黑格尔所说，"没有无形式的内容，正如没有无形式的质料一样……内容所以成为内容是由于它包括有成熟的形式在内"；"只有内容与形式都表明彻底统一的，才是真正的艺术品"。①

尽管如此，艺术品仍有不完全依赖内容而独立给人以美感的。例如，我国传统戏剧的表演讲究"唱、念、做、打"，讲究"手、眼、身、法、步"，注重程序化动作（如旦角的"水袖"、武将的"起霸"），这些表演虽然不能完全脱离内容，每一动作也代表特定的含义，但观众主要是欣赏形式方面的美，诸如唱腔的圆润、眼神的灵活、舞姿的优美、程序化动作的规范和绝技表演（像川剧的变脸、晋剧翎子功）等。这种情况，在绘画、雕塑、建筑、舞蹈、音乐中都普遍存在。如我国特有的书法艺术，其形式美对内容的依赖性就更加微小，它的美主要表现于笔墨章法、线条构架和流动的气势，而无须去一一对照每个字的含义，或赋予新情感。即便是形式同内容关系最密切的文学，人们同样可以只为文辞的华丽、比喻的精巧、构思的新奇、音韵的和谐而击节赞赏。

在体育运动中，人体的活动形式具有很强的艺术性，但对于主客同体的身体活动来说，主体的作品往往是作为自然属性的人体及其展现出的活动能力，而不能称之为艺术作品。与舞蹈等艺术作品不同，体育运动中的作品一般不寄托运动主体的抽象化、延展性的思想，也不反映某一特定的社会生活，与内容是远离的，甚至是无内容的。因此，体育形式美具有独立的审美价值。

当然，体育形式美也包括其他具有艺术性的建筑、场地器材等部分，这部分事物的存在形式可能体现了生产（创作）主体的思想内容，正因为如此，它们的独立审美价值相对于人体活动要弱一些。另外，体育运动中运动者在展现身体活动中所展现出的人的品质和精神，它不是运动主体想要借身体活动表达的思想，不属于身体活动的内容，不属于形式美的范畴，而属于社会美的范畴。

第二节　体育形式美的属性与构成

体育形式美主要由两部分构成：一是审美对象自身的物质属性，二是审美对象物质材料的组合规律。二者在具体的美的事物中是有机结合、不可分割的。

---

① ［德］黑格尔：《小逻辑》，贺麟译，商务印书馆1980年版，第279页。

一、体育形式美的自然物质属性

自然物质属性是构成所有形式美的物质基础,也是体育形式美的物质基础。它包括形状、色彩和声音。

(一) 形状

形状是物体存在的空间形式,是形式美中最直观的因素。形状主要由点、线、形组成,点、线、形等都是事物的空间存在形式。

1. 关于点

人们一般认为,单纯的点是孤立的和无性格的,只有把点转化为线与面,才可能具有性格,引起人们的注意。抽象艺术代表人物、俄罗斯美术理论家瓦西里·康定斯基 (Wassily Kandinsky, 1866—1944) 曾详细地讨论过"点"的美学价值。他认为,点,从几何学意义上说,是"非物质的存在","从物质的角度考虑,点等于零"。[①] 但是,正是在这"零"中,"包含着多种'人'的物质"[②],所以,"点"本质上是"最简洁的形",点的基本特性是聚集,"点中内倾的""它的张力最终总是向心的"[③]。无论是有形的点,还是抽象的(几何的)点,都是封闭的。点是最富于生命意蕴和表现力的东西,可以看成一个生命的开始。

体育运动中的点无处不在,包括抽象的点,如起点、终点、步点、落点等,以及有形的点,如运动场中的各种标志点,射击、射箭运动中的靶点等。体育运动中的点不是孤立的,是处于开放状态的,不同点之间是相互关联、相互影响、相互改变的。如短跑的步点,跳远和三级跳远的步点、跳高的起跳点等的失误或错误可能导致速度和距离的减效或失效。在体育运动中,点有静态的和动态的。静态的点主要是场地设施中的点,动态的点主要是运动器材和人在运动中形成的点。体育运动中的点具有同一、整齐一律、

---

① [苏]康定斯基:《康定斯基论点线面》,罗世平、魏大海、辛丽译,中国人民大学出版社 2003 年版,第 7 页。
② [苏]康定斯基:《康定斯基论点线面》,罗世平、魏大海、辛丽译,中国人民大学出版社 2003 年版,第 7 页。
③ [苏]康定斯基:《康定斯基论点线面》,罗世平、魏大海、辛丽译,中国人民大学出版社 2003 年版,第 16 页。

标准化的审美特点。运动中点的审美价值在于它的节奏感，从短跑的快节奏步点到三级跳远的慢节奏助跑步点，犹如音乐的高音和低音，充满美感。苏炳添跑步时的步点，非常有节奏感，脚掌拍打地面的声音也具有很强的美感。

运动中点的审美价值还在于它与人的存在意义相契合。人类发展进程正如希腊神话中的西西弗斯因受天神惩罚推石上山的过程一样，起点和终点始终在不断轮转，每一个终点意味着下一个起点的开始。终点的意义不在于完成，而在于运动者对自己的超越。每一次运动或一个动作开始时，就是一种无求的状态，不在于目标的功利性，而在于如何发挥出个人最大潜力，展示出作为类存在的人的价值和意义。当到达或完成终点，则应达到一种无我的状态，不为胜利而骄傲，不为失败而懊丧，也不再为作为个体特殊性的能力而自恋，而是在展示人的本质力量时能与更广阔的世界相联结。德国哲学家欧根·赫里格尔（Eugen Herrigel，1884—1955）在1924年至1929年间曾在日本东京大学任教，其间他师从弓道大师阿波研造学习了六年箭道。正如弓道大师所说："射中靶子只不过是你的绝对无求、无我、自弃的外在实证而已。"①

2. 关于线

在美学史上，对线的审美特征的探讨是很早的。柏拉图关于形式美的看法，正是主要就线与形而言的。康德曾说"线条比色彩更具有审美性质"②。阿恩海姆认为，线条"实际上是对于人们所知觉到的形状的最直接和最具体的再现"③。线条包括水平线、垂直线、斜线、折线、曲线等，它们具有独立的审美价值，不同的线条的审美特性也各不相同。水平线给人平实、广阔和宁静感；垂直线给人升腾、挺拔和严肃感；斜线给人危急和不稳定感；折线给人坚硬、刚强和危机感；曲线的特质是流动、柔和、优美和富于变化，在审美中尤其为人们所重视。

康定斯基在他的著作《论艺术的精神》中对线条有详细的论述，他说：

---

① ［德］赫里格尔：《学箭悟禅录》，余小华、周齐译，今日中国出版社1993年，第38页。

② 转引自李泽厚《美的历程：插图本》，江苏文艺出版社2010年版，第171页。由于李泽厚在书中并没给出康德这句话的出处，因此，也有人认为康德并不一定说过此话。

③ ［美］阿恩海姆：《艺术与视知觉：视觉艺术心理学》，滕守尧、朱疆源译，中国社会科学出版社1984年版，第236页。

"线是点的运动的轨迹,因而是点所产生的。线产生于运动,而且产生于点自身隐藏的绝对静止被破坏之后。这里有从静止状态转向运动状态的飞跃。"① 因此,线的审美意味较"点"更为丰富。荷加斯对线条也有界定。他认为:"在最优美的形体上,直线最少。应当指出,一切直线只是在长度上有所不同,因而最少装饰性。曲线,由于互相之间在曲度和长度上都可不同,因此而具有装饰性。直线与曲线结合形成复杂的线条,比单纯的曲线更多样,因此也更有装饰性。波状线,作为美的线条,变化更多,它由两种对立的曲线组成,因此更美,更舒服。甚至手在用钢笔或铅笔在纸上画这种线条时,其动作就是生动的。最后,蛇形线灵活生动,同时朝着不同的方向旋绕,能使眼睛得到满足,引导眼睛追逐其无限的多样性,如果允许我使用这个词的话。"②

美国美学家德威特·亨利·帕克(Dewitt Henry Parker,1885—1949)认为,线条中的生命与其说类乎色彩中的生命,不如说类乎乐音中的生命,因为它具有色彩所没有的力学上的运动特点。这种生命事实上是两方面的:一方面,它是一个轨迹,有开始、有中点、有结束,是需要人加以支配和实行的东西;另一方面,它又是一种气质或性格,是整个线条的特点,是需要去感受的东西。在美感的线条中,这两个方面是密切有关的。它们彼此的关系就像一个人的气质或性格同他的生活经历的关系一样。人的气质既是他的生活经历的原因,又是他的生活经历的结果。③ 水平线条传达一种恬静、闲适的感情,垂直的线条传达一种庄重、威严、希冀的感情,歪扭的线条传达一种冲突和活动的感情,而曲线则一向被认为是柔和、肉感和柔软的。④

从美学家对线条的论述中,我们可以看出,线条是有生命的,是有审美意趣的,也是有独立审美意味的。线条具有强烈的运动感,线条可以向我们暗示事物的运动状态。

体育运动中的线条多种多样,有直线、曲线、折线、弧线等线条。按线

---

① [苏]康定斯基:《论艺术的精神》,查立译,腾守尧校,中国社会科学出版社1987年版,第128页。

② [英]荷加斯:《美的分析》,杨成寅译,佟景韩校,广西师范大学出版社2002年版,第91–96页。

③ 参见[美]帕克《美学原理》,张今译,广西师范大学出版社2001年版,第211页。

④ 参见[美]帕克《美学原理》,张今译,广西师范大学出版社2001年版,第212页。

条是否有实体可分为有形和无形两类。有形的线条又主要分为两种，一类是场地的线条，一类是人体的线条。无形的线条主要是运动者或器械运动的轨迹，从运动训练学的角度看，如果把人体简化成质点，人体的运动轨迹可分为直线运动（图6-1）和曲线运动。

图6-1　滑行中人体直线运动

人体是一个由许多关节和肢体构成的复杂整体，身体运动轨迹大部分是复合运动。如武术的冲拳，表面看上去似乎是直线运动，实际上却是带有一定的手臂旋转动作。身体曲线运动包括转动和抛物线运动。转动是指身体或身体某部分沿某个中心点或转轴旋转，如单杠的大回环、花样滑冰的原地旋转等都是整个人体的转动。上臂绕环、踢腿等运动则属于身体某部分围绕某一中心点或转轴的旋转运动。曲线运动的另一种形式是抛物线运动。凡身体有腾空动作的运动都属于抛物线运动。如人体完成跳远、跳高等身体运动时都是整个身体（指身体重心）的抛物线运动。另外，按线条是否闭合可分为闭合式线条和开放式线条。闭合式线条如田径场跑道、各种球场内的线条；开放式线条如铅球、标枪场地的线条。

体育运动中线条的审美价值除展现严格规则的社会美，它的形式美意义在于与运动者既对立又统一。体育场地的线条是刚直的，不容挑战的，与运动者是对立的，甚至随着科学的进步，人们可以用鹰眼和视频回放来保证它的权威性。并且，当没有运动者融入时，它的审美价值是有限的，少有人去关注它，可能只有拍体育场地宣传片时，摄影师会通过审美的视角去审视它。只有当运动者与各种线条融合时，这些线条才展现出巨大的美的张力。运动中，运动者通过训练，可以不用视觉而感知线条的空间位置，这时，运动者与线条融为一体，成为他（她）生命的一个要素，也是运动者本质力量在审美意义上的展现。运动中，运动者除沿着线条的方向前进，还可按照我们对这些线条的感情来解释线条。美学家帕克应该是运动爱好者，他在1926年出版的《美学原理》一书中写道："每一个会溜冰的人或赛跑运动员都知道，沿着一条不断突然转弯抹角的道路前进是多么费力，但是，如果他训练有素的话，克服这种困难反而会给他很多愉快。溜冰者和赛跑运动员也都知道，沿着曲线前进是多么愉快，多么不单调，又多么舒适。沿着一条笔直的、漫长的道路前进多么单调，但是沿着这种性质的短途终点线直接冲向目的地又是多么充满迅速取得胜利的感觉。"①

另外，运动者动作及施加物的轨迹，也是生命力的展示。不论是跑步、跳跃、表现难美性项目中运动者的动作轨迹等，还是乒乓球、羽毛球、篮球、足球、高尔夫球等器材的轨迹都与运动者融为一体，这些轨迹都化为运动者内生的生命力。线的流动，在中国古代哲学美学那里，被看作是宇宙之气的流行，是人的生命情感的象征。李泽厚说："正因为这'线'是生命的运动和运动的生命。所以中国美学一向重视的不是静态的对象、实体、外貌，而是对象的内在的功能、结构、关系；而这种功能、结构和关系，归根到底又来自和被决定于动态的生命。"② 如太极拳各种动作非圆即弧，运动时，用遍布全身的圆弧曲线表达肢体语言，体现了身心合一，天、地、人"三位一体"的魅力。

人体线条基本上由曲线构成。总的说来，通过科学训练，运动者，特别是高水平运动员身体的曲线更具有审美的意味，这是因为运动员要做各种高难度动作，身体的曲线可以更好保持身体稳定，有利于完成动作。并且不同运动项目的运动员，曲线也是有一定差异的，如健美操运动员和举重运动员的身体线条差异很大。前者更突出的是如荷加斯所说的蛇形线，代表柔美；后者的肌肉形状如荷加斯所说的波状线，代表力量。当然，帕克不同意那种把"曲线"视为唯一美的线条的观点，认为这是"把美的东西和女性气味的东西视为一体的狭隘观念的结果"。但是他也承认，曲线的"变化范围最大，因此它也具有最大的表现力"。③

---

① ［美］帕克：《美学原理》，张今译，广西师范大学出版社2001年版，第213页。
② 李泽厚：《华夏美学·美学四讲》，生活·读书·新知三联书店2008年版，第74页。
③ ［美］帕克：《美学原理》，张今译，广西师范大学出版社2001年版，第212页。

3. 关于形

"形"由"面"和"体"构成。"面",也就是平面的形,它是点和线的扩大。"平面的形"包括方形、矩形、圆形、三角形、梯形、椭圆形、菱形等。不同的形,给人以不同的视觉感受,引起人们不同的联想。在体育运动中,体育建筑、体育器材、运动者都可形成或组成各种各样的形状,相对运动者和体育建筑而言,体育器材在形状上的审美意味较弱,因此,我们主要谈谈运动者和体育建筑的"面"和"体"。

从"面"上讲,体育运动中也存在各种各样的面,但较为常见的是三角形、矩形和圆形。和艺术的三角形给人以冲动的感觉不一样,体育运动的三角形给人以沉稳的感觉。因为,三角形更有利于运动者保持身体的稳定,如射箭时两腿开立形成三角形,体操运动倒立时,两臂的支撑也是三角形。而体育运动中的矩形带给人的则是人体与科学之美。体育技术动作中,直角支撑因为没有侧面的分力,所以是最省力的,如双杠的双臂支撑。而圆形,则是体育运动中最基础、最本质的形状。体育运动中,圆无处不在,无时不有。运动训练学把人体简化成刚体后,人体的运动可分为平动、转动和复合运动,而人体转动轨迹形成的圆形(图6-2)在体育运动中最为常见。

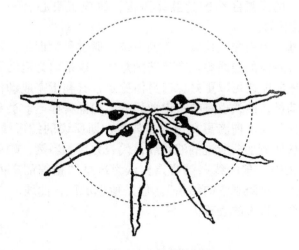

图6-2 人体旋转运动

圆形产生于旋转运动,就像身体活动中胳膊围绕着肩部旋转而形成圆形轨迹一样。人体各部位的那些符合杠杆原理的构造,也都特别适合于进行曲线运动，并可以以此获得更大动能。受人体结构和生理机能的限制，我们肢体不能增长，我们的肌力也有极限，但通过旋转可以形成加速，人体或体育器材可获得更大的动能，如铅球、链球运动中旋转加速，高尔夫球运动中的挥杆动作，都是通过圆形的旋转给球施加更大的力。可以说美在圆中，圆在转中。

体育运动中，圆结构状态和圆运动状态给我们展现出静态之美和动态之美，并最终实现了和谐统一。圆形在静态时，具有动的趋势；在动态时，又展示出一种无限性，在美的形式下潜藏着无限的运动张力。这非常符合"更快、更高、更强"的体育精神，人类永远在探索无限的路上。

4. 关于体

"体"或称"立体的形"，是点、线、面的有机组合。体的形式美特性正是在这种点、线、面空间组合中充分体现出来的。体可分立方体、棱柱体、圆柱体、圆锥体、金字塔体、螺旋体等，它们具有不同的审美性质。从审美角度看，体与点、线、面既相互分割，又彼此依赖、相互转化。体与点、线、面在视觉效果和心理反应上也大致相同，不过显得更具体、更强烈罢了。作为三维生物，人是永远不能直接看到整体，只能观察到点、线、面，并通过点、线、面联想到整体。而这种想象力，就是人的本质力量的组成部分。事物体量越大，越能引起人的想象，也越具有审美价值。

体育运动中"体"的主要审美对象在于建筑的"体"和人的"体"。

体育建筑一般都是比较宏大的单体建筑，内部空间巨大，因此，体育建筑具有强烈的审美价值。体育建筑的审美意味是多重的，既有因形体巨大产生压迫感的崇高美感，也有自然美、科技美，当然也有形式美。

体是体育建筑造型中最活跃、最发达的因素。西方古典建筑艺术给人呈现出静态的审美意趣，人们常常驻足于某个视点，做静态式的审美观照，而中国古典建筑艺术则呈现出动态的审美意趣，决定这类建筑形态美的，是形体的连续运动感。成都第31届世界大学生夏季运动会主会场（图6-3）包括"一场三馆"：主体育场、多功能体育馆、小球馆、游泳跳水馆。主会场东安湖体育场上方，上万块彩釉玻璃拼装出约27000平方米的太阳神鸟"置顶"。太阳神鸟内层图案是向四周喷射出十二道光芒的太阳，动感十足；外层四只展翅的神鸟围绕着太阳循环往复地飞翔，寓意生生不息。这与我国古代"金乌负日"的传说相合，不仅体现了自古以来人们对于光明的热爱和向往，也彰显了对于生命与运动的永恒追求。

体育建筑的"体"具有强烈的雕塑感和体积感，体育建筑的雕塑美是

图6-3　成都第31届世界大学生夏季运动会主会场

建筑设计师情感与文化融合的形体表达，通过体育建筑的体量组合、光影变换、穿插叠落、镂空构成、材质变化等形式表现，在视觉上产生强烈的审美感受。因体育活动需要大空间，体育建筑大多呈现出体积感和重量感。置身于大型体育建筑中，往往有一种压迫感，可以激发一种崇高美感。随着体育的发展，体育已成为人类的共同语言，体育民族化与全球化实现了融合共生。这也推动了当代各国的体育建筑也实现了民族化与国际化的完美融合。虽然，从建筑历史看，西方古典建筑艺术讲究单体的建筑造型，中国古典艺术讲究群体的建筑造型，但体育建筑很好地跨越了文化界线。

人的身体是大自然的造物，人体的"体"天然地汇集了所有形式美法则（如对称、匀称、均衡、节奏、和谐、整体、多样性统一等）的体现。人体的"体"是最具变化性的，是流动的，可通过肢体的不同空间组合，可形成无数形状。人体是点、线、面的综合体，人体的形式美也是在点、线、面基础上的延伸和加强。不同的体型可展现不同的审美情绪。体育运动中，不同项目对运动员人体机能的要求存在一定差别，因此，不同运动项目运动员的体型也是有差别的。

运动项目的不同类属称为"项群"，根据田麦久的项群理论，不同项群的运动员在选材和训练时，对身体形态特征各有要求。[①]（表6-1）

---

① 参见本刊编辑部、杨骁、张一民、海天《运动与体型的神秘关系》，载《第一健身俱乐部》2008年第11期。

表6-1 不同运动项群对运动员的身体形态特征

运动项群	典型运动项目	运动员身体形态特征
体能主导类速度型	短跑、短距离游泳、短道速滑、短距离赛场自行车等依赖体能、讲求速度的项目	体型匀称健壮、肌肉丰满、膝踝关节围度较小、骨盆宽度适中、臀部向上紧缩、足弓明显、跟腱细长而清晰
体能主导类耐力型	中长距离走、跑、速滑、中长距离游泳、越野滑雪、中长距离公路自行车、划船等依赖体能、讲求耐力的项目	体重轻、脂肪较少、身高中等、腿较长
体能主导类力量型	跳跃、投掷、举重等依赖体能、讲求力量的项目	跳跃项目的运动员身材修长,下肢占身高的比例大,小腿相对较长,踝围相对较小,跟腱较长。投掷项目运动员的身材表现出大型化的趋势,指间距离一般可超过身高5~15厘米,肌肉发达。举重运动员则身材较矮,四肢发达有力,肩宽,手指长
技能主导类表现难美型	体操、艺术体操、跳水、花样滑冰、花样游泳、冰舞、武术（套路）等依赖技巧、讲求难度和美感的项目	身体匀称、五官端正、女子颈部略长、锁骨和肩胛骨较平、四肢稍长、手臂较直、小腿长于大腿、膝关节平直、踝关节略细、跟腱细长清晰、手较大、骨盆狭窄、臀部肌肉向上紧缩、肌肉呈现条形
技心主导类表现准确型	射击、射箭、弓弩等依赖心理素质、讲求精准的项目	身体正常而匀称。步枪运动员的臂长一点,臂展等于或者略超过身高；手枪运动员的臂长短一些,手大指长
技能主导类直接对抗型	摔跤、柔道、拳击、击剑、武术（散打）等依赖技巧、讲求对抗性的项目	有较高的身高和较长的四肢,身高和体重保持恰当的比例

续表

运动项群	典型运动项目	运动员身体形态特征
技战主导类同场对抗型	足球、手球、冰球、水球、曲棍球、篮球等依赖战术、讲求对抗性的项目	身材高大、胸廓大、手大、脚大、小腿长、手臂长、臀部小、踝围小
技战能主导类隔网对抗型	乒乓球、羽毛球、网球、排球等依赖战术、隔网对抗的项目	排球运动员身材高、四肢较长而坐高相对较短，皮质层薄、体脂肪量小、去脂体重及体质密度大，臂长上围松紧差大、手较宽，骨盆相对较窄，小腿长、踝围细、跟腱长、足宽而不长。隔网小球项目运动员的体型身材匀称、手臂略长、体重适中、腰短、足弓深

人体如以体量形式来衡量，则厚的体量有敦厚、结实之感，如举重运动员；薄的体量有轻盈、秀丽之感，如艺术体操运动员；高的体量有优雅、安全之感，如排球运动员。

（二）色彩

在体育运动中，色彩也是十分重要的。为什么足球场是绿的？为什么塑胶跑道多是红的？除了不同运动项目对色彩的要求不同，不同色彩对运动情绪的影响也不同。

马克思说："色彩的感觉是一般美感中最大众化的形式。"[1] 早在远古时期，原始人类就对色彩产生了浓厚的兴趣，并对色彩赋予了人类情感。在我国，据《周礼·冬官·考工记》所载，早在青铜时代就产生了以"五色"（赤、黄、青、黑、白）为基本色的色彩标准和体系。[2] 1666年，牛顿利用三棱镜的折射将太阳光分解为红、橙、黄、绿、青、蓝、紫七种基本色彩，并形成现代色彩体系。按光波长短，大自然中的色彩不计其数，正常人的视觉大约能接受0.4～0.76微米之间的光波，这段光波虽然只占整个光谱的不到1/70，但已经能使人辨别出200万～800万种不同的色彩。

---

[1] ［德］马克思、［德］恩格斯：《马克思恩格斯全集》第13卷，中共中央马克思恩格斯列宁斯大林著作编译局译，第145页。

[2] 参见苏连第《色彩与音响》，山东教育出版社1986年版，第14页。

色彩是人们认识事物的重要依据，也是感知形式美必不可缺的要素，但美学所讲的色彩美感远比物理学所讲的色彩感受复杂。色彩美又是常人最易感受而不受其他条件限制的一种美，所以，比起形状来，色彩的审美意味更浓、更普遍、更复杂、更具有独立的审美价值。阿恩海姆说："作为一种通讯工具来说，形状要比色彩有效得多，但是运用色彩得到的表情却又不能通过形状而得到……然而说到表情作用，色彩却又胜过形状一筹，那落日的余晖以及地中海的碧蓝色彩所传达的表情，恐怕是任何确定的形状也望尘莫及的。"①

从心理学的角度看，颜色刺激人的大脑中枢神经，会引起大脑对颜色的不同反应，从而影响人们的情绪和行为。色彩可以有寒暖、远近、轻重、虚实、厚薄、大小之分。红、橙、黄等色就给人以温暖、切近、运动和膨胀的感觉，而绿、青、蓝、紫等色就给人以寒冷、遥远、静止与收缩之感。色彩能迅速激起人的情感，影响人的心理。赫曼·鲁奥沙赫（今译作"赫曼·罗夏克"，Hermann Rorschach，1884—1922）通过试验发现："情绪欢快的人一般容易对色彩起反应，而心情抑郁的人则容易对形状起反应……色彩产生的是情感经验，而与形状相对应的反应则是理智的控制。"② 一般来说，红色代表热烈兴奋，黄色表示明朗欢乐，蓝色意味轻松安详，绿色同平静稳定相连，而灰色多显抑郁阴冷。我国传统戏曲中的脸谱就大多以色彩来区分人物的性格，比如，白色表奸诈，红色表忠义，黑色表憨直，金色表神异，蓝色表刚强，黄色表勇猛残暴等。色彩的直观性、丰富性，使它的感情意味和象征内涵格外复杂，各种社会因素（如民族的、阶级的、时代的、艺术流派的）以及个人的审美差异都会对色彩美的感受产生影响，构成感受上的巨大分歧。歌德曾把色彩划分为主动的色彩（黄、红黄、[橙]、黄红、[铅丹、朱红]）和被动的色彩（蓝、红蓝、蓝红）。主动的色彩能够产生出一种"积极的、有生命力的和努力进取的态度"，而被动的色彩则"适合表现

---

① ［美］阿恩海姆：《艺术与视知觉：视觉艺术心理学》，滕守尧、朱疆源译，中国社会科学出版社1984年版，第455页。

② ［美］阿恩海姆：《艺术与视知觉：视觉艺术心理学》，滕守尧、朱疆源译，中国社会科学出版社1984年版，第456页。鲁奥沙赫是瑞士著名心理学家，因发明人格投射测验法——墨迹测验而闻名于心理学界。

那种不安的，温柔的和向往的情绪"。①

体育运动中也有许多色彩。长期以来，通过人们的实践和科学研究，体育运动中主色调基本固定下来。

红色代表能量和活力，研究表明红色能提高运动成绩。2005年，希尔和巴顿发表了他们对2004年雅典奥运会运动员表现的研究，结果显示红色在跆拳道、希腊罗马式摔跤、拳击和自由式摔跤等运动中的效果尤其明显。研究发现，当运动员穿着红色衣服时，他们赢得的比赛明显多于穿着蓝色衣服时。② 绿色代表着重新生长、再生和更新，也代表着生命和环境，还代表着胜利的意志和开朗的心情。因此，绿色可以说与体育运动"更快、更高、更强"的理念高度契合。橙色与光芒四射的能量有着强烈的联系。在体育运动中，橙色是一种很受运动员喜欢的颜色，因为它象征着力量和耐力。这种颜色与红色密切相关，但没有红色引发的情绪强烈。橙色和黄色与温暖、力量和智慧有关，年轻运动员都非常喜爱这两种颜色。特别是黄色与开朗、热情、充满活力、令人兴奋和刺激有关，几乎不与沮丧或不快乐联系起来。黄色是常见的运动服颜色之一，许多国家使用黄色作为他们的官方运动服的颜色。蓝色在体育运动中是一种平静的颜色，它代表一个团队或个人，是诚实、冷静、真实和真诚的，这种颜色对球队球员和对手都有镇定的作用，因此，一些需要安静环境的项目一般用蓝色作场地和背景色，如现在越来越多的网球场开始使用蓝色地面。阿恩海姆曾借用凯特查姆的例子：有个足球教练"总是让人把足球队员中间休息时去的更衣室刷成蓝色，以便创造出一种轻松的气息；但当他对队员们做最后的鼓励讲话时，则让队员们走进涂着红色的接待室，以便创造出一种振奋人心的背景"③。但根据希尔和巴顿对2004年奥运会的研究显示，蓝色也可能减少一个人在对抗性运动（如拳击、跆拳道、摔跤等项目）中的获胜率。④

黑色与白色作为人类生活中的重要色调，在体育中也有特殊的意义。弗

---

① ［美］阿恩海姆：《艺术与视知觉：视觉艺术心理学》，滕守尧、朱疆源译，中国社会科学出版社1984年版，第469页。

② Cf. Hill & Barton, "Psychology: red enhances human performance in contests," *Nature*, 2005 (435), p.293.

③ ［美］阿恩海姆：《艺术与视知觉：视觉艺术心理学》，滕守尧、朱疆源译，中国社会科学出版社1984年版，第469页。

④ Cf. Hill & Barton, "Psychology: red enhances human performance in contests," *Nature*, 2005 (435), p.293.

兰克和吉洛维奇在1988年的研究表明,穿黑色队服的球队比穿其他颜色队服的球队更有威慑力。然而,在美国全国曲棍球联盟和全国橄榄球联盟中,穿着黑色队服的球队也比穿其他颜色队服的球队更常受处罚。弗兰克和吉洛维奇认为,黑色的影响更多来自黑色的文化内涵。[1] 因为,人们看到黑色队服,就会立即想到暴力。白色是一种矛盾性色彩,既可象征纯洁、素净、宁静,又可意味肃穆、恐怖、悲哀,故而西方人把它当作喜庆婚纱,东方人却把它当作死亡丧服,"白衣天使"同"白色恐怖"一样流行。阿恩海姆认为白色本身就有二重性:"一方面,它是一种最圆满状态,是丰富多彩、形态各异的各种色彩加在一起之后,而得到的统一体;但另一方面,它本身又缺乏色彩,从而也是缺乏生活的多样性的表现;它既具有那些尚未进入生活的天真无邪儿童所具有的纯洁性,又具有生命已经结束的死亡者的虚无性。"[2] 在体育运动中,白色同样表现出二重性,很多运动员喜欢穿白色运动服,更显亲和力和放松。但体育场地中的白色线条又给人以规矩、死板、僵硬的感觉。

体育运动中的色彩很多,但并不可随意设置,搭配也很重要。正如康定斯基所说:"色彩不能单独存在,它必须有某种边线。一种无限扩张的红色,只可以想象。"[3] 如足球场,如果全部是绿色草坪,对于运动员来说,容易引起视觉差,产生一望无际的感觉,从而影响对空间的判断,观众也容易产生视觉疲劳。因此,现在的足球场草坪通常都是一条深绿、一条浅绿间隔分布。

随着人们对色彩了解的加深,色彩的使用越来越符合人的生理和心理需求。在竞技运动的不同项目中,一般速度性、力量性和对抗性运动项目,会给运动员暖色刺激,以激发其热情和兴奋,使其精力充沛,产生积极的增力作用,提高比赛能力。如跑道用红色,可以提高运动员的反应速度。但不宜刺激太久,长时间接触红色易引起视觉疲劳,导致运动神经产生疲劳,影响

---

[1] Cf. Frank & Gilovich, "The dark side of self-and social perception: black uniforms and aggression in professional sports," *Journal of Personality and Social Psychology*, 1988, 54(1), pp. 74–85.

[2] [美] 阿恩海姆:《艺术与视知觉:视觉艺术心理学》,滕守尧、朱疆源译,中国社会科学出版社1984年版,第500页。

[3] [苏] 康定斯基:《论艺术的精神》,查立译,腾守尧校,中国社会科学出版社1987年版,第36页。

运动效果。耐力性项目及技能类运动项目则不宜用红色等暖色，因为红色刺激太大，会使人产生冲动不稳定的情绪；而应该让运动员置身于以冷色调为主的色彩环境，使运动员情绪稳定、沉着冷静，而产生积极的增力作用。可以利用色彩的"轻重感"将运动项目中投掷、举重等项目的器械改变为明色，以减少视觉疲劳、提高运动效果。如标枪的颜色一般是黄色，给人以轻快的感觉。还可以利用色彩的"远近感"，即"暖色前进、冷色后退"的效果来调节训练空间的舒适感，如冷色调训练房有空间扩大的感觉，可减少压抑感。在进行速度训练时，可将红色、橙色作为定向标志，有利于训练成绩的提高。

（三）声音

声音的物理属性是声波。声波是物体振动时通过介质（如空气）传播而使人感知到的声音频率。声波的三要素是频率、幅度和波形。人耳可听声音的频率范围大约在20～20000赫兹之间，低于或超过这个范围的声音就不能被人体感知。声音可分纯音和复合音。纯音是单个频率的声音，如音叉发出的声音，自然界很少有纯音。人们听到的声音，绝大多数是多种不同频率的纯音组成的复合音。适合人生活的音量环境是15～35分贝，长时间置于超高分贝音量环境中，会损害人的身心健康。

从审美的意义上说，声音感也是一种最原始的美感形式，人类出生之前听觉系统就已开始工作了，在出生后视觉尚未发展成熟的婴儿时期，听觉就成为婴儿感知世界的重要途径。声音形式美所包含的因素很多，这里主要关注四个。一是音色。音色也称为"音品"，指的是声音的品质，根据美国声音协会（Acoustical Society of America）定义，音色是听觉的多维属性，是相同响度、音高的声音展现出的不同特性。[①] 音色的不同特性可以表现不同的情绪变化，它不仅能表现情绪的紧张与松弛、激动与平静，还能表现情绪的消涨变化。音色的表现力主要体现在不同的物体（包括乐器）和不同的人的声音特征上。不同的音色有不同的美，如男高音和女高音音色不同，给人的感觉也各不相同。二是音调。声音的起点的高低有一定的调式，不同的调式也有不同的美。朱光潜亦指出，从古希腊开始人们就已经注意到调式的情

[①] Cf. Acoustical Society of America, "Timbre," ASA Standards（https://asastandards.org/terms/timbre），2022-10-10.

感表现力，不同的调式表达了安定、热烈、和蔼、哀怨等不同情绪。① 三是音程。音程是指两个音级在音高上的相互关系，是两个音在音高上的距离，其单位名称是度。音程可以分为协和音程和不协和音程。协和音程，人们听起来和谐；不协和音程，人们听起来较刺耳，常用来表达情感的冲突。四是声音的力度和速度，也是节奏。声音有强弱不同，所以有不同的力度。声音运动是一个时间过程，节奏有快、中、慢之分，它所表现的韵味和情感也各不相同。

声音美的主要功能在于表情。声音形式美与色彩美、线条美不同，它主要诉诸听觉而不是视觉感官，但声音美与色彩美、线条美有情感上的联系。康定斯基说："色彩的声音非常明确，几乎没有人能用低沉的音调来表现鲜明的黄色，或者用高音来表现深蓝。"② 但它们之间的界限也不是绝对的，如有人听高音产生白色的感觉，听中音产生灰色的感觉，听低音产生黑色的感觉。康定斯基说还认为，色彩好比琴键，艺术家的手按下琴键，出来的仿佛不是声音，而是各种色彩的变换。这种现象也就是人们常说的"通感"，各种感官可以相互打通和互换。通感又称"感觉挪移"，它在形式美的感受中是非常普遍存在的心理现象，是视觉形象的听觉形象的转换，并与听觉审美经验的复合。"通感"作为一种审美心理现象发生，亦说明事物形式美的体验并非只来自事物形式自身，它与人的心理体验存在着深刻的对应性。

体育运动中有很多复合声音，除了人的声音、器械的声音，也有音乐声。由于运动场所一般都多人聚集，因此，运动场所的声音大多是噪音。但并不代表运动场所的声音没有审美意味，特别是观众的呐喊声和运动员的吼声。体育运动中观众的集体呐喊，非常有感染力。如足球比赛中，上万球迷一齐跳跃、高呼、鼓掌，掌声整齐划一、张弛有度，具有极强的节奏感，犹如一部球场交响乐。芭芭拉·艾伦瑞克分析了戏剧场域和体育场的差异后，认为"体育活动和竞赛可以当成集体欢腾的媒介，但就某一方面来看，至少比任何摇滚演唱会都有效。在戏院里举办的演唱会，每个人都面对着舞台，看不到其他人的脸，只看得见他们的后脑勺。但是，运动场是圆的，观众看到彼此的脸，便能互相感染情绪。人们说要去球场看克利夫兰布朗队、奥克

---

① 参见《朱光潜全集》编辑委员会《朱光潜全集》第1卷，安徽教育出版社1987年版，第508页。

② ［苏］康定斯基：《论艺术的精神》，查立译，腾守尧校，中国社会科学出版社1987年版，第34页。

兰运动家队、曼彻斯特联队比赛，但事实上也是去看其他观众，跟大家一起喊加油，一起感受在运动场上互相传递、不断累积的兴奋感"①。著名的"詹姆士—兰格外周情绪理论"主张：人通过行为表达情绪的同时，又能获得相应的情绪感受。观众和运动员都可以在呐喊声中获得"通感"，达到一种情感的想象。这种想象从形式上可转换成球场上的颜色，如一片穿着红色或黄色衣服观众的人的海洋。

对于个体而言，不论是运动员还是普通体育锻炼者，在体育运动中都喜欢在成功、失败或发力时发出吼声。这样做有四方面的益处：一是可以保持自己的呼吸节奏，更好地发力；二是可以缓解高度紧张的情绪；三是可以提振自己的精神，保持专注力；四是可以给对手精神上的压力和震慑。国内有研究显示，吼声发力比无声发力效果更好。有研究认为，发力时发出吼声还能刺激大脑皮质，挖掘肌肉潜力。吼声发力还可避免憋气发力对身体的不良影响。② 美国也有研究显示，网球运动员击球时大叫可增加3.8%的进攻速度。③ 而从审美角度看，运动者发出吼声还显示出坚毅的表情和情绪，给自己和他人以震撼和激励。运动过程中的成功和失败可以通过吼声，一次次对主体的本质力量形成肯定或起到唤醒的作用，不断地感受超越或追求超越。

二、体育形式美的组合规律

构成形式美的另一个要素是审美对象物质材料的组合规律。匈牙利哲学家卢卡奇·格奥尔格（György Lukács，1885—1971）说："形式把生活的素材组织成一个独立自足的整体，规定了它的速度、节奏、起伏、密度、流动性、硬度和软度；它强调那些可感受的重要部分而排除那些不太重要的东西；它将事物或者置于前台或者置于背景中，将它们组合成一个模式。"④ 卢卡奇指的形式，实际上就是形式美的组合规律。形式美的组合规律从各部

---

① ［美］艾伦瑞克：《街头的狂欢》，胡诉谆译，北京联合出版公司2017年版，第219页。

② 参见吕新颖《投掷发力伴随发出吼声的作用和机制》，载《北京体育大学学报》1996年第4期。

③ Cf. Callison, Berg & Slivka, "Grunting in tennis increases ball velocity but not oxygen cost," *Journal of Strength and Conditioning Research*, 2014, 28 (7), pp. 1915–1919.

④ 转引自刘象愚《卢卡奇早期的美学思想》，载《北京师范大学学报（社会科学版）》1991年第1期。

分之间的关系来看,包括整齐一律、匀称比例、对称均衡、反复节奏、对比映照等,而从整体来看,主要是多样统一规律。

(一) 整齐一律

整齐一律是形式美最简单的法则,又称"单纯一致""齐一""整一"。它表现在物质材料量的方面重复一致、整齐划一,即同一种形状、同一种色彩、同一种音响,重复出现而无所变化。黑格尔称之为"外表的一致性""同一形状的一致的重复"。他举例说:"在线条中,直线是最整齐一律的,因为它始终只朝一个方向走。立方体也是一个完全整齐一律的形体,无论在哪一面,它都有同样大的面积,同样长的线和同样大的角度。"① 整齐一律的形式美就是在单纯中见不到明显的差异和对立的因素,给人一种秩序感。

整齐一律在体育运动中十分常见,譬如集体性的徒手体操、广播操、队列队形、团体操等。这些大型集体项目,虽动作简单,但动作规范、整齐划一,简单中见精致,便具备了形式美的特点,给人以单纯感、质朴感、严肃感、庄重感。所有的集体项目中或因规则、或为了更显整齐,都会统一着装,包括统一的款式和统一的色彩。体育集体项目也是最能体现整齐一律形式美法则的活动,通过重复性的、规模巨大的形式,可以获得集体的归属感和认同感,从而对集体的情感表现出某种肯定,增加凝聚力。但集体项目也会因缺少变化而导致单调、沉闷。

而一些双人、多人的难美性体育项目,如双人跳水、双人蹦床、艺术体操、花样游泳等,难度比集体性项目大,虽然人数少了很多,但更能从人的本质力量方面展示审美意义和审美价值,给人以洁净感、清新感。体育运动中也存在一些需要连续重复同一动作的项目,如赛艇、龙舟等项目的划桨动作,既整齐合拍,又体现出一定节奏感。除了运动员的活动可以产生整齐一律的形式美,体育场地设施同样可以表现出这种形式美。如运动场的看台座椅、田径场的跑道线条、跑道上摆放整齐的跨栏架,都具有较强审美意味的形式美感。

---

① [德]黑格尔:《美学》第一卷,朱光潜译,北京大学出版社2017年版,第214页。

（二）均衡①

均衡是整齐一律的发展和变化，指事物的色、形、声等因素在构成审美对象时在空间关系上保持一种相对的稳定、对等的关系。与整齐一律不一样，在平衡对称中已出现了差异，同时在差异中又保持着一致，用黑格尔的话说就是："一致性与不一致性相结合，差异闯进这种单纯的同一里来破坏它，于是就产生平衡对称……要有平衡对称，就须有大小、地位、形状、颜色、音调这类定性方面的差异，这些差异还要以一致的方式结合起来。只有这种把彼此不一致的定性结合为一致的形式，才能产生平衡对称。"② 均衡主要有三种：对称均衡、重力均衡和运动均衡。整齐一律一般只涉及量，而均衡不仅涉及量，还涉及质，即事物均衡的形式可以是同量异质、等量异形。但体育运动中的均衡主要是同量同形，不论是人体、运动器械、场地设施，都主要是同量同形、对称均衡。

1. 对称均衡

对称，是将两个以上相同、相似的事物加以对偶性排列的形式美规律，对称既保持了整齐一律的长处，又避免了完全重复的呆板。赫尔曼·外尔（Hermann Weyl，1885—1955）在他的著作《对称》中指出："美和对称性紧密相关"，"平面上的圆，空间中的球，由于其有全部的旋转对称性，所以是最完美的几何图形"，"对称性，无论是从广义上还是从狭义上来定义，它一直都是人类试图理解和借以创造秩序、美及圆满的思想。"③ 对称有上下对称，但其主要形式为左右对称。如人体的耳、目、手、脚，体育建筑，体育场地等。

---

① 可能因黑格尔在《美学》中提到了"平衡对称"（黑格尔：《美学》第一卷，朱光潜译，北京大学出版社 2017 年版，第 214 页），所以很多美学教材把"平衡对称"作为形式美的组合法则名称之一。但我们认为在汉语语境中使用"均衡"比"平衡对称"更合理。因为，"平衡"与"均衡"是有区别的，"平衡"主要是在外力的作用下，各个力互相抵消，使物体成相对的静止状态；"均衡"是一种分配或分布的状态，是对立的各方面在数或量上相等或相抵。因此，"均衡"更符合形式美的内涵。此外，对称也是形式美均衡（平衡）法则的一种特征，有的教材把对称也称为"平衡对称"，使用"平衡"一词容易与上位概念混淆。

② ［德］黑格尔：《美学》第一卷，朱光潜译，北京大学出版社 2017 年版，第 214 页。

③ ［德］外尔：《对称》，曾怡译，重庆出版社 2022 年版，第 2-4 页。

人类对自身人体的赞美之词无穷无尽，而对称美的意识产生于远古人类的生活实践中。普列汉诺夫指出，原始人对人体的对称结构的重要性的认识乃是源于他们的生活经验。以狩猎为生的原始人，其生活方式使他们认识到人和动物的身体结构是服从对称规律的，"只有残疾者和畸形者的身体是不对称的"，并且正是这种生活实践"使得从动物界汲取的题材在他们的装饰艺术中占着统治的地位。而这使原始艺术家——从年纪很小的时候起——就很注意对称的规律"。具体而言，人体的对称，指的是"以一条线为中轴，左右（或上下）两侧均等"。[①] 人体五官的眉、眼、耳、脸颊，以及身体的手、臂、腿和足等都呈现自然的对称状态。人体的对称对身体的运动是非常有利的。日本科学家高木隆司在《形的奥秘》中指出："左右不对称形体对运动的控制不利，所以，不能很好地适应环境，这就是大部分动物保持左右对称的理由。"[②] 亦即是说，合规律性与合目的性的统一才产生形式的功能属性向审美属性的转化。

体育器材也基本上是对称的，因为体育器材都要在地面上或空气中移动，必须保持对称性，保证重心稳定、空气阻力小，才能有助于稳定和准确。如各种球、球拍等。体育活动大多是通过身体的重复性、连续性动作完成的，为了保证竞赛双方的公正公平，大部分体育场地和体育建筑必须是对称的，只有少部分体育项目的攻防双方的场地是不对称的，如棒垒球场。当然，为了公平，棒垒球攻防双方位置是互换的，从形式上看还是对称的。

2. 重力均衡

形式美的重力均衡规律源自物理力学中的杠杆原理，即重物与轻物因与平衡点（支点）的距离不同而保持平衡。在审美活动中，人们不可能（也没必要）用物理方法去测试重力平衡，而主要依靠人的感觉和心理经验。一般情况下，人的视觉对于大的、色彩浓的、光影暗的部分，就会产生重感，反之就产生轻感。体育运动中，人数、动作和位置也会出现不对称情况，如混双技巧中，"下面人"都是男性运动员，"上面人"则是女性运动员。但相较对称均衡，重力均衡在体育运动中少见很多，因为人体和器材的限制，不存在形状分布的变化、产生轻重感的动作难度往往比较大，需要更多的身体组织结构的参与。如单从人体结构来看，武术和体操中出现的重力均衡相

[①] [俄] 普列汉诺夫：《论艺术（没有地址的信）》，曹葆华译，生活·读书·新知三联书店1973年版，第38页。

[②] [日] 高木隆司：《形的奥秘》，谷祖纲译，兰州大学出版社1987年版，第144页。

对多一些，如当前在我国网络中流行的"叶问蹲"（单腿深蹲），就是重力均衡最直观的展现。体育运动中另外一个体现重力均衡规律的领域是运动场地的色彩搭配，例如，2007年澳大利亚网球公开赛一改之前网球场界内、界外的绿色配色方案，改为界内深蓝、界外浅蓝的配色，给人一种轻松、清新的感觉。

3. 运动均衡

运动均衡，即事物的均衡状态不断被打破又重新形成的过程。这里的均衡更接近于物理意义上的平衡，也称为"不平衡之平衡"。运动均衡，给人以协调感、运动感。比如，人在跑步时两腿轮流向前不断运动，身体始终不摔倒，就是一种运动均衡。除了运动中人体的均衡，运动均衡在体育运动中比较典型的情况还有足球阵型的变化。足球比赛中，双方的阵型都处于动态变化中，控球权的交替就是攻防均衡被不断打破的过程。阵型使用不当，不符合球队的具体情况，就会导致场上力量攻防失衡，导致输掉比赛。运动均衡的审美意义在于人们的心理体验被不断地搅动，始终处于激昂的状态。在这种状态下，庸常状态被解构，人们日常生存状态的意识形态被突破，人体重拾梦想、重返集体价值层面。这也是与艺术审美心理不同之处。艺术审美中，人们的心理状态更多的是趋于平静、趋向平衡。格式塔心理学派认为："每一个心理活动领域都趋向于一种最简单、最平衡和最规则的组织状态。"① 但阿恩海姆不这样认为，他说："但是，事实恰好与上述结论相反。我们看到，一个在肉体上和精神上没有受到疾病损害的人，并不是在不活动的状态中实现自己，而是在劳动、运动、变化、成长，向往、生产、创造、探索等活动中实现自己。那种认为生命是由那些想尽快结束自己的动机所组成的观点是毫无道理的。事实上，生命的最为突出的特征，有可能正好与此相反。它其实是代表着一种一反常态的本性，因为它总是通过不断地从周围环境中汲取新的能量来发动着对抗普遍的热力学第二定律的斗争。"②

在人类的生活中，平衡只能部分或暂时地获得，尽管人总是要设法把构成他生命状态的那些相互冲突的力量组织起来，尽可能使它们达到一种最佳的平衡状态。体育运动中，动态平衡的造型既有平衡的稳定感，又有变化的

---

① ［美］阿恩海姆：《艺术与视知觉：视觉艺术心理学》，滕守尧、朱疆源译，中国社会科学出版社1984年版，第37页。

② ［美］阿恩海姆：《艺术与视知觉：视觉艺术心理学》，滕守尧、朱疆源译，中国社会科学出版社1984年版，38页。

动态美。

（三）比例

比例源自数学，在形式美中，指一个事物整体与局部以及局部与局部之间的数理关系，也就是事物各部分之间要搭配得当、协调和谐。例如，我们平时所说的"匀称"，就包含了一定的比例关系。战国时期楚国文学家宋玉在《登徒子好色赋》中说的"增之一分则太长，减之一分则太短"就是指比例。毕达哥拉斯学派的医学家克劳迪亚斯·噶伦（今译作"盖伦"，Claudius Galenus，约129—199）认为，人的身体美就"在于各部分之间的比例对称"①。最后毕达哥拉斯学派还得出"美就是比例和谐"的著名结论。从古希腊开始，西方思想界、艺术界对比例的追求与认识从没停止过。后来，列奥纳多·达·芬奇（Leonardo da Vinci，1452—1519）也认为："美感完全建立在各部分之间的神圣比例关系上。"② 到1854年，德国数学家、实验美学家阿道夫·蔡辛（Adolf Zeising，1810—1876）提出了黄金分割律（The principle of golden section）。所谓"黄金分割"，即大小（宽长）的比例相当大小二者之和与大者之间的比例。列为公式是 $a:b=(a+b):a$。实际上大约为5∶3。蔡辛还把黄金分割律运用到人体。他认为以肚脐为界把人体分成上下两部分。上部从头顶到咽喉，从咽喉到肚脐；下部从肚脐到膝盖，从膝盖到脚掌。这上下两部分中所包含的比例关系，都是黄金分割的关系。近代，随着实验美学的发展，对事物比例的形式美研究也更加深入，如根据发音体的数量、琴体的长短、振动频率快慢来创造音乐的节奏美、音色美。

体育运动中由比例关系引起的美感，最突出的表现应为运动员的人体美。运动中，除表演性项目，大部分比赛服是短裤和紧身衣，人体的形式美得到了充分的展示。运动员展示出的人体美是一种整体美，也就是整体的和谐。黑格尔曾说："从本质上见出差异面的一种关系，而且是这些差异面的一种整体，……这些质的主差异面却不只是表现为差异面及其对立与矛盾，而是现为协调一致的统一，这统一固然把凡是属于它的因素都表现出来，却

---

① 北京大学哲学系美学教研室：《西方美学家论美和美感》，商务印书馆1980年版，第14页。

② 北京大学哲学系美学教研室：《西方美学家论美和美感》，商务印书馆1980年版，第13页。

把它们表现为一种本身一致的整体。各因素之中的这种协调一致就是和谐。"① 从比例上讲，人体美的比例协调不仅仅指身高方面的比例，而是身体各个部分的比例要协调。在生活中，我们常看到身高比例很协调的人，但细胳膊、细腿，难以给人全方位的人体美感。而运动员为了充分发挥身体的各种潜力，身体必须得到全面的训练，因此，运动员相对于普通人来说，人体的比例更协调一些。当然，不同运动项目对人体的要求不一样，整体性的人体比例协调也存在一定的差异。我们人类的人体构成存在富有差异性和多样性，从整体上形成"协调一致的统一"的和谐美应成为人类对自身的追求。正如蔡辛所说："身体美是产生于一眼能够全面看到的各部分协调的结果。"②

在体育理论研究中，不少学者在运动训练和教学中运用黄金分割律作了探讨。运用黄金分割法获得的健美女子理想体围标准比例是：身高为100，颈围为19.11，肩围为61.82，胸（常态）围为55.93，大臂（伸直）围为17.29，小臂围为16.38，腰围为38.18，臀围为52.94，大腿围为32.75，小腿围为20.23。根据这一比例，只要知道某女性的身高，用身高去乘以上各体围参数，就可获得健美女子不同部位体围的标准参数。③ 有学者认为，在武术拳套路编排中的应用黄金分割律，在高潮点使用运动专用配乐和增加运动吼声可促进审美主体情绪变化，彰显节奏的最佳张力效果。④ 这些研究对丰富体育理论和体育实践具有一定的参考价值。我们认为在美的事物中所包含的比例关系是有条件的。因为人们在美的创造活动中都是按照事物的内在尺度来确定比例关系。黄金分割的比例里面虽然包含了一定合理的因素，但还要和人的一定目的、要求结合在一起，从整体上发现美、创造美。

（四）节奏

节奏可以说是体育形式美中最重要、最核心、最体现体育特性的要素。节奏是事物运动过程中有秩序、有规律的反复连续，它由速度的快慢和力度

---

① ［德］黑格尔：《美学》第一卷，朱光潜译，北京大学出版社2017年版，第222页。
② 宗白华：《美学散步》，安徽教育出版社2006年版，第13页。
③ 参见田里《关于健美女子体围标准的研究》，载《中国体育科技》2001年第9期。
④ 参见刘同为、王昊宁《"黄金分割律"在武术套路编排中的应用》，载《中国体育科技》2009年第4期。

的强弱两种因素构成。节奏是我们宇宙的存在形式之一，大到脉冲星发射电磁脉冲的节奏，小到我们人体的心跳的节奏，可以说无处不在。郭沫若曾说："本来宇宙间的事物没有一样是没有节奏的：譬如寒往则暑来，暑往则寒来，寒暑相推，四时代序，这便是时令上的节奏；又譬如高而为山陵，低而为溪谷，陵谷相间，岭脉蜿蜒，这便是地壳上的节奏。宇宙内的东西没有一样是死的，就因为都有一种节奏（可以说就是生命）在里面流贯着。做艺术家的人就要在一切死的东西里面看出生命来，一切平板的东西里面看出节奏出来。"①

人类对节奏的认识，也是在实践中逐渐掌握的。普列汉诺夫曾说："对于一切原始民族，节奏具有真正巨大的意义。"② 他指出原始民族觉察节奏和欣赏节奏的能力，是在劳动过程中形成和发展起来的。原始人所遵照的节奏"决定于一定生产过程的技术操作性质，决定于一定生产的技术。在原始部落那里，每种劳动有自己的歌，歌的拍子总是十分精确地适应于这种劳动所特有的生产动作的节奏"③。而非洲黑人对节奏有惊人的敏感，"划桨人配合着桨的运动歌唱，挑夫一面走一面唱，主妇一面舂米一面唱"④。人类生活中的节奏往往是伴随劳动，为了协同动作，使劳动动作更准确，也可使人体动作更具经济性，从而起到减轻强度、缓解疲劳的作用。体育运动中的节奏，根据人体活动的影响因素和人体参与系统，可分为动作节奏、速度节奏、负荷节奏、生物节奏和比赛节奏。

1. 动作节奏

动作节奏是动作在时间上的组织，包括节拍和速度这两个方面。节拍是节奏的重要组成部分，是节奏中的强弱关系。在音乐中，节拍指有一定强弱分别的一系列拍子每隔一定时间重复出现。体育运动中，一些项目动作节拍有强弱之分，如表演性的艺术体操、花样游泳、武术等，另一些项目动作没有强弱之分，只有快慢之分，如游泳、跑步等，并且是一拍一动的。一拍两

---

① 郭沫若：《文艺论集》，人民文学出版社1979年版，第229页。
② ［俄］普列汉诺夫：《论艺术（没有地址的信）》，曹葆华译，生活·读书·新知三联书店1973年版，第38页。
③ ［俄］普列汉诺夫：《论艺术（没有地址的信）》，曹葆华译，生活·读书·新知三联书店1973年版，第39页。
④ ［俄］普列汉诺夫：《论艺术（没有地址的信）》，曹葆华译，生活·读书·新知三联书店1973年版，第37页。

动、两拍一动的动作相对较少。两拍一动，如打高尔夫球的挥杆动作一般是上杆两拍、下杆一拍。一拍两动或一拍多动主要出现在表演性项目，如武术项目中由动转静、由快转慢的动作中。速度是指完成动作的速率，也就是单位时间内完成的动作数量。

关于什么是动作节奏，杨文轩解释为："是动作的快慢、用力的大小、肌肉的收缩与舒张以及时间间隔的长短合理交替的一种综合特征。它与动作的时间特征、空间特征和动力学特征都有关系。动作的节奏在整体上联系着身体运动的各个环节。"[1] 他还认为："身体运动节奏还是重要的审美标志，身体运动美是其节奏好的表象，也是其他身体运动构成要素实现整体最优化的结果。"[2] 田麦久认为："动作节奏指在完成动作过程中的时间特征。包括用力的大小、时间间隔的长短、动作幅度的大小及动作快慢等要素。"[3]

2. 速度节奏

速度节奏主要发生在速度距离比赛项目中。福斯特（Frost）等人以中长距离项目为对象，将其划分为全冲型、慢起型、匀速型和变换型四种速度节奏类型。[4] 克里思·阿比斯（Chris Abbiss）等人在福斯特基础上将速度节奏分为六种类型，增加了消极节奏、抛物线型节奏两种类型。[5] 不过，后来人们发现这些分类并不能准确反映一些项目速度节奏的真实情况，如长跑比赛中的跟跑和游泳比赛中跟游。另外，除了以身体为质点运动的项目，还有些项目中身体局部也存在速度节奏，如武术套路比赛中手臂的运动，也会有速度和幅度等节奏要素在里面。

3. 负荷节奏

负荷节奏主要指单位时间内运动量和运动强度的关系。《体育科学辞典》的定义为：负荷节奏指训练过程中大、中、小训练负荷的交替安排，负荷量和负荷强度的变化序列，训练与恢复的协同组合训练过程中对负荷的科

---

[1] 杨文轩、杨霆：《体育概论》，高等教育出版社2005年版，第89页。
[2] 杨文轩、杨霆：《体育概论》，高等教育出版社2005年版，第89页。
[3] 田麦久主编：《运动训练学》，人民体育出版社2000年版，第236页。
[4] Cf. Foster, Schrager, Snyder, et al., Pacing strategy and athletic performance, *Sports Med*, 1994, 17 (2), pp. 77–85.
[5] Cf. Abbiss & Laursen, Describing and understanding pacing strategies during athletic competition, *Sports Med*, 2008, 38 (3), pp. 239–252.

学调控的重点之一就是对负荷节奏的把握。① 运动训练负荷包含负荷量、负荷强度、间歇形式和间歇时间等要素。负荷强度用负荷强度系数、生物学指标（心率、血乳酸、尿蛋白等）评定，负荷量用训练学指标（时间、次数、距离、重量）、生物学指标（红细胞数、血红蛋白、血清铁蛋白）评定。根据专项运动的发展阶段（基础训练、专项提高、最佳竞技、竞技保持）；结合负荷特点和运动员需求，设定负荷目标，科学监控，循序渐进，控制负荷节奏。②

4．生物节奏

生物节奏是指运动员机体的生物性变化规律，是运动训练周期安排的主要依据之一。徐本力指出："生物节奏是人和所有生物体固有的一种具有时间性变化规律的生命现象，它一方面与自然节奏、宇宙节奏有关，另一方面又周期性、节律性影响人体的机能状态（包括竞技状态）和行为的表现，是负责维持机体内环境稳定的动态平衡和保证机体能源最节省地利用的基本机制。"③ 徐本力还对运动员的多年生物节奏、全年生物节奏、多天生物节奏、日生物节奏进行了研究。

孙学川对生物节奏定义为：根据运动员的生物时间结构（生物节奏）规律和特点，制定和实施运动训练的方法。其基本内容包括生物节奏调整训练，含按既定时间目标进行的节律峰相位超前（提前）和滞后（推后）的调整训练；时差服习训练，含出发前在原住地进行的前服习（pre-adaptive modulation）训练和达到比赛举办地后进行的后服习（post-adaptive modulation）训练；择时训练，即在特定的时间（时期）里实施的训练，含正性择时训练（即主要在运动员的机能状态处于高峰时相期间实施训练）、负性择时训练（即着重在运动员的机能状态处于低谷时相期间实施训练）、组合择时训练（即正性和负性择时训练之组合）。④

人作为一种自然存在，生命机理和生命现象是有一定规律的，按人体生物节奏进行锻炼，本身就是一种合规律的运动。因此，按照人的生物性规律

---

① 参见中国体育科学学会、香港体育学院《体育科学词典》，高等教育出版社2000年版，第75页。
② 参见田麦久、刘大庆主编《运动训练学》，人民体育出版社2012年版，第40－51页。
③ 徐本力：《运动训练学》，山东教育出版社1990年版，第154页。
④ 参见孙学川《运动时间生物学》，四川教育出版社1994年版，第285－288页。

进行运动，不论是在生理上，还是心理上，都更容易激发审美的情趣。

5. 比赛节奏

比赛节奏是技术、战术在时间和空间上的综合反映，体现在体力分配、技术衔接、层次布局、战术配合等方面，反映着不同竞技元素组合变化的时空特征，包括用力大小、时间间隔长短、动作幅度大小和方向及动作快慢等要素。比赛节奏可分为进攻节奏、防守节奏、攻防转换节奏、技术节奏、战术节奏等。从审美角度看，技术节奏和战术节奏更具审美意味。技术节奏，除了其动作模式本身所具有的节奏外，还表现在运动员是否能够准确地判断自己所处的空间位置，合理地分配及把握动作的实施时间，把时间和空间有机地结合起来。战术节奏分为进攻战术和防守战术节奏。在比赛节奏中强调要快慢结合，根据比赛临场情况具体安排节奏的变化是关键。慢节奏中强调要打高成功率，取得场上主动权；快节奏中要突出时间特点，打对方的时间差。

节奏美不美可以用格式塔（完形）心理学的"同形同构"或"异质同构"理论来阐释，这一派别的代表人物就是阿恩海姆。人之所以能够产生审美感受，就在于客观事物的形式与人的内在心理结构之间存在着同形同构或异质同构的适应关系。他把物理学中的"场理论"运用到心理学研究中来，认为人本身存在着心理力场，并且通过实验证明这个心理力场（包括审美心理场）与物理世界的力场是同形同构的，能够达到"整体的内在统一"[①]。从阿恩海姆的理论，我们可以得出这样的结论：节奏能不能给予人以精神愉悦（美），就在于人的心理力场与对象的节奏力场是否"同形"、合拍。

体育节奏美与其他艺术形式的节奏美不一样，其他艺术如绘画、音乐、影视的节奏美主要体现为优雅、宁静，虽然也有激荡、紧张，但都没有体育运动中的节奏急促、强烈。体育节奏美的特质是宣泄与回归。随着社会经济、科学技术的发展，人类进入了工业化、信息化的快速运行的社会状态，而这种社会状态给人们带来了孤独、狂躁、紧张、无序的负面情绪。但体育节奏的明快，让人们拨开生活的压抑；体育节奏的有序，让人们思绪不再混乱，变得清晰；体育节奏的强烈让人们不再平庸，让如死水一潭的心绪重新被激活。最终让参与者产生积极向上、热情澎湃、勇往直前的情绪和心境。

---

① ［美］阿恩海姆：《艺术与视知觉：视觉艺术心理学》，滕守尧、朱疆源译，中国社会科学出版社1984年版，第625页

（五）多样统一

多样统一，或称"协调""和谐"，是寓变化于整齐。它是上述形式美规律的集中概括和总体把握，是唯物辩证法最基本的规律——对立统一规律在人类审美活动中的具体表现，所以，它是形式美规律的高级形态，或者说是形式美的总法则。多样统一不同于上述各项形式美法则主要处理局部之间的关系，它着眼于全局整体，往往具有宏观把握的意味。它要求美的对象的各部分之间，既保持各自的个性特征呈现千差万别、丰富多彩的变化，又要求它们彼此之间保持某种关联、呼应、衬托、协调的内在的有机联系，消除对立，构成一个统一的整体。也就是说，各个部分都要服从整体的要求，为整体的和谐服务。黑格尔说："各因素之中的这种协调一致就是和谐。和谐一方面见出本质上的差异面的整体，另一方面也消除了这些差异面的纯然对立，因此它们的互相依存和内在联系就显现为它们的统一。"① 多样统一实际上概括了上述形式美法则的各种类型，既包含了对称、平衡、整齐一律等和谐统一的方面，又容纳了对比、比例、节奏等变化多样的方面，它避免了只讲整齐统一的呆板、单调，又避免了只讲变化多样的杂乱，并使双方完美地结合了起来。古希腊人早就注意到这一法则，认识到"和谐是杂多的统一，不协调因素的协调"②。布鲁诺认为："美表现于各种不同部分的结合中，美就在于整体的多样性。"③

从运动训练学看，身体练习本身包括身体姿势、运动的轨迹、练习的时间、练习的速率、练习的速度、练习的力量和练习的节奏七大要素。这七大要素也是体育形式美的要素，每一个体育动作都离不开这些要素。要将这些要素和谐统一地表现出来，必须符合美的规律，才会给人美感。我们常常评价一个运动员的技术动作"如教科书般规范"，就是指达到了真、善、美的和谐统一。人的身体动作结构非常复杂，且动作与动作之间环环相扣，牵一发而动全身，甚至一次呼吸、一次心理活动都会影响动作的完成。人类科技已初步进入人工智能时代，但目前，即使是最高水平的智能机器人也无法做

---

① ［德］黑格尔：《美学》第一卷，朱光潜译，北京大学出版社2017年版，第222页。
② 北京大学哲学系美学教研室：《西方美学家论美和美感》，商务印书馆1980年版，第14页。
③ 周忠厚：《美学教程》，齐鲁书社1988年版，第181页。

出人体的大部分动作。人体的每一个动作都堪比一次超级计算，都是一次创作。

体育运动中，除了人体运动作的和谐统一是美的。运动场境和运动环境也具有很强的寓意情趣。运动参与者（包括运动员和观众等相关人员）之间的互动性是其他审美活动难以比拟的，运动参与者与环境的融合也是其他审美活动难以比拟的。运动场境中，不论是运动员还是观众，每位参与者都是比赛的指挥者，都是比赛的裁判员，都是比赛的运动员，心里都有对比赛的规划。跟随比赛的节奏，时而安静，时而呐喊，场上场下的人都融入其中。运动环境中，人与运动场地的融合，也是多样统一的和谐美。不论是户外运动还是场地内运动，因人的融入，线条不再死沉，色彩不再单调，场地不再寂静，一切都活了。

思考题

1. 什么是体育形式美？体育形式美的特征是什么？
2. 怎么在体育运动中运用体育形式美的组合规律？

第七章 体育社会美

第一节 体育社会美的概念与特征

一、体育社会美的概念

社会美,是指社会生活中的美,存在于社会生活的各个领域,如经济、政治、文化、道德以及人的衣食住行、交际往来等各方面,包括劳动美、人际关系美、生活美、身体美等。从狭义上讲,体育社会美主要指生活美,因为体育已成为现代人生活的一部分,即使是竞技体育,也是人们生活中和一种文化活动。从广义上讲,体育作为人类社会的子系统,体育社会美又涵盖社会美的大部分领域。

在西方美学史上,有自然美、艺术美的概念范畴,却没有"社会美"这个术语。在美学著作中一般不讨论社会美,或在与艺术美或自然美有关联时才间接地进行一番讨论。19世纪俄国著名美学家车尔尼雪夫斯基、别林斯基等均提出过现实美的概念。以今天的眼光看,他们提出的现实美大致包括了自然美和社会美两种形态。康德在《判断力批判》中、黑格尔在《美学》中也讨论过艺术美和自然美的区分,却没有涉及社会美这一美学形态。西方美学史没有提出"社会美"这个概念,可能与它对"自然"和"社会"这两个词的语义理解相关。在西方哲学史上,"自然"一词从广义方面理解,它与宇宙、物质、存在、客观实在是同义的。广义的自然实际上包括了人类社会,只是在狭义的理解上,自然才与人类社会相区别,因此自然美从广义方面理解,是包含了社会美的。如古希腊哲学家德谟克利特(Democritus,约前460—前370)关于人的美与内在本质关系的看法,柏拉图关于心灵美与身体谐和一致是最美的境界的看法,都涉及社会美的问题。德国古典美学所论及的许多问题，实际上也是与社会美问题相关的。比如，歌德提出的"道德美"的概念，黑格尔提出的"伦理的美""自由的美"的概念，等等，都触及社会美的一些基本问题。法国美学家库申提出物质美、智性美、道德美的区分，车尔尼雪夫斯基提出"美是生活"的著名命题，也涉及社会美问题。

中国古代美学也没有"社会美"这个形态。但中国古代美学对社会美的问题却是非常关注的。在先秦时期，儒家美学探讨的一个重点，就是美与社会、美与人际关系和谐的问题。孔子提出"诗可以兴，可以观，可以群，可以怨"（《论语·阳货》），就包含了对诗歌的社会功能的肯定。儒家提出"礼乐教化"问题，核心也是在于实现人与社会的和谐。庄子的"德有所长而形有所忘"（《庄子·德充符》），荀子提出的"相形不如论心"（《荀子·非相》），都是注重人的德行和精神的美。这些都属于社会美关注的范畴。在我国当代美学研究中，社会美已成为一个基本的美学范畴，社会美问题受到广泛重视。许多美学著作都认为，由于美的本质突出地表现出社会性，所以社会美就成为美的最直接、最普遍的存在形式。比如，实践派美学的代表人物李泽厚认为，虽然美学一般很少谈社会美，但实际上它非常重要，"因为社会美正是美的本质的直接展现"①。

社会美的研究非常有现实意义，这不仅是因为人是社会的存在，人们的审美观念和审美意识常常通过社会性的事物和行为方式体现出来，而且随着人类社会和科学技术的发展，人类的社会形态也发生着变化，新的社会事物和社会现象层出不穷，人类的生活环境和生活状态也发生着急剧的变化，如何让人类个体更和谐地生存和发展是当今社会人文科学需要思考的课题。目前，我国社会美研究也存在着滞后和简单化的倾向，习惯于只从客体对象来理解和定义社会美，或把社会美说成是"现实生活中事物的美"，或者说成是"社会生活的美""社会现象的美""美的社会事物"，等等，甚至把社会美的追求与个体生命的体验对立起来，这显然未能全面把握社会美的内涵。社会美作为一种人类的审美对象，与个体的生命体验、美的理想、美的意识是分不开的，是主体、客体有机的统一。

综上所述，体育社会美是体育运动中审美主体与客体的和谐自由。体育社会美的追求，既应与人的整体发展需要相谐和、相一致，又应转化为审美主体个体心灵的自觉，与追寻人类生命存在的真谛统一起来。

---

① 李泽厚：《美学四讲》，长江文艺出版社2019年版，第69页。

二、体育社会美的特征

体育作为社会生活的一部分，也包含了各种各样的社会现象和社会事物、精神活动，但并不意味着这些活动现象都是美的，只有那些体现了合规律性、合目的性的才具有审美价值。正如车尔尼雪夫斯基认为"美是生活"，但只有"理应如此的生活"（符合历史发展趋势的）、"我们所理解和希望的生活"（体现人类社会进步的美的理想和愿望）、"使人怀念的生活"[①]才是美的。因此，体育社会美有以下三方面特征。

（一）以内容取胜，重在内容的美

与体育形式美的形式独立成美相较，自然美偏重于形式的美，体育社会美则偏重于内容的美。体育社会美既要体现社会客观规律的历史必然性（真），又要反映出人对社会实践的需要、目的和尺度（善），是真与善的统一。体育社会美的内容与形式的关系同社会生活中其他事物的内容与形式的关系是一致的，即内容是决定事物性质的基础方面，形式是为内容所要求的存在方式，因而内容决定形式，形式为内容服务；同时，形式的优劣影响制约着内容的表达。例如，跳高的方式制约着跳高的能力，背越式比跨越式更能反映跳高技术的发展规律，也更能提升跳高成绩，也就是更能体现真与善的统一。但同时，不论采用何种跳高的形式，起主要作用的，或者说起决定性作用的还是运动员自身的跳跃能力。并且，跳高不能用短跑技术助跑，这就是内容决定形式、形式要服务于内容的直接体现。

（二）鲜明的时代性

社会美与自然美、艺术美有所不同，它不是以静态的成果形式而是主要以动态的生活过程展现在人们的眼前，所以具有显著的时代性特点。社会美以理想的形态存在，在不同的时代、不同的社会，存在着不同的审美理想和追求。社会美是历史生成的，它的理想和标准是随着时代、社会、阶级、民族的变化而不断生成变化的。社会美具有历史的尺度，不同的时代会形成不同的社会美的标准。李泽厚说："苏格拉底曾认为实用的粪筐比无用的金盾

---

① 北京大学哲学系美学教研室：《西方美学家论美和美感》，商务印书馆 1980 年版，第 242 页。

要更美，虽然这并不对，但在远古可以是历史事实。"① 社会美的形成是一个历史过程，它带有鲜明的时代特色，常常因为其厚重的历史沉积而显现出美的光辉。对社会美的评价尺度和标准也是不断变化的。体育的社会功能也随着社会的发展在变化，体育社会美的时代标准也在改变。例如，古代奴隶那种毁灭性的角斗场面不会成为当今社会的正式盛典。欧洲文艺复兴时期，体育成为权力的基础。比如，弗朗索瓦一世经常在马里尼昂举办狩猎比赛、网球赛、马上长枪比武、骑士比武或投掷长矛比赛。孔武有力的比武冠军查理五世在马德里或瓦拉多利德的比武中也常被描绘成圣乔治再世，因其精湛的骑术而弥补了身材矮小的不足。他的那些肖像充满了各种象征：手执盔甲和长矛，身体前倾做进攻状，披甲的马匹开始疾驰。权力有其身体的面相：强壮必须可见，肌肉要很发达。② 所以，在这个时候，体育在欧洲国家的权力层具有很强的政治意味，对体育的审美也带有阶级性。车尔尼雪夫斯基曾说："普通人关于美的概念，在许多场合是同社会上有教养阶级的概念不一样的。"③ 在我国体育的功能也随着社会的发展而变化，体育审美的内容也在不断变化。从容国团为我国夺得第一枚金牌，摘掉"东亚病夫"的牌子，到为国争光的女排精神，再到新时代满足人民对美好生活的需要，体育审美的内容、理想、意味都发生了很大的变化。不过，体育社会美的时代性、阶级性特征，最终都要服从人类生命存在的需要，与人类社会追求进步、和谐生存的理想相一致。

（三）明显的功利性

体育社会美有明显的功利性，突出地表现为它内容的善。突出内容善、侧重内容美，必然突出实用功能。但是，精神生活领域中的美的功能，并不直接表现为物质上的实用，而是精神上的"实用"，即直接具有树立先进的理想、积极的生活态度、高尚的道德品质、顿悟人生真理和人生价值、激起生活激情等功能。这些精神上的实用功能的实现，当然也应该，而且必须通过审美功能来完成。发端于改革开放初期的女排精神，在那个国门刚刚打开

---

① 李泽厚：《美学四讲》，长江文艺出版社2019年版，第71页。
② 参见［法］维加埃罗《身体的历史》，张泣、赵济鸿译，华东师范大学出版社2019年版，218页。
③ 北京大学哲学系美学教研室：《西方美学家论美和美感》，商务印书馆1980年版，第225页。

的时代，中国女排以她们无畏的拼搏精神登上巅峰，向世界证明了"中国人能行"。1981年，中国的跳水、体操和乒乓球取得了许多辉煌，但排球因其集体作战的形式，及其对抗的激烈程度，还是带给国人最深的触动。当年，北京大学学子喊出"团结起来，振兴中华"的口号。这一年，中国男排取得世界杯参赛资格；中国女排以七连胜首夺世界杯。中国人的自尊、自强在排球赛场酣畅淋漓的扣杀中，得以体现。① 2019年9月30日，习近平总书记在会见中国女排代表时，高度赞扬中国女排"在赛场上展现了祖国至上、团结协作、顽强拼搏、永不言败的精神面貌"，强调"实现体育强国目标，要大力弘扬新时代的女排精神，把体育健身同人民健康结合起来，把弘扬中华体育精神同坚定文化自信结合起来，坚持举国体制和市场机制相结合，不忘初心，持之以恒，努力开创新时代我国体育事业新局面"。②

从表现形式看，自然美与艺术美侧重于陶冶情操、怡情养性、娱乐休息的精神性功利，对人类社会的发展产生间接作用。而社会美主要体现为精神的实用功利和物质的实用功利，其作用是直接的。无论从功利的性质，还是从表现形式进行考察，体育社会美都强调实用的功效和实际利益，并且表现得强烈而直接。

三、体育社会美的存在形态

社会美作为一种审美对象，它首先是一种感性现实的存在，可以作为人类社会发展的感性现实成果而显现在人们面前。雄伟壮丽的万里长城、巍峨庄严的金字塔，它们作为劳动者智慧和成果的感性诗意展示，会唤起人们的美感。在日常生活中，社会美作为一种审美对象，也可以以宜人的生活方式体现出来。勤奋地学习、努力无私地工作、和谐温馨的家庭、美满幸福的婚姻、甜蜜浪漫的爱情、深厚执着的友谊，等等，都可以作为社会美的对象存在，唤起人们感性诗意的体验。美的社会环境也是感性诗意的存在，它可以使人们感受到美的心灵。随着"绿水青山就是金山银山"的思想逐渐深入人心，我国的生态环境正在发生巨变，城市建设园林化、乡村生态花园化，

---

① 参见舒胜芳：《改革30年体育年鉴之女排精神 国人经久不衰的狂热》，见新浪网（http://sports.sina.com.cn/o/2008-12-29/03004146392.shtml），2022-10-10。
② 《人民日报》评论员：《大力弘扬新时代的女排精神：论中国共产党人的精神谱系之十四》，载《人民日报》2021年9月5日，第1版。

这些实实在在的变化可以窥见国家文明程度提升，也可以感受到人们美的修养和精神气质。在社会中从事交往的人的仪态、举止、言谈、风度，也是社会美的重要内容，成为衡量一个社会的文明教化程度和美丑的重要标志。

体育社会美广泛地存在于人们的社会生活领域，但是，我们决不能只看到体育社会美功利性的一面，体育社会美应是以理想的形态存在于人类社会生活中，以理想的光辉来昭示和感染人。体育社会美存在的价值，就在于要以美的理想来引导人生，使人们能真切地体会到人的社会存在的意义和价值。恩格斯说："在社会历史领域内进行活动的，全是有意识的，经过思虑或凭激情行动的，追求某种目的的人；任何事情的发生都不是没有自觉意图，没有预期的目的的。"① 人们对体育的审美应是有目的的，在理想范式引导下进行的，人们总是怀着美的理想来创造社会和创造未来。体育社会美的价值，就存在于为理想而奋斗的过程中。体育的理想应是对生命本体的关怀和生命的自觉，从体育日常的道德规范和行为，到对自身生命的观照，最终达到精神上的升华。据此，本章接下来的五小节将分别对体育人文精神美、体育精神美、运动美、体育场境美、体育仪式美等体育社会美的形态作进一步的探讨。

第二节　体育人文精神美

一、人文精神的含义

人类经过长期的发展后，在对自身思想和精神成果的总结和归纳过程中，逐渐对"人文"一词赋予了丰富的内涵。长时间以来，"人文"是一个具有多重含义的词汇，对其具体所指至今尚未形成定论，我们认为这是人文的内涵所决定的。人类文明的人文思想和精神应该是发展的、动态的、开放的、包容的。人类对"人文"一词的定义也呈现多样性，并且中西方各有侧重，既有共性，也有分歧。中文"人文"一词最早见于《周易》："观乎天文，以察时变；观乎人文，以化成天下。"这里的"文"，取纹理、迹象、规律之义；"人文"与"天文"一词对举成文，用以指代礼乐教化。丁永忠

---

①　[德] 马克思、[德] 恩格斯：《马克思恩格斯选集》第 4 卷，中共中央马克思恩格斯列宁斯大林著作编译局译，人民出版社 2012 年版，第 253 页。

指出,"观乎人文,以化成天下",着重强调的是通过对人类进行文明礼仪的教化,使人性"恶"的部分得以约束和化育,让人人具备高尚的道德情操,最终实现整个社会的和谐。① 宋代《伊川易传》将其释为:"人文,人之道也。"这里的"人文"开始有人伦道德之义。唐代李贤认为:"人文尤人事也。"(《后汉书·公孙瓒传论》注)在他看来,"人文"主要指如何妥善地应对和处理与人有关的一切关系。到了近代,"人文"被扩展为描述诗歌、书籍、仪式和音乐等各种文化现象,这些都是建立在人的情感体验、道德规范和内在精神上的。现代意义上的"人文",主要表现为知识、情感、信仰和价值追求,包括人们对人生理想信念的追求,对善良、诚实和道德的赞美,并通过自身的文学、艺术、哲学等诸多人文知识来体现。尽管"人文"内涵不断变迁,但从范畴意义的倾向来看,它仍然是人类文化的重要主导。这些文化现象的核心在于寻求和探索人类存在的意义和价值,具有价值导向性和规范性。

在西方,"人文"一词的演化有着鲜明的时代印记。古罗马西塞罗是西方文化史上第一个意识到人文主义内容及其价值的人,他用拉丁文中的"Humanitas"对其定义。该词继承了希腊语"Paideia"的含义,即对理想人性的培养和高雅艺术的训练。② 在这里,西塞罗所阐述的"人文"更倾向于"人性"。这里的"人性"不仅意指良好的鉴赏力、优雅的举止,而且也蕴蓄艺术、文学和科学上更高的教养,是人区别于野蛮动物的文化性。③ 今天我们使用的"人文"一词,更接近于文艺复兴时期出现的 Humanism 传统。在汉语中,这个词有两个相近但又有所不同的含义,分别被译成"人文主义"和"人道主义"。前者凸显人文方面的才情和知识,后者与人性和美德伦理有关。

从中西方"人文"一词的起源和发展来看,"人文"既是一种文化、也是一种启蒙和教化,是个体通过这类教化和启蒙所达到的一种自我实现和完善。在西方语境下,该词既有文化、教化、教养和文雅之义,也包含人性、人格、人情和仁爱。"人文"一词基本上包含"人"和"文"两层含义。前者往往等同于"人性"(humanity),后者是为培养这种理想的人性而设置的

---

① 参见丁永忠《人文:一个与"人和人性"有关的文化概念:古今"人文"考》,载《重庆教育学院学报》2005 年第 2 期。
② 参见吴国盛《科学与人文》,载《中国社会科学》2001 年第 4 期。
③ 参见吴国盛《科学作为希腊的人文》,载《哲学分析》2015 年第 2 期。

学科和课程，经常被视为"人文学科"（humanities），这二者不是分离的，而是紧密结合、相互成就的：学科意义上的人文总是服务于理想人性意义上的人文，或者说是相辅相成的。①

在不同文化背景和不同历史阶段，这两个方面可能会得到程度不同的强调。当"文"这一方面得到重视时，人文就可能更多地关注人文学科和人文教育，尤其是文学、历史和哲学学科的建设。而当强调"人"这一方面时，可能是"文"这方面的落实工作做得不够。1996年我国把体育学列为一级学科，1997年在体育学下设体育人文社会学等四个二级学科。体育人文社会学的设置，推动了我国体育界对"人"的研究，加深了体育人文内涵的认识，体育学也逐渐回归人文学科的本位。当然，不论是哪一方面得到重视，"文"始终要服务于"人"，坚强人的理想信念、升华人的价值追求、完善人的思维方式、提升人的道德规范、丰富人的人格情怀等，也就是要培育人的"人文精神"。

那什么是精神？从文化学角度考察，文化的结构有深浅不同的三个层面：最外层是器物层，中间层是制度层，最内在的核心是观念层。对应这三个层面，文化也就分为物质文化、制度文化和精神文化。精神文化由价值观念、思维方式、道德情操、审美趣味、宗教感情、民族性格等因素构成，是文化整体的核心部分。马克思主义认为，所谓精神是指"同物质相对立、和意识相一致的哲学范畴，是人的意识、思维活动和一般心理状态的总称"②。《辞海》解释，"精神"是"哲学名词。指人的意识、思维活动和一般心理状态。"张岱年指出："何谓精神？精神本是对形体而言，文化的基本精神应该是对文化的具体表现而言。就字源来讲，'精'是细微之义，'神'是能动的作用之义。"③"精神"是指文化的精粹和精髓，属文化的核心层。黑格尔认为"当理性确信其自身即是一切实在这一确定性已上升为真理性，亦即当理性已意识到他的自身即是他的世界，他的世界即是他的自身时，理性

---

① 参见吴国盛《科学作为希腊的人文》，载《哲学分析》2015年第2期。
② 李淮春主编：《马克思主义哲学全书》，中国人民大学出版社1996年版，第306页。
③ 张岱年：《中国文化的基本精神》上，载《党政论坛（干部文摘）》2015年第9期。

就成了精神"①。"既认识到自己即是一个现实的意识同时又将其自身呈现于自己之前〔意识到了其自身〕的那种自在而又自为地存在着的本质,就是精神"②。从宗教思想看,精神这个词具有一种神圣的内涵,蕴含着某种形式的宗教戒律。美国后现代主义哲学家大卫·雷·格里芬（David Kay Griffin, 1939—2022）认为："我们用它来指称我们据以生活的终极意义和价值,不管这些价值和意义是神圣的还是非常世俗的,不管我们是否在有意增加我们对这些价值和意义的信奉……当然,人们往往习惯于在一种更严格的意义上使用精神这个词,把它当作是一种事关终极意义和价值而非权利、享乐和财富的生活取向。"③

中文的"人文精神"是一个地道的汉语词汇,具有丰富的语境和时代意义。很难从英语中找到一个词完全与它对应。中文的"人文精神"比西方的"人文主义"（humanism）、"人文教育"（humanities）的含义更宽泛、更灵活,内涵稳定,外延更模糊。中文"人文"与"自然"对举,而humanism的词源humanus一词在拉丁文中指文明和教养（特指受过古希腊文化熏陶和教养的罗马人）,与"野蛮"对举。所谓的人文主义（humanism）,意义包含两个方面:一是指接受文明的熏陶;一是指人的价值和尊严。西方进入21世纪后,humanity的概念经历了对于现代性的反省,进一步与"科学主义"对举。人文精神不但包括了人文主义的合理方面,更包括了对于整个社会的一种理想的文明状态的描述和追求,其核心是"自由"。这种"自由"是历史的、发展的。马克思认为："'历史'并不是把人当作达到自己目的的工具来利用的某种特殊的人格。历史不过是追求着自己目的的人的活动而已。"④ 人文精神从根本上是为了人的自由而全面的发展,其实质就是妥善处理个人、群体、民族、国家、人类、自然界之间的种种矛盾,不断使人类从必然王国向自由王国发展。

---

① ［德］黑格尔：《精神现象学》下,贺麟、王玖兴译,商务印书馆1981年版,第1页。

② ［德］黑格尔：《精神现象学》下,贺麟、王玖兴译,商务印书馆1981年版,第2页。

③ ［美］格里芬：《后现代精神》,王成兵译,中央编译出版社1997年版,第1-2页。

④ ［德］马克思、［德］恩格斯：《马克思恩格斯全集》第2卷,中共中央马克思恩格斯列宁斯大林著作编译局译,人民出版社2016年版,第118页。

二、体育人文精神的含义

(一) 西方体育人文精神的内涵

西方体育人文精神起源于古希腊,古希腊《荷马史诗》中关于贵族理想就是"永远争取夺冠,争取超过别人",这也是西方竞技体育人文精神的思想源泉。苏格拉底认为,勇敢的形成是通过体育与竞争来实现的。他说:"不能表现身体的力量和美是一种耻辱,每个市民绝不能成为体育的门外汉,应具有最坚实的身体条件,一旦国家危急便能随时挺身而出,尽自己保卫国家的义务。"①

柏拉图强调陶冶灵魂比发展身体更为重要,他说:"因为凭一个好的身体不一定就能造就好的心灵、好的品格。相反,一旦有了好的心灵、好的品格,那么就能使天赋的体质达到最好。朴质的音乐文化教育则能产生心灵方面的节制,朴质的体育锻炼产生健康的身体。"② 亚里士多德建立了人类教育的四大基本内容:"德、智、体、美"教育。在他的教育四分类中,体育已经被单独列出来。他认为:"习惯上教育大致可以分为四种,即读写、体育、音乐和有些人加上的绘画。读写和绘画知识在生活中有许多用途,体育锻炼有助于培养人的勇敢。"③ 他坚信,理性的灵魂必须以健康的身体为条件、基础,因此,他说:"既然在教育方面习惯先于理性,身体先于思想,由此,显然预先应把儿童交给体育教师和角力教师,这些人分别能造就儿童的体质和教给他们身体方面的本领。"④ 可见,身体运动在亚里士多德的教育思想中占据了重要的地位。

经过黑暗中世纪的禁锢,文艺复兴开启西方体育人文精神的萌芽。意大利著名的人文主义教育家维多利诺(Vittorino da Feltre, 1378—1446)创建

---

① 体育史编写组:《体育史》,人民教育出版社1990年版,第18页。
② [古希腊]柏拉图:《理想国》,郭斌和、张得明译,商务印书馆1986年版,第111–113页。
③ [古希腊]亚里士多德:《亚里士多德全集》第九卷,苗力田主编,中国人民大学出版社1994年版,第273页。
④ [古希腊]亚里士多德:《亚里士多德全集》第九卷,苗力田主编,中国人民大学出版社1994年版,第275页。

了孟都亚宫廷学校,即所谓的"快乐之家",进行人文主义教育。他在学校里非常重视身体锻炼,倡导体育与德育并重。他认为:跳舞、赛跑、游泳、游戏等项目非但不会损害身体,相反可以促进学生的健康发展,使其意识到健康的精神寓于健康的体魄中。他对体育的重视是基于他对人性的发展和理想教育的理解。他指出:"人由身心构成,故人的发展应包括身体的发展,理想的完全的教育因之也应包括体育在内,而不只是进行心智训练。身体训练的目的不是为了使学生获得某些专门的体育技能,而是为了增强体质,培养学生吃苦耐劳的习惯,锻炼学生使之具有坚强的意志。"① 到了启蒙运动时期,现代西方体育人文精神思想已见雏形。法国十八世纪启蒙思想家、哲学家、教育家让－雅克·卢梭(Jean-Jacques Rousseau,1712—1778)在《爱弥尔》中对体育教育进行了理论构架,并提倡培养人的全面发展,推动了人们对体育的理论研究和实践。他把体育看作一切教育的基础,"教育最大的秘密是使身体锻炼和思想锻炼互相调剂"②。他把身体的教育与理解力的形成联系起来,并认为人的理解力并不是脱离身体而独立形成的,而是有了良好的体格才能使人的思想敏锐。他认为:"在锻炼中,人们学会了怎样使用自身的体力,明白了自己的身体同周围物体的关系,学会了怎样去掌握那些适合于人们的器官使用的自然工具。"③ 启蒙运动时期的西方体育人文精神强调个人的最大快乐,"体育趣味"成为开创体育新文化运动的巨大推动力,为体育运动的广泛开展提供了更为强大的思想和社会基础。

18—19世纪是西方新人文主义的发展时期,康德、黑格尔等思想家、教育家在哲学研究的基础上开始对人的全面发展进行思考。德国哲学家约翰·戈特利布·费希特(Johann Gottlieb Fichte,1762—1814)在《对德意志民族的演讲》中指出:"体育的实施必须符合学生的生理发展规律,使他们的身心发育同步前进,以增加健美,并适时地陶冶各自的个性。利用体育培养学生的吃苦耐劳和努力奋斗的优良习惯。"④ 赫伯特·斯宾塞(Herbert Spencer,1820—1903)在《教育论:智育、德育和体育》书中第四章以

---

① 吴式颖、任钟印:《外国教育思想通史》第4卷,湖南教育出版社2002年版,第102页。

② 胡小明:《体育人类学》,广东人民出版社1997年版,第128页。

③ [法]卢梭:《爱弥尔》,李平澍译,人民教育出版社1985年版,第150页。

④ [德]费希特:《对德意志民族的演讲》,梁志学译,辽宁教育出版社2003年版,第135页。

"体育"为题,提出了科学锻炼的思想,这与英国哲学家约翰·洛克(John Locke,1632—1704)、法国哲学家卢梭的自然体育观相比,斯宾塞向前迈进了一大步。这个时期,西方近代体育人文思想开始形成。到了20世纪,约翰·杜威(John Deweg,1859—1952)、皮埃尔·德·顾拜旦(Pierre De Coubertin,1863—1937)等人的思想开始从身体教育向生命教育、精神境界转换,并借工业革命的车轮向全世界传播。

西方体育人文精神以奥林匹克运动精神为核心,在精神层面强调"征服自然""不断超越自我""更高、更快、更强"的理念,这一理念对提升人的生命价值,使人类始终保持强健的生命力,具有深远的现实意义。在文化层面讲究有序良性竞争、不断超越、公正、透明等核心价值观。

(二)中国体育人文精神的内涵

中国文化富含人文精神,它是一种通过对人与自然、人与社会、人与自身关系的恰如其分的把握,由内至外地化成天下的文化精神。[①] 但以人为本的人本主义,是中国体育文化的一大特色,也是中国体育人文精神的重要内容。中国的体育文化中很早就出现了关注人的自身的长寿养生思想,以增强体质、延年益寿为目标,出现了"贵生、重己"的身体观,强调"崇德、利用、厚生",所谓的厚生就是要丰富人们的生活,中国古代体育人文精神的主要内涵是对人的健康和休闲生活方式的关怀。这种思想的出现正是"人文"高于"天文"的人文精神的写照。中国体育人文精神所讲的"以人为本"强调人的社会关系、社会角色和社会义务,是通过修身养性,处理好各种伦理社会关系来实现人生价值目标。并非像西方文化那样尊重个人的价值和个体的自由发展,而更强调个性、权利与自由。一个以"社会人"为本位,一个以"个体人"为本位,二者看似冲突,其实不然。既然每个人既是社会的人又是个体的人,是社会性与个体性的统一,那么二者完全可以相互参照、相互补充和相互融合。

中国体育人文精神的另一个主要方面就是强调人与自然的和谐,强调人

---

① 文化是物质和精神财富的总和,是已有的经验、知识及建筑在其上的对客观、主观世界的态度。人文,是指人类关怀自身存在状态的文化现象,包括对自身的精神、意识、行为方式、风俗习惯的研究及其成果。人文是文化中精神方面的提炼,影响更稳定、更持久。在现在看来,中国传统文化中的人文精神价值对人类的发展可起到巨大的推动和纠偏的作用。

与社会的和谐。"人文"与"天文"并举，始终将人的整体性作为健身练习的出发点和归宿。在中国古代思想家看来，天与人、天道与人道、天性与人性是相通的，从孔子的"礼之用，和为贵"（《论语·学而》）到孟子的"天时不如地利，地利不如人和"（《孟子·公孙丑下》）就可见一斑。中国传统体育养生理论中"天人和一"的思想随处可见，庄子认为，懂得天然之乐的人，"其动也天，其静也地，一心定而王天下；其鬼不祟，其魄不疲，一心定而万物服"（《庄子·无道》）。正是由于对自然和自我的认识均来自内省、内观、内悟过程，因而导致中国传统体育的理论与实践均建立于混沌型整体认识的思维模式之上。它反映在两个方面：把世界的两大基本要素，即人与自然看作一个整体，强调"天人合一"；把生命的两个主要标志，即神（精神）与形（躯体）视作一个整体，强调"神形合一"。这种整体的自然观与生命观在保健性、康复性体育活动中表现得尤为明显，在传统的气功、武术和养生活动中，随处可见整体生命观的影响，它强调的是人与自然的统一和人的心理与生理的统一，从而建立了性命双修、心身并育的整体优化生命的养生体育体系。一方面，根据"天人合一"的精神，人不能违背自然规律，不能超越自然界本身的承载能力而任意破坏自然，只能在尊重自然规律的前提下利用自然、调整自然，使自然更好地服务于人类的需要，也使自然万物都能依照自身的本性存在、生长。另一方面，自然界对于人类而言并不是一个异己的存在，而是一个可以认识和利用的对象。因此，天道与人道是相通的，自然与人是和谐的，人应自觉追求这种完满和谐的境界。应当说，中国的这种"持中贵和"的人文精神对于社会的稳定和发展以及多民族国家的统一有着积极的意义，但在一定程度上也缺少了西方体育文化中的竞争、拼搏的精神。

任何一种文化都要与时俱进，中国当代的体育人文精神也就当如此。现代中国社会面临新的转型，正处于百年未有之大变局的时代，同时面临着挑战和机遇。随着中国的崛起，中国体育人文精神不仅要回答中国体育文化、体育人文环境建设迫切需要解答的问题，还应在促进人类和谐共生，打造人类命运共同体的历史使命中发挥应有的作用。只有站全人类的高度，中国体育人文精神的建构才能找到新的方向。

三、当代体育人文精神的缺失

人类社会的人文精神往往是在缺失中不断丰富的，因社会的发展或巨变，社会生活都会发生变化，面对新的事物，人类从文化上、思想上都有一个认识的过程，而原已形成的人文思想也可能因无法与时俱进而僵化并消解，因此，缺失或失范是一种常态。

当代体育人文精神缺失的表象之一是物质主义盛行。整个人类社会过于强调体育的商业价值，体育失去自身的主体地位而成为附属物，变成经济和商业的工具。如在新型冠状病毒肺炎疫情期间，西方诸国因为经济因素的考虑，不顾疫情严重而重启赛事、开放赛场，导致多次赛事都出现疫情的爆发性传播。又如在自媒体时代，由于缺乏有力的的监管，一部分网络博主为了私利，散布虚假谣言导致，制造恶俗信息、导致网络暴力、恶意营销等乱象丛生。在人文精神缺失的情况下，一些运动员把唯利是图、急功近利、金钱万能作为自己的人生价值观，而成为金钱的奴隶。假球、黑哨、服用兴奋剂等弄虚作假的现象在世界范围内泛滥成灾、屡禁不止，即使在神圣的奥林匹克赛场上也敢铤而走险。

当代体育人文精神缺失的表象之二是片面强调体育的生物价值，追求"增强体质"的生物效果，形成"唯有能够强身健体的科学知识和运动技术才有价值"的错误认知，使体育走向单一的科学主义路线。究其主要原因，是缺少从体育深厚的文化底蕴来思考问题，忽视人文精神的指导，缺失对体育人文价值的追求。当然，这个问题具有比较强烈的时代特征。例如，在相当长的一段时间内，我国体育事业受救亡图存军国民体育思想的影响，用军事化的组织方法集中兵力打歼灭战，把"更快、更高、更强"视为战斗目标，把金牌作为标志性战果，必然导致"举国体制"的诞生。虽然在"劳卫制"[①]时期强制性的体育活动曾达到增强体质的效果，但它片面强调人的体质的增强，忽视体育对人的精神意义。

当代体育人文精神缺失的表象之三是多元化的消减。以"超越"为审美核心的西方竞技体育，在经济和文化霸权的推动下，在经历了长时间的发展壮大后，已经形成了一个相对稳定且具有巨大影响力的全球化体系。西方竞技体育打着"科学主义"和"人文主义"的旗帜，通过各种推广模式在世界范围内迅速扩张，虽然在客观上促进了不同民族文化的交流与互动，但是在一定程度上也加速了民族体育文化的消减。例如，美国 NBA 篮球联赛、

[①] "准备劳动与卫国"的体育制度，简称"劳卫制"，是新中国成立初期从苏联引进的鼓励民众积极投身体育锻炼的一种制度，是我国现行的《国家体育锻炼标准》的前身。"劳卫制"对促进我国民众体育的开展，具有一定的积极意义。

欧洲足球联赛每年在全世界同步直播，虽给其他民族人民带去了体育审美体验，但实质上也在传播西方文化，间接冲击了其他国家的民族传统体育文化。这实际上对体育人文精神是一种单向性的演变，是套在人文精神自由内核上的头箍。

四、体育人文精神美的内涵

（一）规范美

体育规范是社会规范的缩影，是不能与社会道德、伦理、制度相抵触的。体育规范从文化层面看，是一种实践精神和意识形态，是社会规范在体育运动中的实践，是促进人成为人的精神要素。从美学视角出发，体育规范是一种竞技审美标准。以认知科学原理为基础的美学理论认为，人不是被动的刺激性事物的接受者，审美也不是被动接受的过程，因为人在感知外界环境时大脑总是在进行着积极的信息加工。可以说，在人的认知过程中外界的物理信息经由神经转化为精神信号，所以在主体状态不同时物理信息也可引发不同的精神反应。因此，人在遵守体育规范中过程可以加深对"人是社会关系的总和"思想的理解，

人可以在一定的认知方式下对事物形成"美"的感觉。正是人的这种自我感知、评判"美"的意识，作为审美标准的实践者，运动员和观众对竞技意象中合理、公平、公正的评判成为竞技体育美的理想诉求。

（二）自由美

本书提出，体育美是体育运动中人的本质力量对象化自由。这种自由不仅是身体上的自由，更多是精神上的自由。身体上的自由本质上还是精神上的自由，所以马克思说人是"自由而有意识的类""自由的有意识的活动恰恰就是人的类特性"。这就是美学家席勒在《美育书简》中所说的："只有当人是人的时候，他才游戏；只有当人游戏的时候，他才是人。"[1]

对于人类来讲，生命是自由的前提，而自由则是生命的意义。"生命在于运动"可以解释为人与生俱来的权力，也可以解释为生命的存在意义。体育的审美是一种动态的自由审美活动，在其过程中感受生命的创造力，融入

---

[1] [德]席勒：《美育书简》，徐恒醇译，社会科学文献出版社2016年版，第111页。

自然，与自然和谐共生。把自然作为本质力量展演的舞台，对自然越亲和，人愈自由，解放得越彻底。体育的审美不在于征服自然，也不全在挑战极限。人是历史的，也是有限的。人在体育运动中的自由的核心在于通过激发生命的活力或者让生命保持活力，并脱离于肉体快感，得到心理和精神上的一种松弛与完满。

黑格尔认为，在游戏中间"自然"被当作加工制造为"精神"了，也就是人的肢体和器官被当成了更高级的一种精神形态了，而不再是简单的跑跑跳跳了。处处被捆绑的人类这时显出了他的自在了。所以黑格尔总结道："在这些竞技举行的时候，主体虽然没有进展到思想最高级的正经，然而从这种身体的，人类显出他的自由。"不正经所以比正经更为可贵，就在于这种游戏中，人类的肢体表达的是一种无拘无束和自由自在。劳动是高贵的，但它又是不自由甚至是强制性的奴役。从人性解放的角度来看，自由的运动当然更为可贵。黑格尔最后的话竟是："他把他的身体变化成为'精神'的一个器官。"① 原来这种自由也没有自由到哪里，把肉体这样的出大力流大汗的器官吹入了最自由的"精神"。

第三节 体育精神美

一、体育精神的概念

体育作为人类社会生活主体特有的一种活动，其所体现的体育精神内涵，在于它是体育活动主体的世界观、人生观、价值观和生命观的集中反映。体育精神是体育运动中主体在本质力量对象化过程中展现出来的精神追求。体育精神的内涵是极为丰富多彩的，也是发展的，因此对体育精神的定义不尽相同。在我国，人类学家费孝通认为："体育精神，运动员和团队合作的精神，可能是社会生活里边所需要的一种普遍的精神。"② 朱光潜认为：

---

① ［德］黑格尔：《历史哲学》，王造时译，上海书店出版社1999年版，第231-241页。

② 费孝通、李亦园：《从文化反思到人的自觉：两位人类学家的聚谈》，载《战略与管理》1998年第6期。

"要训练合作互助，遵守纪律，最好之场所就是运动场。"① 胡小明认为，体育精神包括竞争意识、规则意识、协同意识。② 李力研认为，体育精神就是人生的精神。③ 卢元镇指出，奥林匹克运动是公平竞争的光辉典范。④ 在国外，美国的西尔在《体育运动中的伦理学决策》一书中提出尊严、忍耐、互相理解、忠诚、平等、公正、合作、互相支持等体育道德品质的具体内容。英国的麦金托什在《公正比赛：体育运动中的伦理学》中总结了自古希腊奥林匹克运动以来体育发展中的成功历史经验，强调突出"公正的比赛"。⑤

精神具有历史性、时代性和民族性。精神是指文化的精粹和精髓，属文化的核心层。从时间上看，历史性决定了它具有稳定性与不变性；而时代性又决定了其内涵是流动的、发展的，每个时代都会注入新的内涵。从空间上看，精神又具有民族性，不同民族或社会可形成不同体育精神内涵。民族性与社会性决定了它在特定范围内的广泛适用性，它是借助社会和社会活动来实现和传递某些特定人群所共同认可的价值观与信念。从过程看，精神能传承下来，有一个形成、发展与不断完善的过程。同样，作为体育文化的核心内涵，体育精神也是历史的、时代的和民族的，如女排精神。女排精神是中国女子排球队顽强战斗、勇敢拼搏精神的总概括。其具体表现为：扎扎实实、勤学苦练、无所畏惧、顽强拼搏、同甘共苦、团结战斗、刻苦钻研、勇攀高峰。她们在世界排球赛中，凭着顽强战斗、勇敢拼搏的精神，五次蝉联世界冠军，为国争光，为人民建功。她们的这种精神，给予全国人民巨大的鼓舞。国务院以及国家体育运动委员会、共青团中央、中华全国青年联合会、中华全国学生联合会和中华全国妇女联合会号召全国人民向女排学习。从此，女排精神广为传颂，家喻户晓，各行各业的人们在女排精神的激励下，为中华民族的腾飞顽强拼搏。2021 年 9 月，中国共产党中央委员会批准了中央宣传部梳理的中国共产党人精神谱系第一批伟大精神，女排精神被

---

① 朱光潜：《谈体育》，载《朱光潜全集》编辑委员会《朱光潜全集》第 4 卷，安徽教育出版社 1987 年版，第 134 页。
② 参见胡小明《体育精神与改革开放》，载《华南师范大学学报》2002 年第 3 期。
③ 参见李力研《奥林匹克精神与体育文化：一种东西方文化比较的哲学文化学视角》，载《天津体育学院学报》2002 年第 2 期。
④ 参见卢元镇《奥林匹克运动与社会进步》，载《中国体育科技》2001 年第 3 期。
⑤ 参见陈伟《体育伦理学研究的现状与发展趋势》，载《体育科学学科发展现状与未来》，北京体育大学出版社 2002 年版。

纳入其中。①

综上所述，体育精神是指人在体育运动中展现出来的品格和理想，它具有历史性、时代性和民族性。随着人类社会的发展，体育越来越成为一种全球化语言，体育形式的民族性会一直存在下去，但体育精神的内涵会逐渐趋同或趋近。因此，从当前全球体育发展的情况看，当代体育精神的内涵可提炼为拼搏精神、向上精神、团结精神和规范精神。

二、体育精神美的内涵

（一）拼搏精神美

拼搏精神不是一个专业术语，是一个生活词汇，在使用中被赋予了大量的生活意义，因此，很难对拼搏精神做概念上的界定。拼搏精神就是一种面对目标毫不懈怠的斗志，面对困难永不放弃的毅力。人类的拼搏精神存在于各个社会领域，也存在于各行各业。体育运动中的拼搏精神是指运动者在一定的理想和信念的驱使下，积极争取、不惧压力、全身心投入的行为态度与意志品质。但体育拼搏精神具有体育的特殊品质，是运动者持续面对高强度压力和挑战的体现。体育运动中，运动者需要在短时间内面对巨大的压力，对人的精神、心理是巨大的挑战，这就需要不断地超越自己。体育拼搏精神的美学意义就在于人类对自我超越的追求，不断突破人的体力和毅力的局限，不断挑战人类生理和心理的极限，向着生命和人生的终极境界拼搏和攀登。

（二）向上精神美

青年时期的毛泽东在 1920 年冬天所写的《新民学会会务报告》（第一号）中，在谈到新民学会的缘起时，除了求友互助和团体的生活这两个原因，"还有一个原因，则诸人大都系杨怀中先生的学生，与闻杨怀中先生的绪论，作成一种奋斗的和向上的人生观，新民学会乃从此产生了"②。青年

---

① 参见《中国共产党人精神谱系第一批伟大精神正式发布》，载《人民日报》2021 年 9 月 30 日，第 1 版。

② 中国革命博物馆、湖南省博物馆：《新民学会资料》，人民出版社 1980 年版，第 2 页。

毛泽东的老师杨昌济在留学时主攻教育学、哲学、伦理学。回国后，他著有《修身讲义》，提倡"人生向上"的精神态度。①

那什么是向上的精神？曾与毛泽东同时在北京大学工作过的梁漱溟在1949年首次出版的《中国文化要义》中说："向上心，即不甘于错误的心，即是非之心，好善服善的心，公平合理的心，拥护正义的心，知耻要强的心，嫌恶懒散而喜振作的心总之，于人生利害得失之外，更有向上一念者是；我们总称之曰'人生向上'。"②他说的"人生向上"本身就是作为一种理想人格的存在形式。这种向上的理想对个体生命而言，一方面是类生命的体现，是类生命的存在实现途径；另一方面则是类生命的一种可能。因为每个个体都存在不完美，个体生命存在的意义，关键在能否担当类生命存在的使命，能否圆满该可能性，并从此赋予生命向上奋进的内在动力。

体育不断挑战自我的特质，使体育本质上具有向上的精神，也是"更快、更高、更强"奥林匹克精神积极向上生活哲学的体现。杨济昌关于精神身体全面发展和全面锻炼的思想，曾经对青年毛泽东产生了深刻影响。毛泽东在《体育之研究》中说："又尝闻之：精神身体不能并完，用思想之人每歉于体，而体魄蛮健者多缺于思，其说亦谬。此盖指薄志弱行之人，非所以概乎君子也……总之，勤体育则强筋骨，强筋骨则体质可变，弱可转强，身心可以并完。此盖非天命而全乎人力也。"③ 而在《〈伦理学原理〉批注》中，毛泽东则将圣贤豪杰的崇高理想人格与自我实现理论完美地结合在一起了。他说："人类之目的在实现自我而已。实现自我者，即充分发达吾人身体及精神之能力至于最高之谓。"④ "吾则以为，吾人惟有对于自己之义务……所谓对于自己之义务者，不外一语，即充分发达自己身体及精神之能力而已。"⑤ "既认为圣贤豪杰之所为，即当认为普通人之所为，圣贤豪杰之所以称，乃其精神及身体之能力发达最高之谓。此精神及身体之能力发达最

---

① 参见王兴国《论杨昌济〈修身讲义〉之向上的人生观》，载《伦理学研究》2022年第1期。

② 梁漱溟：《中国文化要义》，人民出版社2011年版，第127页。

③ 中共中央文献研究室、中共湖南省委《毛泽东早期文稿》编辑组：《毛泽东早期文稿》，湖南人民出版社2008年版，第60页。

④ 中共中央文献研究室、中共湖南省委《毛泽东早期文稿》编辑组：《毛泽东早期文稿》，湖南人民出版社2008年版，第218页。

⑤ 中共中央文献研究室、中共湖南省委《毛泽东早期文稿》编辑组：《毛泽东早期文稿》，湖南人民出版社2008年版，第205-206页。

高,乃人人应以为期向者也。"① "共和国勋章"获得者钟南山院士曾是一名大学生运动员,他说:"体育使教育有一种向上的精神。体育给我的工作、学习、生活带来的帮助远远超过了增进身体健康的范畴,在体育上得到的东西运用在学习和工作中,会受益无穷。"②

(三)团结精神美

2021年7月20日,在日本东京召开的国际奥委会第138次全会正式通过,将"更团结"(together)加入奥林匹克格言中。奥林匹克格言从此变为"更快、更高、更强——更团结"(Faster, Higher, Stronger—Together)。"更团结"提出的时代背景是2019年底2020年初暴发的新冠肺炎疫情肆虐全球,世界面临前所未有的危机,人类越发清晰地认识到世界各国利益紧密相连、命运休戚与共的全球关系,只有各国联起手来使全人类成为一个整体才能化解一次次的全球危机。正处于百年未有之大变局的时代,中国提出构建人类命运共同体的理想是人类的福祉。在人类命运共同体的语境中,物种学意义上的全人类是团结的主体,和平、发展、公平、正义、民主、自由是"更团结"这一理念的共同价值追求。在奥林匹克语境中,团结是竞技体育的内在要求,也是奥林匹克精神的当代体现。各国运动员在竞争中提高、学习、共存和发展,他们既是竞争对手又互为榜样,甚至可以结成志同道合的朋友。团结是构建人类命运共同体的要求,也是奥林匹克运动的要求,他们从不同角度共同体现了人类对当下世界发展的理性思考。在日常生活中的体育运动中,一场比赛的胜利需要个人高超的竞技能力,也需要优秀的团队合作和协调能力。团结不仅是团队能力的体现,也是社会的稳定器。正如美国学者休伊津盖所说:"表演竞赛的精神,作为一种社会的推动力比文化本身更古老和渗透在所有的生活中,像一个真正的酵素。……为人们提供了快乐、带来了情感的发泄,增强了团体的团结。"③ 体验到体育精神美的博大涵盖,它的博大正在于陶冶人、改造人、赞扬人、美育人,为人类间的相互

---

① 中共中央文献研究室、中共湖南省委《毛泽东早期文稿》编辑组:《毛泽东早期文稿》,湖南人民出版社2008年版,第208-209页。
② 梁伟国、刘群:《体育使教育有一种向上的精神:钟南山院士谈改善中小学生体质》,载《人民教育》2007年第5期。
③ [美]贝内特、[美]豪厄尔、[美]西姆利:《比较体育与运动》,张争鸣、项四军译,华东师范大学出版社1990年版,第7页。

了解创造着机会，为人类社会的团结、友谊与和平增添着光彩。正如席勒所说："只有美的交流，才能使社会团结，因为它关系到一切人都共同的东西。"①

（四）规范精神美

一般来说，体育规范是指在与体育相关的活动领域内，基于人类对体育活动秩序的需求，为了维持体育运动的公平竞争原则，为了保证体育活动主体利益价值的实现，人们在交往活动中形成和制订的，对与体育相关的活动主体具有指导性、调节性和约束性的行为准则和标准。② 体育规范的核心内涵包括公平竞争意识、规则意识、德性意识。

公平竞争是体育精神的重要内涵，也是体育的魅力与价值所在。现代奥运会创始人顾拜旦，他在著名的《体育颂》中写道："啊！体育，你就是正义，在你身上体现的是社会生活中追求不到的公正合理。"公平是一切体育活动重要的道德规范准则，是体育的生命。体育运动中，运动者不仅要尊重队友的人格和存在，也要尊重对手的人格和存在。体育的公平竞争精神还体现在体育的民主性。现代体育是人类一种民主程度很高的活动。因为它确为现代人提供了一种生活的模式和民主行为范例。

规则意识是指发自内心的、以规则为自己行动准绳的意识。对于个人来说，当外在规则有朝一日转变为内在素质，他就是"有文化"的人了，也就在某种意义上获得了真正的自由。③ 任何一种体育竞赛中，人人必须严格遵守相同的"游戏规则"，以保障每个人都获得公平竞赛的权利。比赛规则具有权威性，能净化一切有意或无意的不轨行为。而且任何规则都包含有惩罚一切不公平的"非法"行为的约束力。对一切不合规则行为的限制和规定，才使规则更具有合理性、公正性、平等性。规则意识建立在法治的基础之上。规则意识促使体育派生出标准、规范、有序的价值观念和操作程序。所以，体育规则具有很强的社会化价值，体育规则可以对人性进行社会塑造和社会矫治。

---

① 北京大学哲学系美学教研室：《西方美学家论美和美感》，商务印书馆1980年版，第179页。

② 参见张莉华《价值哲学视域中的体育规范本质及特征探析》，载《陕西教育（高教版）》2012年第12期。

③ 参见秦力《一所学校对文化建设的悟读》，载《中国教育学刊》2008年第2期。

道德作为个体对生命价值和社会秩序的内在性追求，是公民素养与社会文化的重要构成要素，代表着人生善化与社会和谐的自主、自觉之路。德治重在从生命本身的自主、自觉出发，通过个体对自我价值和社会秩序的内在认同，最终实现内在灵魂与外在践行的统一，由此即便在缺乏外在强制时，主体也能够依照内心的自觉来履行自己应尽的义务，最终实现个体生命与社会群体的和谐。孔子反对一味地借助外在强力，使人不得不在行动上遵循既定的法则。他曾言："道之以政，齐之以刑，民免而无耻；道之以德，齐之以礼，有耻且格。"（《论语·为政》）也就是唯有实现人心对道德、礼仪的认知和认同，才能有效提升民众的人格修养，实现生命的内在统一。我们在足球比赛中常常看见一方因球员受伤自行丢失球权，对方往往在重新开球时把球发给对方或踢给对方，这很好地诠释了体育的公平竞赛精神。体育的德性美在于在竞争中展现和谐。正如宗白华在《哲学与艺术》一文中说："宇宙是无尽的生命、丰富的动力，但它同时也是严整的秩序、圆满的和谐。在这宁静和雅的天地中生活的人们却在他们的心胸里汹涌着情感的风浪、意欲的波涛。但是人生若欲完成自己，止于至善，实现他的人格，则当以宇宙为模范，求生活中的秩序与和谐。和谐与秩序是宇宙的美，也是人生美的基础。……美是丰富的生命在和谐的形式中。美的人生是极强烈的情操在更强毅的善的意志统率之下。在和谐的秩序里面是极度的紧张，回旋着力量，满而不溢。"[①]

第四节　运动美

关于什么是运动美，我国体育美学研究界基本上遵循胡小明对运动美的定义。胡小明认为："运动美是从塑造健美身体的过程中表现出来的，在时空上往往转瞬即逝。它是人在体育活动中生命运动和思维运动的各种形式产生的综合效应，其现象是十分繁杂的。"[②] 他说："体育美学所研究的运动美，是身体的运动之美，是人在体育活动中表现出来的美，是人类社会文化生活的特殊反映。它是人类审美领域中由体育运动带来的一种审美对象。"[③]

[①] 宗白华：《宗白华全集》，安徽教育出版社1996年版，第58页。
[②] 胡小明：《体育美学》，高等教育出版社2009年版，第97页。
[③] 胡小明：《体育美学》，高等教育出版社2009年版，第97页。

确实，运动美是体育运动中最具体育审美意味的美，但如果把人在体育运动中表现出来的美都归纳为运动美，却有内涵扩大之嫌，可能会与体育美产生混淆。《体育科学辞典》定义运动美是人的身体运动在体育运动中表现的一种动态性的操作过程美，是社会文化生活的反映和体育美的典型形态。[①] 运动美的发现和丰富有赖于整个社会文化的发展，它通过不断挖掘人的生理潜能和锤炼日益精湛的动作技能来体现人类自由创造的本质，推动体育运动向高层次发展，并为人类的文明宝库提供丰富的精神财富。

运动美是最具体育本色的美。首先，运动美应是体育运动中产生的美。其次，运动美还是由身体的肢体动作产生的美。最后，运动美既可是动态的，也可是静态的，因为体育运动中有很多静力性动作，如射击运动员的据枪动作，吊环运动员的十字支撑动作等。因此，我们认为，运动美是体育运动中身体在空间和时间上展现出来的美。运动美包含动作美、运动技术美、战术美三个方面。

一、动作美

人类的身体动作存在于各种身体活动形式中，如在日常生活、生产活动中无处不在，无时不在。由于存在领域不同，审美价值也不同。日常生活中的动作美是指身体各部分在空间活动变化而呈现出来的外部形态的美，是一种具有造型性质的动态美。由于动作美更能表现人的精神气质，所以动作美高于容貌美和形体美。[②] 但体育运动中的动作美与日常生活中的动作美是有区别的，因为，体育运动中的身体动作是日常生活中不常做出的动作，在空间和时间上都远超日常生活中的身体动作。因此，体育运动中的动作美比日常生活中的动作美更具审美意味和审美价值。

动作美与身体素质有密切联系，也就是与完成体育动作的灵敏性、协调性、平衡性、柔韧性、速度、力量、耐力等七要素直接相关，表现为速度快、力量大、柔韧性好、动作灵活敏捷。因此，体育运动中动作美主要表现出来的美是速度美、力量美、柔韧性美、灵活性美、敏捷性美。动作美还表现在身体的姿态美。体育运动中，身体各部分肢体处于不断的变化之中，会

---

① 参见中国体育科学学会、香港体育学院《体育科学词典》，高等教育出版社2000年版，第406页。

② 参见顾建华、张占国主编《美学与美育词典》，学苑出版社1999年版，第295页。

产生各种各样的身体姿态，有动态的，也有静态的。动作的动态美如背越跳高的过杆动作，运动员在起跳结束后，人的身体背对横杆，在达到最高高度后，沉肩、仰头、展髋、收小腿，动作行云流水。动作的静态美如武术动作的停顿亮相，"快与慢""动与静""刚与柔"寓意着人类生命规律，再加上气息的配合，体现了生命节奏的特性。培根关于动作美的论说非常精辟，他说："论起美来，状貌之美胜于颜色之美，而适宜并优雅的动作之美又胜于状貌之美。美中之最上者就是图画所不能表现，初睹所不能见及者。"①

二、运动技术美

体育运动是一个技术性很强的社会领域，运动技术又有着不同于生产技术的特殊性，是人类特殊的实践活动方式，反映人与自身的关系。在体育学视角中，运动技术多定义为与运动机能发挥有关的方法。如田麦久所定义的："运动技术即是完成体育动作的方法，是运动员竞技能力水平的重要决定因素。"② 刘建和认为："所谓运动技术，是指运动员运用所掌握的知识和所具备的能力，依靠竞赛规则允许的器材设施等手段，以身体动作的形式，作用于自然界（包括天然自然和人工自然）或其他运动员身体，从而达到特定目的的过程。"③

在社会科学视角中，人类的各种技术本质上是一样的。"技术是一种社会现象，是主体对活动对象施加作用和影响的必要手段，它是人类为提高实践活动效率和效果而积累、创造并在实践中运用的各种物质手段、工艺程序、操作方法、技能技巧和相应知识的总和。"④ 它是主客体之间的中间环节，反映人与对象之间的关系。就人类整体而言，人与技术是同时存在的。就个体而言，技术发端于生存的需求，德国哲学家海德格尔认为："技术是一种人揭示存在的方式，体现了人与存在的关联"⑤。因此，运动技术为了

---

① ［英］培根：《培根论说文集》，水天同译，商务印书馆1983年版，第157页。
② 田麦久主编：《运动训练学》，人民体育出版社2015年版，第233页。
③ 刘建和：《竞技运动技术论概说》，载《成都体院学报》1987年第3期。
④ 季子林主编：《科学技术论与方法论》，天津科技翻译出版社1991年版，第238页。
⑤ 王宏健：《存在论与诠释学视域下的技术哲学：海德格尔论技术的本质》，载《自然辩证法研究》2019年第5期。

弥补人类本能的先天缺失，作为人的存在方式，与人类一同存在，并且不断进步。席玉宝将体育运动技术定义为：为改造主体自身，充分挖掘和发挥自身的能力，提高身体练习的效率和效果，采用合理规范的活动方式和秩序形成的技能、技巧、方法、手段和相应知识的总和。① 运动技术与生活、生产中的技术还是有区别的，那是就运动技术的主客同体，主体客体化的同时，客体也在主体化。从具象化看，技术美主要表现为娴熟美、准确美、协调美、判断（准确、反应快）美、正确美、技巧美。从技术哲学看，运动技术的运用应是一种审美活动，也就是运动的目的在于创造美和提供美的体验。因此，不能把运动技术局限于提升运动能力的展示或提升，如此的话，势必造成运动者难以获得审美体验，也会压抑他对运动技术的自由发展。一旦失去了自由的创造力，运动技术便会消解为肢体动作。所以运动技术在（也需）不停地变化、更新和发展。如老年篮球爱好者对战青年篮球爱好者时，不是主动对抗，而是用快速、隐蔽的传球获得投篮机会并取胜，这是技术自由的实现。那么，可从技术哲学层面定义将运动技术为：体育运动中人的自由存在。

三、战术美

战术从军事学转义到体育学中，并被广泛使用。体育学中，尽管不同学者对战术定义不同，但核心思想都认为战术是参赛的一种方案设计，是一种针对比赛制定的参赛方略，是一种参赛谋略运用的方法，是比赛过程中的一种安排。如全国体育院校通用教材《运动训练学》一书中，田麦久、刘大庆对竞技战术做了较为规范的框定，他们认为，竞技战术是指在比赛中为战胜对手，或为表现出期望的竞技水平而采取的计谋和行动。② 体育运动的战术美是运动技能和运动智力的综合表现，体现于谋略，是人的思维和意识能力的体现，是一种智慧结晶。运动者通过战术目的而决定自己战术行为的思维活动过程，由战术信息选择与战术行为决策两个前后为序、紧密相连的部分所组成。内容体现在：技术的有目的运用，战术行动的预见性，判断的准确性，攻、防转换的及时性与平衡性，战术变化的灵活性，战术配合的协同

---

① 参见席玉宝《运动技术论刍议》，载《解放军体育学院学报》2001年第4期。
② 参见田麦久、刘大庆《运动训练学》，人民体育出版社2012年版，第41页。

性、战术行为的隐蔽性等。① 张廷安对这种思维和意识能力作了很好的总结并认为："战术意识特征包括自觉目的性、能动性与对竞技能力的放大功能特性、对抗性、择优性、评价性、有序性、方向性。"②

对体育战术的审美与技术美一样，不能停留在战术使用本身，而应从美学角度审视。对于体育战术美的审美，法国现代哲学家德·塞尔托（Michel de Certeau，1925—1986）的日常生存美学为我们打开了一扇门。战略和战术是德·塞尔托日常生存美学一对核心概念。德塞尔托为了挖掘日常生活困境面前人类的各种生存策略，首先在日常生活层面提出了"战略"与"战术"。在他看来，日常生活就像生存的战场，人生活于其中，每天的生活都可称之为一场"战争"。生活在其中的人们会出于求生的本能，生发出对绝对权力社会的各种反抗，反抗行为的多样性和使人们日常生存的方式变得不那么按部就班，机械、单调且乏味，相反还会孕育出多种可能和创造力，而人的生存也正是在这样一种压制和反抗的中变得丰满而真实。一方面，体育战术的审美价值就在于体育运动中的场景与日常生活的相似上，主体可以通过体育战术的运用，增强日常生存战略战术的运用能力，培养反抗生活"压制"的能力。另一方面，主体可以通过在体育运动中创造和寻求自由自在的生活状态，构建自我的审美生存空间，成为自身命运的真正主人，成为富有创造力、审美愉悦快感、独具自由个性的主体人。

第五节 体育场境美③

体育竞赛是以运动员的身体运动为主的，但在体育运动中，为运动者提供活动空间，或辅助运动者进行身体活动的器材、设备，甚至动物（如

---

① 参见中国体育科学学会、香港体育学院《体育科学词典》，高等教育出版社2000年版，第433页。

② 张廷安：《足球运动员战术意识活动的基本特征分析》，载《西安体育学院学报》2000年第17期。

③ 美学场论是借用物理场论的观点、方法研究美学问题的理论。20世纪20年代，格式塔心理学美学开始将"场论"引入美学研究，提出心理物理场、意识经验场、动力场、审美场、言语场等概念。本节借场论的观点讨论体育场境美，因为"场境"不只是体育场地环境或风景，还包括体育环境中个人内在的"心理场"，也包括被知觉到的外在环境，即外在"环境场"，所以使用"场境"一词。

马），都是体育审美的对象。

一、体育建筑美

体育建筑既具有实用价值，又具有审美价值。体育建筑美，是体育美学研究的重要内容。体育建筑具有形式美和自然美的形态，也具有社会美的形态。体育建筑的社会性体现在与社会的经济结构、政治结构、意识形态结构、文化心理结构等都有直接或间接的联系。如体育建筑的宏伟与否、所包含的科学艺术水平的高低，与经济有很大关系；体育建筑的贵宾区、主席台、残疾人通道与社会政治、文化、意识结构相对应。因为，任何建筑都不能孤立的存在，它一定存在于特定的自然环境和社会环境中。体育建筑，特别是大型体育建筑具有很强的地域性和文化性，它涉及建筑所在地域或地区的文化背景、历史沿袭、社会制度等多个方面。与此同时，体育建筑创作又是反映一个时期建筑时代特征的重要手段，如何通过对建筑结构形态的把握将体育建筑与文脉特征相结合以形成具有深刻文化内涵的建筑，又能体现建筑富有表现力的时代特征，是体育建筑设计师须不断探索与追求的课题。比如，建设北京工人体育馆时，我国正处于经济非常困难的时期，给设计师发挥的空间就小很多。当时党中央给体育馆建设定下了"适用、经济、在可能的条件下注意美观"[①] 的方针，这也导致了这一设计缺乏一定的民族形式，为设计者和建设者留下美中不足的遗憾。

改革开放后，随着我国经济的发展，体育建筑的设计越来越注重民族化、艺术化，同时又兼顾国际化。2008 年北京奥运会的"鸟巢"体育场，以其独特的结构形式和造型吸引了来自全世界的目光。看似杂乱无章的钢结构形态，隐藏的是合理的结构思路和逻辑性：通过 24 根主结构柱和 48 根主梁共同构成的结构体系，形成了不规则的、具有编织效果的肌理形态，体现了无序中寻找有序、天人合一的哲学思想。同时，非对称的风格状结构让人们联想到具有中国特色的窗棂格栅，以及具有冰裂花纹的青花瓷。2022 年，北京冬奥会场馆的规划设计也蕴含着丰富内涵和工匠精神，展现了中国博大精深的文化底蕴，中国文化元素巧妙地融入其中，但在高科技的衬托下又显得非常的国际化。首钢滑雪大跳台设计灵感来自中国的世界文化遗产敦煌壁画中的飞天元素，寓意向空中腾跃、飞翔，飞天飘带曲线优美、流畅，与首

---

① 张开济：《试论北京工人体育馆的建筑艺术》，载《建筑学报》1961 年第 8 期。

钢滑雪大跳台建筑外形十分契合。国家跳台滑雪中心的设计灵感来自中国传统吉祥饰物"如意",象征着顺心如意,代表人们对美好幸福的期盼与向往。国家速滑馆被22条晶莹美丽的丝带状曲面玻璃幕墙环绕,线条流畅、造型富有动感,体现冰上运动的速度和激情。国家雪车雪橇中心场馆由16个角度、坡度不同的弯道组成,与山体融为一体,犹如巨龙盘山而卧。

二、体育环境美

自然地理环境一方面影响着人类的身体活动能力,另一方面也对体育运动活动的实施造成影响。体育运动的自然地理环境影响因素多种多样,主要包括以下四个。一是时差的影响。时差是自然地理概念,其本身虽然对某项体育运动不构成影响,但对人的运动能力的影响较为明显。时差反应会让人出现多种不适症状,包括但不限于反应迟钝、时间判断能力下降、四肢无力、精神萎靡、情绪异常波动等。二是气压的影响。大气压强会随着海拔的变化而变化,正常情况下,自然地理位置越高,气压越低,空气密度越小。在高海拔地区,人类可吸入的氧气量减少,人体血氧饱和度急剧下降,组织细胞就得不到足够的氧气,对人体肌肉耐性、运动能力造成影响。三是气温的影响。气温会对体育运动的开展造成影响,例如,某地区自然气温过高或者太低,都会阻碍户外体育运动的开展。此外,气温也会对人的体育运动能力造成较大影响。2021年5月22日,甘肃白银黄河石林山地马拉松百公里越野赛遭遇极端天气,气温骤降,导致21名运动员因失温而遇难。四是湿度的影响。湿度指的是空气中的水分的量。一般情况,如果空气湿度大,在此环境中运动的人体散热将会受到影响,如汗液蒸发受阻、出汗少、皮肤温度调节失常等,导致运动员身体过热产生运动型热病,严重削弱体育运动能力。可能对人体的体育运动能力造成影响的还有大气气流、气候条件、天气等因素。

对体育环境的审美,既要身在其中,又要眼观其外。1972年德国慕尼黑奥运会在奥林匹克公园(图7-1)举办,那里建有大大小小的体育场馆33座,并与公园内的观景台、人工湖、露天剧场、微地形山坡和大面积草地搭配得当。

南非开普敦体育场(图7-2)是2010年南非世界杯新建的五座球场之一。开普敦这座城市的地理环境由信号山、桌山和大西洋组成,而开普敦体育场就坐落在信号山的山脚下。那里历史悠久,拥有南非最古老的橄榄球俱

图7-1 德国慕尼黑奥林匹克公园

乐部和高尔夫球场,周边是密集的居民区。因此,体育场设计的重点是处理体育场与信号山及周围环境的关系,不仅要使建筑醒目具有标志性,还有尊重城市环境,与自然相协调。站在体育场内,感受最深的是建筑的宏伟,但当整体欣赏体育场时,其与周边环境形成强烈反差,又和谐融合,完美阐释了人化自然的美学含义。

图7-2 南非开普敦体育场

体育环境美除了从自然美角度感受体育环境的自然景观,从形式美角度感受体育运动环境中声音、气味、光影、颜色、气流、形状,还可体验体育环境的社会性美感。这种美感在于运动者和体育环境中社会因素的交流,如空间。体育运动场地一般为宽阔的空间,置身其中,可以让日常生活工作在狭小拥挤空间的人们释放压抑感,产生放松感,在这种放松的状态下获得美感。

三、体育器材美

在体育竞赛中,体育器材是运动者肢体运动的延伸,或者是运动者完成肢体运动的工具。对于运动员的身体运动来说,体育器材虽然只是一种外在的客观物质条件,但是同样也是体育竞赛中的有机组成部分,也是体育竞赛审美对象中不可割裂的一部分内容。

体育器材与很多其他的与体育竞赛相关的物质条件一样,都需要考虑到真、善、美的一致性和和谐性,因此,体育器材很多时候展现出的是一种形式美。例如,在体操比赛中需要用到的单杠、双杠、鞍马以及吊环、平衡木等,在艺术体操竞赛中,所需要用到的绳、圈、球等,都展示出形状上的美感。韵律体操项目中,器材的颜色、音乐、灯光等形式都体现出强烈的美感。

体育器材的社会美则体现在与运动员的以下三种关系之中。

一是平等关系。在日常生活与生产实践中,人与一般工具是一种主动或支配关系。而运动者与体育器材则是一种平等关系,体育运动中的器材对每位运动者都是平等的,大部分体育项目的器材是不能自行选择的,即使自带器材,也必须符合相关规定。不能因器材的使用给运动员带来不平等、不公平。如多年前"鲨鱼皮"游泳衣事件,最终被国际游泳联合会禁止在比赛中使用。

二是对立统一关系。体育运动中,不论是个人项目还是集体项目,人与体育器材首先是一种统一关系,也就是一种相互融合的的关系。运动员必须与体育器材和谐统一,才能取得好成绩。如射击需要运动员要做到人和枪械的完全统一,也就是"人枪合一"。特别是碟靶射手,都是把注意焦点放在靶子上,而不是瞄准器上,真正做到了浑然一体。[①] 而在集体项目中,运动员与体育器材的关系结构则是"使用主体1—体育器材—使用主体2",如球类集体项目的攻、防转换中,作为体育器材的球已完全融入主体,成为主体的一部分。在体育运动中,人与器材有时也是一种对立关系,运动员的各种肢体运动往往是为克服体育器材给予的障碍,如跳高运动的跳高架和横杆。有时我们还可以看到运动员摔打器材的情况,这时运动员与体育器材是对

---

① 参见李四化、刘淑慧、宋晓君等《射击运动员心技结合的现场实验探究:以瞄准时注意焦点为例》,载《体育成人教育学刊》2014年第4期。

立，需要进行调整，做到主体体与客体的统一。

三是具身关系。运动员与体育器材之间还有一种具身关系。具身关系指主体以一种特殊的方式将工具或技术融入自身经验中，主体通过这些工具或技术来感知，并且由此转化为自身知觉。譬如，人们戴眼镜，盲人使用拐杖。运动中，人的知觉可以通过体育器材获得并实现延伸。

运动者与体育器材通过以上联系，得以展示人的本质力量，创造美感。运动者作为审美主体在使用器材过程中，也通过体育器材感知自身所体现出的能动性和智慧，体验美感。

四、体育服饰美

体育服装分为专业类运动服装和生活类运动服装。专业类运动服装是指专业体育锻炼和体育比赛时以及参与体育活动时穿着的服装，如裁判服、入场服、领奖服等。专业类运动服装首先要考虑其功能性，在满足功能性需求的前提下结合时尚流行的元素给人以美的享受。例如，在武术比赛的过程中，运动员的服饰在满足了的武术比赛的基本要求之外，还要尽可能地突出武术运动形神兼备的美学特点。因此，为了避免破坏武术套路所构成的连续图案的完整统一的效果，武术运动员多身穿宽大的绸缎衣服，不但突出了动作的飘逸和洒脱，而且还能够显现出浓郁的民族特色。

生活类运动服装是指生活中锻炼身体、日常休闲时穿着的轻便舒适、便于运动、简约的休闲运动服装。生活类运动服装在功能上区别于专业类运动服装，它的目的是在生活中便于活动，以休闲舒适为主，并非指特定的运动环境下穿着的运动服装。随着体育运动的生活化，生活类运动服日渐时装化。时尚流行元素被越来越多地引入生活类运动服饰的设计中，时装化的裁剪、运动元素和流行色彩结合，同时还运用了轻柔的功能性面料，注重细节的装饰设计，充分展现运动服饰的运动魅力和时尚气息。

不论是专业类运动服装还是生活类运动服装，就形式美而言，修身合体是体育服饰最基本的功能和审美需求。修身合体服装不仅能减少运动时产生的阻力或阻碍，也可展示人体曲线的美，而运动员经过锻炼的身体曲线通过体育服装的衬托，还可展现出生命活力的健康美。体育服饰鲜艳的色彩也展现了丰富的视觉层次，对运动中生命活力有强化作用。而体育生活化的趋势也丰富了体育服饰的文化内涵。体育服饰体现出的平等、民主也是深受民众喜欢的社会性因素。因为，体育服饰可以有民族性，但应不分阶级、不分等级，体育服饰在体育运动和比赛中的平等性，具有独特的审美意义。

第六节　体育仪式美

仪式在人类生活中普遍存在，不论在宗教、政治活动中，还是个人生活中，仪式随处可见。仪式是人类为了调整人与自然、个人与个人、群体与群体之间关系的程序性行为。仪式作为象征系统存在，通过描述个体和群体的行为过程，反映了社会的功能结构，构成了一种文化的象征符号，可以深刻表达哲学和美学的意义。仪式通过隐喻或转喻来陈述心灵体验，形成共同承认且遵守的表达情感的方式和渠道，并最终形成一个文化共同体。仪式的底层逻辑还是人类生存和发展的需要。

体育在长期的发展过程中，逐渐成为人类文化的重要组成部分。不论是群体性体育活动，还是单项体育项目，都在发展中形成了自己的仪式文化，如运动会的开幕、闭幕仪式，武术的抱拳礼，跆拳道的鞠躬礼，击剑或剑术的持剑礼等，都是仪式形式。个人仪式也可称为礼仪，是一种礼节仪式，主要表示尊敬。体育仪式美是体育活动中各种仪式展现出来的美。2022年北京冬奥会开幕式的升旗仪式中，护旗手眼泪滑落脸庞的画面（图7-3）打

图7-3　2022年北京冬奥会开幕式护旗手

动了无数国人，也感动了世界。那位护旗手是中国人民解放军仪仗大队战士闫振。回忆起那激动人心的时刻，他感慨万千："我站在奥运会的升旗台，心中满满的自豪感，想到祖国如今的繁荣昌盛，是多么来之不易，那是一种说不出的骄傲与热爱，泪水就夺眶而出了……"①

场域或场所是仪式的"载体"②，空间、时间、人在此交汇，在共同文化和道德价值和引领下，地域空间和时间维度得以突破，人的仪式感得到强化。也就是说，仪式场所和时空的联系使得仪式参与者在重新回顾历史的基础上，通过扩大特定的历史记忆来升华他们的情感。"仪式活动的重复举行能激活受众记忆"③，并成为文化传承的有效载体。人类仪式场所向个体传递的不只是与民族文化过去的联系，还在于向个体提出了一系列行为规范和审美方式的空间模式，这是场所的价值所在。从时间上看，场所还是一个充满文化共同体记忆的地方，它展示人们曾有的某种生存状况和生活经历，同时也引导人们产生共同文化价值震撼，形成或加强这个道德共同体的情感共鸣。特别是在大型体育活动的开闭幕式中，庞大的参演人数、宏大的场面、巨大的体育场所空间具有重大意义的渲染。体育场所的诸多因素合在一起给参与者造成内心上的刺激，形成狂欢式的全情参与。开闭幕式中，不论参演人员、现场观众，还是电视机前的观众都是这一历史事件的亲历者，观演空间界限也随之消逝，人们仿佛不是在看演出，"而是在参与一种生活，一种全民性狂欢色彩的生活"④，而所有的参与者共同完成了一项再现历史的工作。这种效果正是叶夫列伊诺夫（Evreinov，1879—1953）提出的导演节庆表演的宗旨——全民回忆重大事件。换言之，节庆表演的参与者共同完成再现历史的工作。通过历史再现的工作，满足个体和共同体深切的信仰需求、道德渴望、社会服从、社会主张。

体育仪式是在长期实践中对体育行为的一种规范性文化，既可规范体育行为，也可培养其他社会行为、生活行为的规范意识，从而获得良好的德性

---

① 黄帅：《护旗手的眼泪是对祖国的深情告白》，载《中国青年报》2022年2月7日，第1版。
② 迪木拉提·奥迈尔、王霄冰主编：《文字、仪式与文化记忆》，民族出版社2007年版，第68页。
③ ［英］古迪：《神话、仪式与口述》，李源译，中国人民大学出版社2014年版，第2页。
④ 杨雪冬：《重构政治仪式 增强政治认同》，载《探索与争鸣》2018年第2期。

品质。体育仪式强烈的感染力和个体认同度的自愿性,很自然地将德性从个体生命意义的维度转化成为共同体发展的维度。体育运动中,个体对自身生命的敬畏和尊重,必然促使他们尊重共同体其他成员的存在意义,进而增强维护共同体的生存环境的意愿。

思考题
1. 体育社会美的特征和存在形态是什么?
2. 体育社会美的审美价值是什么?如何创造体育社会美?
3. 如何利用体育"运动美"提升人们的体育审美素养?

第八章　身体美

身体作为生命的载体，是人类终极的审美对象。因为美学的本原价值和目标就是探寻人的存在价值和意义，而这个价值和意义是以身体为基础的。从身体外形的形式美、身体作为自然物的自然美到作为社会存在的社会美，身体美几乎涵盖美的所有形态，甚至身体美也体现出技术美的内涵。因此，将身体美单独作为一章进行讨论是必要的。

第一节　身体与身体美

一、身体与人体

在中国古代学术思想领域中，涉及身体问题，往往都使用"身"这一单音节词，而很少使用"身体"一词，在经典著作中，常见的是"身"与"体"分说。"身"，在《说文解字》中解为："身，船也。象人之身。"这里的"船"同"躬"。篆文中，"身"是一个直立的人形。李孝定《甲骨文字集释》云："契文从人而隆其腹，象人有身之形，当是身之象形初字。"《辞海》中"身"的解释，有多种意思。首先指躯体，如人身、兽身、全身、半身。《楚辞·国殇》云："首身离合心不惩。"身还指人的身份、品德等，如出身、修身、立身等。① 从中国文化的语境看，"身体"与"人体"这两个词尽管都与人的肉体密切关联，但在中国传统人体观下，身体拥有着比单纯的、物质的人的肉体更丰富独特的意蕴。从汉语的发展历史看，

---

① 参见夏征农主编《辞海（1999 年版缩印本）》，上海辞书出版社 2000 年版，第 2375 页。

"体"被赋予了丰富的文化意蕴,"体"不但具有生物之身体、动物之身体的意蕴,还具有仁心之体的意蕴,与政治、伦理、道德、善恶、廉耻等文化含义都有意义上的对接,因而有了负载人的精神的意义。

因此,身体不只是生物学上的物质体,或肉体。身体也是社会性的存在,随着人类对身体的认识逐渐深入,身体被赋予了存在学、现象学、符号学上的意义。现代意义上的"身体"既是指作为物质体的"肉体",也指作为对象体的"人体"。它包含两个基本属性,一方面身体被认为是具有属己意识和归属性质的,如"我的身体""他的身体"等,也就是说,当我们意识到自己或他人的身体时,它不仅仅只是客观物体——肉体的存在,实际上在作为客观物体被认知的同时,更是作为主体的"我的身体"或他者主体的身体而被认知的。这也即是法国哲学家梅洛-庞蒂(Maurice Merleau-Ponty,1908—1961)所说的,"在有生命的主体看来,身体本身显然不同于所有外部物体"[①]。另一方面,身体又被认为是具有感知的主体,从心理学看是"我的身体有别于桌子和台灯,因为我的身体始终能被感知,而我能转身离开桌子和台灯。因此,身体是一个不离开我的物体"[②]。这里所说的"有感知的主体"的"身体"概念与生物学意义上的"身体"(肉体)的概念是有着本质上的区别。现代意义上的"身体"概念是含有"心"和"身"双重意义的。例如,梅洛-庞蒂说身体是"一个有感情的物体"[③]。特里·伊格尔顿(Terry Eagleton,1943—)指出:"身体已经是感性体验着的有机体,它处于这个世界之中,绝非被放在盒子里的客体。"[④] 美国后现代思想家斯普瑞特奈克(Charlene Spretnak,1946—)提出:"'身体',我指的是统一的身心(body-mind)。"[⑤]

现代身体论的"人体"与"身体"在使用上有明确的界线,如日本现象学家市川浩(1931—2002)认为,"身体的含义,一方面代表着我们现时

---

① [法]梅洛-庞蒂:《知觉现象学》,姜志辉译,商务印书馆2001年版,第131页。

② [法]梅洛-庞蒂:《知觉现象学》,姜志辉译,商务印书馆2001年版,第126页。

③ [法]梅洛-庞蒂:《知觉现象学》,姜志辉译,商务印书馆2001年版,第130页。

④ Eagleton, *The Ideology of the Aesthetics*, Blackwell Publishing, 1990, p.17.

⑤ [美]斯普瑞特奈克:《真实之复兴:极度现代的世界中的身体、自然和地方》,张妮妮译,中央编译出版社2001年版,导言第4-5页。

的具体的生身之体的状态,另一方面也提示出精神与肉体双重图式不同的范畴化的可能性"①。而"人体一词总是难免作为与精神相对立的成份被看待"②,这即说明"人体"一词大多是作为"对象体"的概念被使用的,如人体解剖、人体模特、人体美等。并且,作为审美对象的人体还分为真实的人体和创造出的人体形象。真实的人体同借助于物质媒介创作的人体艺术作品,存在着鲜明的差别,那就是动态与静态、偶然与必然。再成功的艺术作品也传达不出一个真实人体处在不停的运动、变化与对外交流中的生命状态。真实人体的最大感觉特点是包含着无穷的偶然性。一件艺术作品在我们第一眼看到时,其基本特征就已确定了,无论我们在反复的鉴赏中挖掘出多少东西,都不能超出由最初的感知所限定的期待视野了,艺术把瞬间变成了永恒,把偶然变成了必然。英国作家和美术评论家约翰·罗斯金(John Ruskin,1819—1900)说,一座希腊雕像比不上一位血色鲜丽的英国姑娘一半美。③ 真实的人体同艺术中人体的区别就在于其审美的意义,即真实人体同人体艺术作品的差别在审美的意义上显示出了现实与理想的关系与差别。

二、身体美的概念

什么是身体美？目前没有一个统一的概念。给身体美定义是困难的,因为,人类对身体的认识是动态的、发展的。胡小明在1987年版《体育美学》中定义:"身体美,是人类健康的身体所呈现的美。它是一种由机体良好的生理和心理状态综合显示出的健康之美,是生命灌注之美。"④ 除了下定义,胡小明还给身体美进行了释义:"身体美是现实生活中的一种美,是进行生命活动的有机体表现出来的动态变化之美,要求严格符合解剖学特点和新陈代谢的生理规律。它是创造、概括、提炼艺术作品中人体美的源泉,其标准具有时代性但却是相对稳定的。"⑤《体育科学词典》定义身体美是"人体经

---

① [日]市川浩:《身体的构造》,青土社1997年版,第36页。转引自张晓东《试论身体与运动的艺术关系》,中国艺术研究院,2003年。
② [日]市川浩:《身体的构造》,青土社1997年版,第36页。转引自张晓东《试论身体与运动的艺术关系》,中国艺术研究院,2003年。
③ 参见朱光潜《美感与快感》,载《中华活页文选(高一版)》2009年第4期。
④ 胡小明:《体育美学》,四川教育出版社1987年版,第47页。
⑤ 胡小明:《体育美学》,高等教育出版社2009年版,第58页。

过体育运动获得的具有良好的生理、心理状态而显示出来的美"[1]。如果从研究内容和研究范围看,身体美就是身体美学的研究内容。随着身体美学的建立,关于身体美的界定也越来越多,但不完整,还在发展探讨中。如彭富春认为身体美是自然美的顶峰,是社会美的载体,是艺术美尤其是造型艺术和表演艺术美的中心。他把身体美定义为一种美的美学形态,2005年彭富春所著的《哲学美学导论》首次在章节体例安排上把身体美单列了出来,与自然美、社会美和艺术美并列为"美的不同领域"[2]。

  身体美的内涵应是动态的,是随着人类对身体认识的不断深入而更加深刻、更加丰富,并且身体美也有广义和狭义之分。从广义上讲,身体美是身心统一的美。因为,身体美既是主体、客体的统一,也美的形态的统一。身体美涵盖了自然美、形式美、社会美,甚至技术美的所有特征。从狭义上讲,身体美又分不同领域,如生活美学、医学美学、舞蹈美学、电影美学、体育美学等。在体育领域,人的身体会因体育运动发生变化,或因体育运动呈现不同的状态,如运动员的体型、肤色因长期训练产生变化,人的发型在运动中呈现不动状态,等等。因此,从体育美学的角度讲,身体美是体育活动中由身体塑造的美。

  当下,关于"身体美学"的理论尚处于发展阶段,我们对身体美的内涵、构成、塑造论、欣赏论、展现论、美感论、价值论等,还未得出较明确、系统的认识,因此,在身体美学尚未系统完整建构出来之前,我们要以开放的姿态对待各种关于身体美学或身体美的道说。

三、身体美与人体美

  身体美与人体美既有区别又有联系。在现代身体美学形成前,身体美与人体美是共享的,有时会根据运用的语境或场景进行转换,如进行美术创作时使用"人体美";在生活中,如舞蹈和体育运动中,一般使用"身体美"。当然,不能因此把人体美的特征就归纳为"死的"、静态的,"身体美"就是"活的"、动态的,因为身体美也有静态的、人体美也有动态的。如健美运动中,既有动态动作的展示,又有静态形体的展示。

---

[1] 中国体育科学学会、香港体育学院:《体育科学词典》,高等教育出版社2000年版,第237页。

[2] 彭富春:《哲学美学导论》,人民出版社2005年版,第124页。

随着现代身体论的发展，身体美和人体美开始分化，身体美更注重身心的统一，身体美更多是产生于心灵和精神的交流互动中，并且很多时候是主客同体的。而人体美更多是感性形式与精神内容的统一，是人体形态或造型与创作者思想的统一，主体、客体一般是分离的。

但人体美与身体美又难以完全区分开来。不论是身体美学所提倡的对身体的规训以提升人的精神境界，还是从人体艺术观照自身，都是以人体作为媒介进行的审美，都会遵循人体解剖结构等人体科学规律。特别是在体育运动中，人作为审美主体，可以亲自走到运动场，体验身体肌肉活动所带来的快感，也可以坐在高高的观众席上或电视屏幕前，通过"移情"或"内模仿"等心理机制，使生物性的人体审美融入社会性的身体审美中。人体审美与身体审美在体育运动中达到了统一，这也与艺术人体审美形成了显著的区别。

第二节　东西方哲学中的身体观

一、西方哲学中的身体观

西方哲学是一种以意识为其根本的哲学，是一种意识本体论的哲学，在西方文化传统中更多的是坚持身心二分的思维范式。从西方身体观发展的历史脉络看，大致可分为三个时期。

（一）身心分离时期

古希腊人有体育运动传统，尤其是古希腊的奥林匹克运动会，对人类体育观念产生了深远的影响。古希腊社会中体育运动繁荣，希腊人以强健体魄为荣，追求享受此生欢乐，尤其是奥林匹克运动中的"裸体竞技"传统，更能体现出希腊人对人体健美的热爱。但这一传统到了希腊古典哲学时代就发生了变化，其中起至关重要作用的是柏拉图。柏拉图是古希腊灵肉二分观念的建立者。在他的《斐德罗》篇中，人类的灵魂是从完美的理念世界里坠落到被包围在"尘世罪恶"的肉体之中[①]，这是中世纪基督教"肉体是灵

[①] 参见［古希腊］柏拉图《柏拉图全集》第2卷，王晓朝译，人民出版社2003年版，第159—163页。

魂地狱"理念的前身。法国历史学家、人类学家让·皮埃尔·韦尔南（Jean-Pierre Vernant，1914—2007）指出，在柏拉图那里"活生生的躯体……变成了一个简单的表面，成了我们实际上并且永远所是的本质那幻觉般的、不坚实的、转瞬即逝的和过渡性的形象"①。因而，柏拉图也被体育史学者称为"西方文化史上对身体背叛的标志"②。柏拉图生活在公元前5世纪，这一时期古希腊运动竞赛与健身的习俗都开始走向衰落，这与古希腊思想家哲学思想的传播有较大的关系。如柏拉图认为，灵魂犹如理念，是不朽的、单一的、不变的，而身体是具体事物，是有死的、杂多的、变动的，灵魂与身体是不同的两个范畴。"灵魂与神圣的、不朽的、理智的、统一的、不可分解的、永远保持自身一致的、单一的事物最相似，而身体与凡人的、可朽的、不统一的、无理智的、可分解的、从来都不可能保持自身一致的事物最相似。"③ 柏拉图主要从灵魂属于理念范畴、身体属于具体事物范畴来区分身体与灵魂不同，也就是灵魂主宰身体而不是由身体规定灵魂，犹如理念规定、支配现象世界的具体事物一样。

后来，笛卡尔（Descarte，1596—1650）延续了柏拉图的身心二分的思想。笛卡尔的著名论断就是"我思故我在"。他认为这个"我"肯定是存在的，即心灵是存在的。"我仔细研究我是什么，发现我可以设想我没有形体，可以设想没有我所在的世界，也没有我立身的地点，却不能因此设想我不是。"④ 如果"我"停止思维或思考了，那个"我"就不存在了。所以，对于人来说，本质性的东西不是他的身体或肉体，而是他的心灵或灵魂、思想。没有身体，并不影响"我"的存在。笛卡尔把亚里士多德所说的"作为存在的存在"理解为实体，⑤ 认为心灵和身体是完全不同的实体，它们的

---

① ［法］韦尔南：《神话与政治之间》，余中先译，生活·读书·新知三联书店2001年版，第528页。

② Faris, "The influence of plato and platonism on the development of physical education in westerm culture," *Quest*, 1968, 11 (12), p. 22.

③ ［古希腊］柏拉图：《柏拉图全集》第1卷，王晓朝译，人民出版社2002年版，第84页。

④ ［法］笛卡尔：《谈谈方法》，王太庆译，商务印书馆2001年版，第27页。

⑤ 亚里士多德曾在《形而上学》里指出："凡是存在的东西都以这样的方式被称为存在。这些之中，每一个所以被称为存在，或者由于它是作为存在的存在的规定，或者由于状况，或者由于处境，或者由于运动以及其他。"参见［古希腊］亚里士多德《亚里士多德全集》第七卷，苗力田主编，中国人民大学出版社2008年版，第245页。

属性也不相同。心灵的实体是一个思维的实体,它的本质属性就是思维、思想。"我确实有把握断言我的本质就在于我是一个在思维的东西,或者就在于我是一个实体,这个实体的全部本质或本性就是思维。"① 至于身体,其本质属性是广延,因为身体是物体,而物体的本质属性就是广延。一般认为大脑是思维的器官,可是笛卡尔认为,人的思维可以完全不靠大脑。因为在他看来,心灵本身的属性就是思想,有了思想就能证明我的存在,与大脑没有关系。既然心灵和身体是可以分开的,或者说心灵可以离开身体而存在,对心灵本身没有什么影响,那么可以得出的推论是:肉体可以死亡,而灵魂是不死的。从这里可以看出,笛卡尔的思想受宗教的影响还是很大的。

(二)身心合一时期

在重心轻身时期,身体在西方思想史中基本上是缺席的、边缘的、被遮蔽的。无论是柏拉图关于灵魂是人的本质规定的理念贬抑或身体是对灵魂的囚禁,抑或是笛卡尔知识理性的实体意义遮蔽了也为实体的身体的应有价值,他们都是用核心概念,如理念、理性、灵魂、灵性等更高的范畴来压制、压抑、贬斥处于边缘地位的身体。这一思想僵局到了尼采,才发生颠覆性的、革命性的变化,身体的价值得到了重新评估。

尼采的全部思想的出发点或基本前提就是:"上帝死了"②。在尼采看来,"上帝死了"指的是上帝丧失了对人的规定性的权力,因此,人要成为自身价值的主宰。尼采认为:"基督教本质上有着病态者怨恨和反对健康人的本能,以及反对健康的本能。一切结果健全的东西,一切骄傲的东西,一切自负的东西,尤其是美好的东西,都使它感到不快。"③ 基督教告诉人们要压抑自己的本能,做圣洁的上帝的子女,指责人类是有原罪的,唯有牺牲自己感性的快乐,才能获得幸福。尼采指出,基督教的这种道德扼杀了每一个人所具有的独特的生命力和原始的本能冲动,扼杀了人的个性、自由意志和创造性。

尼采的身体思想一方面表现为对以基督教为代表的形而上学体系,包括宗教、道德、科学、理性等对于人的生命力或生存意志的压伤、损害、窒息

---

① [法] 笛卡尔:《第一哲学沉思集》,庞景仁译,商务印书馆1986年版,第82页。
② [德] 尼采:《快乐的科学》,黄明嘉译,漓江出版社2003年版,第151页。
③ [德] 尼采:《反基督》,陈君华译,河北教育出版社2003年版,第146页。

的颠覆与解构；另一方面则表现为对于强力意志身体的想象与建构。这个"强力意志"的思想渊源是叔本华的唯意志论哲学。叔本华认为，世界的一切都为着主体而存在，世界与人的关系是表象和表象者的关系，而表象的世界是"现象"的世界，在它之外还有一个世界即被称作"自在之物"的意志。不同于康德的"自在之物"的不可认识的观点，叔本华认为"自在之物"是可知的，它就是自己的意志。意志是盲目的、不可遏制的一种冲动与原动力，是一种不能认识的非理性力量。这种非理性的力量构成了整个世界，也构成了我们自身真正的本质，而理性只是意志的工具。包括人的器官、肉体、身体也体现了意志，是意志的客体化表现。正因为身体是意志的表象，是人的生命意志的表现，而生命意志则体现为难以满足的欲望。对于人的生命意志，叔本华是持悲观主义的否定态度的，因为既然生命意志是欲望的表征，而在实际中并不存在一个对象能够使欲望得到永恒的满足，人们所能获得的只是暂时性的欲望的满足。一个欲望满足了又会产生新的欲望；如果一个人的欲望易于满足，可怕的空虚和无聊又会向他袭来，因而，人生实际上就是一场悲剧。因此，要走出世界与人生的悲剧，只能禁欲。尽管尼采也认识到了世界与人生乃悲剧的基本面向，但是不同于叔本华的悲观态度，尼采是保持乐观的态度；也不同于叔本华对生存意志的作用的否定，尼采高度肯定并张扬权力意志的作用。尼采反对把现象世界与"自在之物"隔离开来，他认为世界是一个统一体，世界的本质是生成、流变，而不是静态的存在。任何地方、任何事物都表现为强力意志，我们的意志就表现在现象世界中。"只是生命所在的地方，即有意志；但是这意志不是求生之意志……而是权力意志！"① 强力意志的本质就是生命意志，不仅仅是叔本华所说的生命的自我保存和延续的生存意志，更是生命的一种冲动或冲力，是一种不断地自我表现、自我创造、自我扩张、自我超越的活动过程，是提高生命能量、提升生命等级的意志。尼采的这种用强力意志寓于身体，并突出身体的主体性，也突出了审美价值。比如尼采说："一切艺术都对肌肉和感官发挥强烈影响。"② 尼采的核心概念"强力意志"是力的冲突、对立、对抗、较量与斗争，因此，在尼采的身体观里，身心是合一的，但处于冲突、对立

---

① ［德］尼采：《查拉斯图拉如是说》，尹溟译，文化艺术出版社 2004 年版，第 125 页。der Willezur Macht 国内有两种翻译，一种是"权力意志"，一种是"强力意志"。
② ［德］尼采：《权力意志 1885—1889 年遗稿》，孙周兴译，商务印书馆 2007 年版，第 1026 页。

中，因此，身体是需要培养的，也是可以改善的。尼采指出，审美要从身体培养开始——"为了美……人必须首先说服肉身，严格地维持优秀和讲究的举止，只同不'放任自流'的人一起生活的约束力，这已完全足够，让人变得优秀和讲究。"① 从中我们显然可以看到，在尼采那里已经注意到身体培养对于审美的意义了。而现在看来，这种观点在身体美学中已经逐步被大部分人所接受，特别对体育审美有很大的启发意义。坚持体育运动的人相对来说具有较强约束力，这种约束力可以激发更强的审美理想、审判意识和审美能力。

（三）身心统一时期

对现代身体美学思想产生深远影响的哲学流派中，现象学拥有无可争议的地位。受弗朗兹·布伦塔诺（Franz Brentano，1838—1917）的影响，埃德蒙德·胡塞尔（Edmund Husserl，1859—1938）创建了现象学的观点与方法。胡塞尔以"纯粹的先验意识"为现象学研究的最终对象，认为"纯粹的先验意识"是在搁置各种观念的基础上还原到了"事实本身"。而"事实本身"这一现象其实始终是在意识中达成一致，也就是说主客体在意识中达成统一。在胡塞尔看来，在生活世界中，包括具有心理和精神活动的一切东西作为具体事物在视觉、触觉和听觉等方面呈现，都需要身体的参与。他说："在这里当然地而且是不可避免地会有我们的在知觉领域中决不会不在的身体参与进来，而且是借助它的相应的'感觉器官'（眼、手、耳等）参与进来的。它们在这里是持续地有意识地起作用的，而且它们在视、听等活动中与属于它们的自我的运动性，即所谓运动感觉，一起发挥功能。"② 可以看出，他认为身体为知觉不可或缺的因素。

梅洛-庞蒂延续、发展了胡塞尔现象学方法，并且把胡塞尔晚期提出的生活世界的观点运用到了人的存在问题上，形成了具有颠覆性影响的知觉现象学理论。梅洛-庞蒂继承胡塞尔运用现象学方法论述身体知觉，对于身体展开了相当全面系统地论述，"生活是一种最初的活动，通过它才可能'经历'这个或那个世界……因此，视觉、听觉、性欲、身体，不仅仅是经过

---

① ［德］尼采：《偶像的黄昏》，卫茂平译，华东师范大学出版社2007年版，第175页。
② ［德］胡塞尔：《欧洲科学的危机和超越论的现象学》，王炳文译，商务印书馆2001年版，第129页。

点、工具或个人生存的表现：个人生存在自身中再现和集中了其给出的和来源不明的生存"①。在他看来，人是一个完整的存在，人是存在的一部分，身体本身就是人存在的根本，不仅仅是为了生存目的而表现的一种途径。身体是人生存的手段和目的的统一体，正如他说，"身体是我们拥有一个世界的一般方式"②。我们的身体是身心合一的身体，在世的生活是一种身体参与的活动，身体是人在世的立足点。

乔治·桑塔耶纳从自然主义美学维度论述身体对于心灵的意义。他强调艺术与深层的生理要素不可分割。在他看来，人体一切机能都影响美感。至于人体机能有哪些构成，除了比较常见的五种感觉和三种心灵能力之外，还包括容易被忽视的血液循环、组织的新陈代谢、昏睡、呼吸、性欲和生殖本能，等等。比如他在论述血液的循环、组织的发育与衰退时说："也许它们并不构成任何观念或者感情的全部基础，但却是所有存在以及全部特质形成的条件。"③ 在探讨呼吸时，他说："那些事物之所以动人心弦是直接出于深长呼吸或喘不过气这种生理感觉。"④ 他在讨论生殖机能的意义时说："生殖机能不仅会导致身心的直接改变，而且还会带来一套完整的社会制度，为了维护这些制度的延续，交往本能和习惯对人而言就是必不可少的了。"⑤ 在他看来，生殖机能影响远远超出了简单的身心问题，扩展到了伦理政治、社会层面。可以看到桑塔耶纳从自然主义角度出发，详细地阐述了心灵活动附属于身体和生理的自然运动过程。

威廉·詹姆斯（William James，1842—1910）、杜威等从实用主义哲学观点都强调身体实践对改善身体审美体验的作用，从一定意义上讲，身体美学改变了身体与意识、身体与心灵的关系。詹姆斯从心理学意义上强调身体审美内省的方法，舒斯特曼（Richard Shusterman，1949— ）认为詹姆斯"倾向于将心理学研究中的发现转换成能改善生活行为的道德信条及实践方

---

① ［法］梅洛-庞蒂：《知觉现象学》，姜志辉译，商务印书馆 2001 年版，第 211 页。
② ［法］梅洛-庞蒂：《知觉现象学》，姜志辉译，商务印书馆 2001 年版，第 194 页。
③ ［美］桑塔耶纳：《美感》，杨向荣译，人民出版社 2013 年版，第 41 页。
④ ［美］桑塔耶纳：《美感》，杨向荣译，人民出版社 2013 年版，第 42 页。
⑤ ［美］桑塔耶纳：《美感》，杨向荣译，人民出版社 2013 年版，第 46 页。

法"①。他认为,自身身体感受的审美内省能够发现感受过程中不合理身体状态,据此可以及时调整身体意识以弥补其不足。杜威从哲学维度阐述身体是与环境相互作用的身心合一的有机体,强调身体实践在人的生活中的价值。他说:"皮肤仅仅是以一种最为肤浅的方式表示——有机体终止而环境开始之处。有存在于身体之内而不属于身体的东西,也有存在于身体之外,如果不是实际上,也是法律上属于它的东西;也就是说,如果生命要继续的话,就必须拥有它。"② 可以看出,杜威批判了身体与心灵的分离或者说有机体与环境之间的划界,认为皮肤并不能把有机体与环境隔离开来。

从西方身体哲学和身体美学发展的脉络可以看出,随着社会的发展,二元分立的身体与意识、心灵的关系也在逐渐改变,有向身心统一理念转变的趋势。当然,这个过程受文化和宗教的影响,是缓慢的,并且,随着人工智能、虚拟技术的发展,身体的消解也在不断冲击西方文化中的身心观。

二、东方哲学中的身体观

东方哲学对身体的观照迥异于西方哲学,东方哲学中"天人合一"思想非常契合身体美学的主导要求,因此,从古典到现代,东方哲学关于身体的观念对身体美学学科可以说是资源宝库。舒斯特曼不仅在日本亲历躬行地体验禅道精髓,试图揭示身体在修身养性中的价值,而且推崇博大精深的中国身体哲学,他期望加深对中国文化的深入了解并在其著作中多次引用中国古典文献材料。但遗憾的是,面对如此丰富的资源,身体美学学科的总结与归纳却是由西方学者完成的。

从东方哲学传统来说,身与心的关系从未曾被置于类似西方哲学的尖锐对立的地步,身心是合一的,身心具有同一性。特别是中国古代哲学是一种以身体为其根本的哲学,是一种身体本体论的哲学。不是"意识"而是"身体",始终处于中国哲人关注的中心,不是"我思故我在"而是"安身方可立命"。以中国的文化传统而言,《周易》所开创的天人合一路数与象数思维模式,是中国身体观的深层结构与理论基础。天人合一的理论认为,"天—人—地"是一个统一的整体,天道决定人道,天体规定人体,或者反

---

① [美]舒斯特曼:《身体意识与身体美学》,程相占译,商务印书馆2011年版,第234页。

② [美]杜威:《艺术即经验》,高建平译,商务印书馆2005年版,第62-63页。

过来说，人道要效法天道，人体要模仿天体。这对于儒家的"以天合人"，以及道家的"以人合天"的思维模式产生了重要影响。中国哲学中的身体是一个富有张力的阐释系统，它没有停留在精神缺席的肉体层面，而是蕴含着对身心完整意义的诠释。"仁"是儒家思想的核心范畴，也是儒家生命智慧和德性身体落脚点。孔子并非单纯的道德理想主义者，而是入世的内在超越主义者，他对世俗身体并不规避，对世俗欲望也不完全否定。孔子尊重身体，高扬生命意识，从现实理性角度看，敬身本身内蕴的意义在于继承种的繁衍以及祖宗事业。"君子无不敬也。敬身为大。身也者，亲之枝也，敢不敬与？不能敬身，是伤其亲。伤其亲，是伤其本。伤其本，枝从而亡。"（《礼记·哀公问》）儒家从齐家、治国、平天下的宏观视野出发，认为世俗欲望肯定要加以节制，世俗身体也势必要加以转换。这种修养与转化，就是儒家的修身观念。《礼记·大学》有："此谓诚于中，形于外"，又有："富润屋，德润身，心广体胖"这些论述揭示内心对外在身体形态的影响和身心相通关系，显示身心功能之间相互转化的可能性。在中国文化的历史长河中，中国传统哲学强调身心合一的辩证思想，"心"始终是没有脱离内含生命活力的身体，或物性与灵性结合的身体。在身心合一方面，日本哲学家中江兆民说："身躯是本体，精神是身躯的活动即作用。正是因为这样，所以身躯一旦停止了呼吸，它的作用即视觉、听觉、语言、行动就要立即停止。"[①] 印度人的瑜伽从来都是讲究灵肉双修的，正如金克木所说："印度哲学不是空谈，是着重修行实践和讲求实际效果的。"[②] 可见，东方哲学里，身心之间不是"二元对立"、非此即彼的否认关系。这里不仅表现出了身心交相作用，而且体现出了唯物主义的倾向。

在东方传统哲学中，"践形"思想是身体哲学知行合一的经典概括。"践形"一词最早见于《孟子》一书："形色天性也，惟圣人然后可以践形。"（《孟子·尽心上》）据杨伯峻考证，此句"天性"中的"性"并非如通常那样做"属性"之解，而是通"生"[③]。孟子在这里是说，形色是天生的，比如人的四肢五官等，只有圣人才能做到在后天的努力中运用好自己先天的形体。王夫之通过对传统的知行、心物、形神之辩的总结，批判了重知

[①] ［日］中江兆民：《一年有半、续一年有半》，吴藻溪译，商务印书馆1979年版，第78页。

[②] 金克木：《印度文化论集》，中国社会科学出版社1983年版，第40页。

[③] 杨伯峻：《孟子译注》下，中华书局1981年版，第319页。

不重行、重心不重物、重神不重形的错误倾向。在此基础上他提出了自己的"践形"主张："形之所成斯有性，情之所显惟其形。故曰：形色，天性也；惟圣人然后可以践形。"① 在王夫之的哲学中，"践形"就是主张人生必须发展形体各方面的机能，使其各得其所。

东方文化对身体的尊重与敬畏给了舒斯特曼很多启示，从他为其每部中译本著作题写的序言来看，言语中传达出对中国哲学传统的尊敬和向往，透过其频繁引用《荀子》《大学》《孟子》等古典著作，可知他在相当程度上了解中国古代一些哲学家基本思想。毋庸置疑，儒家思想对身体持有的规训或教化思想、礼仪规则与修身养性符合社会、伦理与政治规范。而积极出世的道家崇尚飘逸的、无拘无束的、解放的身体。佛家则特别讲究饮食，坐禅修行等活动。虽然各种派别有不同理念，但是他们基本上都没有放弃对身体的追求。总的说来，与西方哲学相比，东方哲学在身体与灵魂统一、身体理论与身体实践结合方面处理得更好一些，对身心关系的理解更符合人的存在价值和意义。

三、美学的身体观

人类对身体的关注和研究从来就没中断过，因为身体是人最基本的存在方式。人类对自身美的体察、描绘和追求也有着悠久的历史。人类从原始时代起，对自身美的发现和赞赏就有着浓厚的兴趣。古往今来，人类留下了大量以身体为主题的遗迹。身体是自然的产物，作为生命的物质载体，身体其实是与生命分不开的，人类能够看到各种色与形、听到各种音响、嗅到各种气味、尝到甜酸苦辣、感觉到冷暖或者软硬，这都是身体感官的作用。说笑逗唱、翻滚转挪，是身体的功能性发挥；衣食住行、吃喝拉撒，是身体存活的基本需要。身体又是文化和精神的载体，人类的发明创造、社会变革，要由人的身体贡献体力和智力，而人类所有的活动最终也还要落实到人的身体的安康与长寿、发展与自由。正如海德格尔说："人生在世，就是身体的在场。"②

在现代社会，围绕身体问题形成了一系列分支学科，如身体社会学、身

---

① （清）王夫之：《周易外传》，李一忻点校，九州出版社2004年版，第25页。
② 转引自张永飞《具身化的课程：基于具身认知的课程观建构研究》，云南人民出版社2017年版，第39页。

体人类学、身体文化学等。这些学科从社会学、哲学、心理学、人类学深入地探讨了身体问题，确立了身体研究的不同学科范式。身体作为美学的研究内容自古有之，但作为一门独立的学科出现是比较晚的。身体美学的创立者舒斯特曼于1992年在《实用主义美学》（第一版）中探讨了关于身体的美学话题，在1997年出版的《哲学实践》中第一次使用"身体美学"（somaesthetics）这一术语。身体美学的建立在哲学、美学领域都具有不可估量的意义。身体美学进一步肯定、强化了长期处于文化边缘的身体的价值，使人们由关注意识开始向关注身体转移。被誉为近代哲学始祖的笛卡尔，他倡导身心分离的二元论，贬低身体，强调纯粹的心灵、意识的价值。他认为，通过身体和感官经验得到的东西是骗人的、不可靠的，阻碍了人们去寻求确定的知识，而缜密思辨的理性或心灵能够提供这样的条件。理性被给予了很高的地位。这在一定程度上影响了身体问题在哲学中的发展。而强调身体的重要性，无疑会动摇了灵魂、理性等西方精神的统治地位。梅洛-庞蒂说："身体是已经建立起来的行为方式，是已经获得的力量的整体，是已经获得的辩证的根源，而更高等级的组织结构就实现在其上，而心灵则是开始呈现的新意义。"① 在他看来，身体是所有语言和意义的基础，此观点改变了传统意识与身体的关系。可见，身体的地位得到很大的提升，颠倒了原来的身心结构，身体在某种程度上成为意识产生的基础。身体美学则延续并深化了身体在哲学领域核心地位。

　　身体美学的建立不仅突破了强调意识的传统哲学范式，而且在一定程度上也冲击了传统美学规范。比如姚文放指出："由伊格尔顿、舒斯特曼和韦尔施通过确立'肉体话语''身体美学''身体的审美化'等理念而对于经典美学所发起的三次挑战，无疑是当代美学的重大事件和重要转折，相信它对于当今乃至日后美学的发展将产生深刻影响……对于肉体、身体的美学意义予以关注，其中必有道理在，必有规律在，必有其留驻当代美学史的学术意义在。"②

---

　　① ［美］普里莫兹克：《梅洛-庞蒂》，关群德译，中华书局2003年版，第9-10页。

　　② 姚文放：《肉体话语、身体美学、身体的审美化：晚近对于经典美学的三次挑战及其学术意义》，载《江海学刊》2012年第1期。

身体作为生命意识的承载体，决定了身体在人类认识世界、掌握世界的实践中具有不可或缺的意义，这也决定了身体在人与世界的审美关系中的价值所在。身体美学建立的逻辑前提是身体哲学，但这并不意味着，身体美学处于完全没有原则的被动地位，正如美学对哲学一样，身体美学对身体哲学有不可忽视的影响作用，身体美学可以满足特殊的价值需要。正如舒斯特曼经常提及，身体美学不但有助于对自己身体关怀，而且可以改善对他人、社会的伦理与政治关注，实现哲学追求的知识、自我认识、美德、幸福和公正的目的。又如有学者也提出身体美学的基本问题是在历史中的自然和文化的相互生成，身体美学的任务是身体与感觉的解放。[①]

第三节 身体审美形态

德国启蒙运动时期剧作家、美学家戈特霍尔德·埃夫莱姆·莱辛（Gotthold Ephraim Lessing，1729—1781）所著的《拉奥孔》一书中有这样一段话：最高的物体美只有在人身上才存在，而在人身上也只有靠理想而存在。这种理想在动物身上已较少见，在植物和无生命的自然界就简直不存在。[②]身体作为人类存在的物质基础，虽然不是完美的，但在已知的碳基生命中，可以说是最高级的、最精妙的。

一、身体形式美

身体形式美主要包括人的容貌美和人的形体美。

人类对身体审美首先来自我们的感官结果，而首先被感知的是人的形体。根据马克思主义实践观点，人的形体美是实践发展的历史成果，是自然的人化和人的本质力量的对象化的成果。人的形体的审美对象或审美内容包括容貌端庄、体魄健壮、身材匀称、肤色鲜亮等。

[①] 彭富春：《身体与身体美学》，载《哲学研究》2004年第4期。
[②] ［德］莱辛：《拉奥孔》，朱光潜译，人民文学出版社1984年版，第194页。

（一）容貌美

英国哲学家培根曾说过："状貌之美胜于颜色之美。"[①] 美的形体，首先是要求各个部分以及面部五官比例对称、协调，外部边缘曲线的美，也就是人们常说的"天生丽质"。容貌是最直接的审美对象，是人的美的重要组成部分。对个人容貌影响最大的还是遗传因素，虽然人的脸型一辈子不会产生太大的变化，但通过锻炼，也可以对容貌产生影响。经常锻炼的人，体脂率低，特别是力量训练时，也会用到咬肌等面部肌肉，可以使面部肌肉更紧致，皱纹减少，面部线条更饱满，棱角更分明、更立体，整个人看起来也会精神很多。

（二）形体美

形体是人类身体的结构类型，由骨骼、肌肉、皮肤、头发等共同组成的形状结构。意大利文学家托尔夸托·塔索（Torquato Tasso，1544—1595）说过，"形体美是自然的一种作品，因为美在于四肢五官具有一定的比例"[②]。对于形体的审美不能只停留在身材比例的审美，而应是身体各部位的比例协调。因为人的形体也受遗传因素的影响，不是每个人的身材比例都符合黄金分割律，并且，目前人类的科技也很难通过医学技术达到全面的形体改造，也是为医学伦理所禁止的。因此，即使是运动员，因个人遗传因素，身材比例也不都是完美比例。但通过针对体形上某些缺陷或不足而加以局部强化训练，可以促进和保持后天体形匀称、协调，如大腿围、手臂围、身体曲线等。因此，身体锻炼应全面，使身体各部分都协调发展，并且匀称的身材可

---

① 培根的《说美》短文的中译版本有很多，其中水天同的译本"论起美来，状貌之美胜于颜色之美，而适宜并优雅的动作之美又胜于状貌之美。美中之最上者就是图画所不能表现，初睹所不能见及者"在体育文献中最常见。原文为"In beauty, that of favor, is more than that of color; and that of decent and gracious motion, more than that of favor. That is the best part of beauty, which a picture cannot express; no, nor the first sight of the life."虽然原文没有提到容貌，但译者根据上下文把"that of favor"翻译成"状貌"有"长相、模样"的意思，相对于其他版本的翻译更传意，特别是"动作之美又胜于状貌之美"成为"运动美"最传神的注解。参见［英］培根《培根论说文集》，水天同译，商务印书馆1983年版，第156页。

② 北京大学哲学系美学教研室：《西方美学家论美和美感》，商务印书馆1980年版，第71页。

使身体这个力学系统在受力时更平衡,可以保障身体少受伤、更健康。形体美可包括以下四点。

骨骼美。骨骼是人体的框架,是人体肌肉和器官的承载结构,骨骼或骨架对形体美有着重要的作用。在生长发育期,体育锻炼使骨骼系统持续处于轻度超负荷状态,引起骨塑建使得骨量增加;而到了成熟期,成年人的骨强度与肌力大体相平衡,骨骼系统内部以维护模式的骨重建为主,体育锻炼可以防止骨质丢失。经常参加体育运动,可以使人体骨密度增加,骨径变粗,骨骼变得坚实、抗压性增强。青少年加强锻炼,可加速骺软骨代谢,促进骨增长,故少年时期合理锻炼有利于身高增长。骨骼美在于匀称、适度,即站立时头颈、躯干和脚的纵轴在同一条垂直线上;肩稍宽,头、躯干、四肢的比例以及头、颈、胸的连接适度。

肌肉美。肌肉约占人体重量的40%,肌肉是人体塑形的最重要的材料,发达而富有弹性的肌肉是构成身体曲线美的基础。人的身体比例受先天遗传影响相对固定,而身体形态却可随肌肉体积大小变化而变化,其可塑性比容貌和骨骼大。由于肌纤维可产生应力,肌肉也被视为力量的源泉,是力的象征。肌肉由肌腹和肌腱组成,肌纤维增粗后,肌腹会隆起,使人体产生不同的肌肉曲线,增加了人体的美感。颈肌能使人颈部挺直,强壮有力;胸肌(胸大肌、胸小肌)能使人的胸部变得坚实而挺拔;发达的肱二头肌、肱三头肌及前臂肌群,可使手臂线条、鲜明、粗壮有力;三角肌可使肩部增宽;呈"V"字形的背阔肌,有力的骶棘肌可固定脊柱,使上体挺直;腹肌可增强腹压,保护内脏,有利于缩小腰围,增强美感;臀部肌肉和有力的下肢肌肉,能固定下肢,支撑全身,给人以坚定有力之感。因此,肌肉是人体的雕塑师。

皮肤美。皮肤是健康美的一面镜子,皮肤美是表现人体美的重要特征。如车尔尼雪夫斯基认为再好的绘画颜色都不足以表现肤色的自然美。"人体通过皮肤焕发光彩,因而赋予人类的美以百般的魅力。"① 肤色美是人体美的重要表征。著名诗人马雅可夫斯基这样称颂皮肤:"但是世上再没有比红润的皮肤,青铜般的筋肉更加漂亮的衣服。"② 皮肤美的三要素是颜色、光

---

① [俄]车尔尼雪夫斯基:《艺术与现实的审美关系》,周扬译,人民文学出版社1970年版,第52页。
② [苏]马雅可夫斯基:《马雅可夫斯基选集》第1卷,余振主编,人民文学出版社1984年版,第530页。

泽和洁净。体育运动对于皮肤的健康美丽有很好的帮助和改善，可以增强皮肤的血液循环，促使血管横断面积扩大，增加皮肤毛细血管的血流量，使皮肤得到更多营养，增加吸氧与排汗能力。同时，运动时血氧含量升高，全身细胞包括皮肤细胞都获得了更多的氧和营养物质，加快皮肤的新陈代谢。运动能提高皮肤温度，有利于皮肤中胶原纤维合成速度，促进皮肤细胞储存水分，防止皮肤变干起皱，使皮肤显得水灵饱满、细腻润泽。另外，皮肤还是健康状况的镜子，红光满面气色好的人才有精神；相反，脸色发灰精神疲惫的人，往往是身体衰弱多愁善感的病人。而良好的精神状态、营养与卫生习惯是保持皮肤健美的不可缺少的条件。

头发美。在运动中，头发是唯一没有贡献甚至形成阻碍的部位。许多运动员喜欢留短发以增进成绩。最典型的例子是男游泳运动员为了减少在水中的阻力而剃光头。跳水女运动员大都剪短发，因为，跳水运动员在起跳后要在空中进行翻腾等动作，长发会影响动作的发挥，另外，长头发也会影响入水时的水花效果。然而，头发在运动中也会给人以美感，摄影家的镜头里，头发往往成为构图的核心。头发美还作为了难美性运动项目的人体装饰，如体操运动员、花样游泳女运动员需要将头发向后拉紧扎起来或者盘起来，再用头油对于碎发进行平整处理，还需要化淡妆，增加比赛观赏性。

二、身体社会美

（一）健康美

世界卫生组织于1948年提出的健康定义是："健康不仅为疾病或羸弱之消除，而系体格、精神和社会之完全良好状态。"（Health is the state of complete physical, mental and social well being and not merely the absence of the disease or infirmity.）近年来，我国的很多期刊、教材也使用健康四维度定义，即躯体健康、心理健康、社会适应良好和道德健康。但这四个维度与世界卫生组织的概念不存在直接联系。躯体健康、心理健康和社会适应良好可以说是世界卫生组织关于健康定义的总结，而道德健康，是不经考证的互相引用而导致的以讹传讹。① 而源头据考证是《中国医学伦理》的一则研讨信息。② 尽管如此，道德健康的加入有一定的合理性，与中国传统文化的身体观也是相符的。如《中庸》有："故大德，必得其位，必得其禄，必得其名，必得其寿。"《伦语·雍也》中亦有："知者动，仁者静。知者乐，仁者寿。"唐朝著名医学家孙思邈的医书中更有不少相关论述，如《千金要方》有："德行不克，纵服玉液金丹未能延寿。"

身体健康是身体美的最基本的要素，身体美既有作为自然物本身所具有的美，也有人按美的尺度对作为自然物的人体进行改造后创造的美。健康美既包含自然的美，如身体没有残疾，具有作为人这个类的完整体格；也包含体能、生命力和其他抽象的精神素质，如精神状态和气质。朱光潜说："身体好比马达，生活力就是电力，而努力所需要的坚强意志就是动力。生活力不旺——这就是说，体力薄弱——身体那一个马达就开不动，努力所需要的动力就无从产生。所以精神的破产毕竟起于身体的破产。"③ 健康作为人类生存和发展的内在要求，与身体活动（体育）存在天然的联系。体育作为人类文化活动形式，它的审美价值在于对人类生存意义及价值的终极关怀。对个人而言，追寻健康是人生价值的肯定与超越，在于满足人的全面、和谐、平衡发展和人格升华的需求，健康具有向善的价值趋向，它表达和弘扬的是人类崇高而伟大的价值理想：健康、和平、自由、进步、和谐、竞争、公正和爱。

人是历史的，人类的健康也是历史的。健康是人的社会性和生物性相互统一的外在表现，也关系个体发育和种系发展问题，因此，健康也是人类的共同理想。习近平总书记指出："人类文明史也是一部同疾病和灾难的斗争史。"④ 健康始终是人类社会文明开化和高质量发展的标志。人类要秉持构建人类命运共同体理念，打造健康共同体。苏联哲学家马特罗斯在发展人的

---

① 参见周围、杨韶刚《借鸡生蛋与以讹传讹：道德健康概念的提出及其合理性分析》，载《上海教育科研》2008年第11期。

② 参见李恩昌、李花枝《世界卫生组织提出健康新概念道德健康是健康的重要内容》，载《中国医学伦理学》1992年第3期。

③ 朱光潜：《谈体育》，载《朱光潜全集》编辑委员会《朱光潜全集》第4卷，安徽教育出版社1987年版，第132页。

④ 新华社：《习近平在第73届世界卫生大会视频会议开幕式上的致词》，见中华人民共和国中央人民政府网（http://www.gov.cn/xinwen/2020-05/18/content_5512733.htm），2022-10-10。

健康方面，从哲学方法论上制订了四组发展标准及完善措施。第一组是社会措施：改进生活方式，调整需求，完善教育体系，培养对体育运动的积极性，发展饮食文化，根除有害的习惯。第二组涉及完善人的生物特点：延长寿命，控制免疫过程等。第三组是心理学措施：控制记忆过程和情感，改善智能等。第四组则与发展技术手段有关：改善视觉器官、听觉器官、记忆器官、生物节奏和创造人工器官等。① 他还说，人类健康在过去进化时期发生了极大的变化，人类今天的任务就是了解这一进化的规律和按照某种规定的标准改变人的天赋本质：使人类在体力上更强壮和更健康，提高他的道德和智能，强化他的意志和最终发展他追求幸福和快乐的能力。

（二）身体素质美

身体素质是指人体在运动中所表现出来的力量、速度、耐力等身体基本状态和功能能力，是人体各种与运动相关的综合功能状态，同时也包括运动员在其特殊运动项目中的运动能力。身体素质的发展，对增强人的体质和健康有重要意义。但身体素质与健康不同，身体素质是健康的基础，是比较稳定的，相对而言，健康没有身体素质稳定。也正因此，身体素质的提升一般比较缓慢，过程也比较痛苦。不过，苦累的体育锻炼过程也充满着审美元素，因此，使体育运动过程审美化，可以激发人们的锻炼热情，促进人类的整体健康。

身体素质的表现及评价是多方面的，可分为一般身体素质和专项身体素质两大类。一般身体素质包括速度、力量、耐力、灵敏性、柔韧性五方面：速度素质，反映人体在单位时间内移动距离长短或对外界刺激反应快慢；力量素质，反映身体某些肌肉收缩时产生力量的大小；耐力素质，是指人体长时间进行肌肉活动和抵抗疲劳的能力；灵敏性素质，是指迅速改变体位、转换动作和随机应变的能力；柔韧性素质，指人体活动时各关节肌肉和韧带的弹性和伸展度。身体素质是人体在运动、劳动和日常活动中，在中枢神经的调节下，各器官系统功能的综合表现。身体素质的强弱，是衡量一个人体质状况的重要标志之一。身体素质的五个方面，可以说也是对人本质的规定，这是对人生存和劳动能力的基本要求。因此，身体素质就是人的本质力量，身体素质的训练提升过程，就是对象化的过程，即"自然的人化"过程。作为审美对象，审美主体往往被客体（或者"我"）所爆发出来的本质力量

---

① 转引自夏芒《健康发展的哲学问题》，载《国外社会科学》1994年第9期。

所感染，从而产生审美体验。如审美主体在观看篮球运动员扣篮时，与客体产生"内模仿"式的共鸣，而作为类存在的"我"又一次得到确证。

思考题
1. 身体美和人体美是什么？它们之间有什么区别？
2. 身体的审美价值是什么？体育运动对塑造正向身体观有什么意义？

第九章 体育科学技术美

第一节 科学技术美概述

科学与技术是人类的创造性活动，是本质力量的最高体现。科学是人类对于自然界、社会发展的内在规律和结构的探索与认识，而技术则是人类已有科学知识在生产劳动、社会生活中的直接应用。科学发明、技术进步极大地解放了人的自然能力和生产能力，推动了人类对自然认识的深入和社会生活的巨大发展，也使得人的本质力量在生产劳动、社会生活过程中获得了更加充分的肯定与确证，使人类在认识美和创造美的活动中更加自由与自信。特别是量子力学、生物科技、航天科技、人工智能、材料学的发展，将进一步改变人类对宏观宇宙和微观宇宙的认识，同时也将对人类生产、生活方式，甚至思维方式产生巨大的影响。各种新科学、新技术的不断涌现，拓展了人的能力，延伸了人的感官，也促进了人的审美体验，提升了人的审美意识、审美理想。科学技术不仅提升了人类认识美、创造美的能力，也提升了人类对科学技术美的认识。

一、科学美

（一）是否存在科学美

是否存在科学美，在美学界也存在一定的争议，但正如在是否存在艺术美的问题上艺术家最有发言权一样，在是否存在科学美的问题上科学家是最有发言权的。

法国数学家、物理学家朱尔·亨利·彭加勒（Jules Henri Poincaré，

1854—1912）是对美有系统研究的科学家，他对科学美情之所钟。他认为："科学家研究自然，并非因为它有用处；他研究它，是因为他喜欢它，他之所以喜欢它，是因为它是美的。如果自然不美，它就不值得了解；如果自然不值得了解，生命也就不值得活着。"① 德国著名物理学家、量子力学的主要创始人沃纳·卡尔·海森堡（Werner Karl Heisenberg，1901—1976）在创立量子力学时描绘道："我窥测到一个异常美丽的内部，当想到现在必须探明自然界如此慷慨地展示在我面前的数学结构这一宝藏时，我几乎晕眩了。"② 爱因斯坦曾称赞玻尔所提出的原子中的电子壳层模型及其定律是"思想领域中最高的音乐神韵"③，他还曾说："我的劳作是努力把真和美统一起来；如果我不得不选择其中之一，我常常选择美。"④ 尽管科学家们对科学美的阐述大多是零散的、即兴的、缺乏系统性的，但他们对科学美的肯定是不容怀疑的。美籍印度裔天体物理学家苏布拉马尼扬·钱德拉塞卡（Subrahmanyan Chandrasekhar，1910—1995）说："科学理论的辩护要从它的美学价值上去寻找，科学方法的辩护要借助它的美学价值去获得。没有定律的事实是无意义的，没有理论的定律充其量只具有实践功效，所以我们看到指引科学家的动机从一开始就是美学冲动的显现……没有艺术的科学是不完善的科学。"⑤ 在科学家眼中，科学美的存在是毋庸置疑的，关于科学美是否存在的争论也确实存在，造成此争论的原因可以归纳为两个方面。

一方面是传统美学理论局限性。从古希腊美学到德国古典美学，有一个很重要的传统，那就是对艺术研究的极端重视，把美学研究的主要对象界定为艺术。在亚里士多德那里，"诗学"便是美学的代名词。黑格尔也公开声称真正的美只存在于艺术中。康德在《判断力批判》中为美下了一个著名的定义："美是不涉及概念而普遍地使人愉快的。"而科学总是要涉及概念的，所以他坚持"没有美的科学，只有美的艺术……至于一个科学，若作为

---

① ［法］彭加勒：《科学与方法》，李醒民译，辽宁教育出版社2000年版，第12页。
② 转引自徐纪敏《科学美学思想史》，湖南人民出版社1987年版，第642页。
③ ［德］爱因斯坦：《爱因斯坦文集》第一卷，许良英、范岱年编译，商务印书馆1977年版，第21页。
④ ［美］钱德拉塞卡：《科学是对美的追求》，载《科学启蒙》2003年第8期。
⑤ ［美］钱德拉塞卡、朱志芳：《科学中的美和对美的追求》，载《中国青年科技》2001年第2期。

科学而被认为是美的话,它将是一怪物"①。从此,"真"与"美"被当成两码事,科学与美学开始彻底分离。而这种分离后来又被此后近百年的教育体制固定下来。② 就整个西方古典美学以及现代美学来看,艺术是美学研究的核心,这一传统是以牺牲对现实美的研究为代价的。在古典美学时期,由于科学研究还处于小范围的活动,尚未完全从社会生产活动中分离出来,缺乏深度和广度,人们对科学美的认识还局限在艺术美中,如古希腊毕达哥拉斯学派把美学视为自然科学的一个组成部分,认为美表现为数量比例上的对称和和谐,和谐起于差异的对立,美的本质在于和谐。但后来,和谐对称的理论被移植到了艺术审美上,而科学审美却被逐渐淡忘。而当代西方哲学和美学在对科学技术的弊端进行批判时,也把科学美顺带打入冷宫。即使当前,在美学研究和传播前沿的大学,美学多只为通过艺术来研究人对现实的审美关系以及在这一关系中所产生和形成的审美意识这一门科学。

另一方面是研究方法的不足。科学对自然界做分门别类的抽象和概括,以范畴、定律的形式反映对象的本质和规律,艺术则以人的生活为对象,使用生动直观的感性材料,反映人的外部生活和内心世界。科学研究需要客观的态度和理性的抽象思维,艺术创作则需要充满感性和想象的形象思维。如果用传统思辨的研究方法研究科学美,必然严重阻碍了人们对丰富多彩、异态纷呈的科学美的现象进行研究归纳。随着科学的发展,科学研究的专业性越来越强,学科的细分也让人文学科研究者对科学的认识越来越疏远,科学素养的缺乏,导致了美学研究者很难从纷繁复杂的科学现象中抽象出"科学美"这一范畴来。

(二)什么是科学美

给科学美下定义是困难的,因为不论是科学的定义还是美的定义都无法统一观点。关于科学,恩格斯说:"在马克思看来,科学是一种在历史上起推动作用的、革命的力量。"③ 德国哲学家恩斯特·卡西尔(Ernst Cassirer,

---

① [德]康德:《判断力批判》上卷,宗白华译,商务印书馆1985年版,第150页。

② 转引自夏宗经《关于科学与美学的思考》,载《湖北师范学院学报(哲学社会科学版)》1988年第2期。

③ [德]马克思、[德]恩格斯:《马克思恩格斯全集》第3卷,中共中央马克思恩格斯列宁斯大林著作编译局译,人民出版社2012年版,第1103页。

1874—1945）在《人论》中则指出："科学是人的智力发展中的最后一步，并且可以被看成是人类的文化最高最独特的成就。……在我们现代世界中，再没有第二种力量可以与科学思想的力量相匹敌。它被看成是人类历史的最后篇章和人的哲学的最重要主题。"① 科学也是人类的基本实践活动，而且还是显示人的发展水平的重要标志，因此必然具有很高的审美价值。关于科学美，有人认为国外较早论述"科学美"的大师要首推法国数学家彭加勒，他首先给出了科学美的明确定义，并把科学美与科学创造的过程和方法联系起来，深化了人们对科学美的认识。② 国内较早的关于科学美的论述是1981年周义澄在《复旦学报》发表的《论科学美》，他认为："科学美与艺术美一样建筑于自然美的基础之上，是美的一种高级形式，是人类美的创造成果。……公理、定律、定理、公式、实验、假设可以使人神往、迷恋，这是科学家们用科学手段创造的科学美，同样给人以美的享受。"③ 刘仲林认为："科学美不是对美的概念的滥用，而是为许多学者，特别是对科学美有深刻亲身感受的自然科学家，反复探索、论证过的严肃命题。""科学美包括理论美（包括数学美、公式美等）和实验美，通常主要指理论美，科学家有时也称这种美为'理智美''逻辑美''内在美'等。"最后，刘仲林尝试给科学美下一个简明的定义：它是自然界本身的"和谐"（包括简单）在科学理论上的显现。④ 陈望衡从科学的真与善的关系角度认为："科学美是真的内容取善的形式。是客观事物的规律性为人所认识、掌握以致成为'主观化'了的真。"⑤ 从已有文献看，关于科学美本质的困境如美的本质一样，难以形成统一。但我们还是持动态包容的态度，认为人类对科学美的认识，会逐渐加深。我们也相信，现代科学技术与人类审美活动的关系也越来越密切，并会日益显现出它独特的美学价值。

---

① ［德］卡西尔：《人论》，甘阳译，上海译文出版社1985年版，第263页。
② 参见刘仲林《论科学美的本质》，载《天津社会科学》1984年第1期。
③ 周义澄：《论科学美》，载《复旦学报（社会科学版）》1981年第3期。
④ 刘仲林：《论科学美的本质》，载《天津社会科学》1984年第1期。
⑤ 陈望衡：《论科学美与真、善》，载《浙江大学学报（社会科学版）》1992年第1期。

二、技术美

(一) 技术的含义

技术是伴随着人类的生产劳动而产生的。从科技哲学的角度看,技术决定了人的本质,人一开始就是技术的人,社会一开始就是技术的社会。技术是人与客观世界实践关系的中介,在人类目的性活动过程中发挥着不可替代的作用,并因此决定人的本质。人的主体性在技术工具理性的不断启蒙下逐渐地显现出来。在技术的帮助下,人由本能的人转向自觉的人,而这一转向的完成使人自身同自然、同动物划清了界线,技术就是划界的基本标志。

初看起来,"技术"一词的含义似乎十分明白,一说技术,人们头脑里都会有一个生活中的参照物。不过要想给技术下一个明确的定义,人们马上就会陷入困境,因为,技术本身的概念结构是多维的、复杂的,它的各个方面也和"科学"一样不能用短短一句话来概括。定义"技术"一词的难度还在于不同语言间的对应。如,在英语里有多个词可以表示或译为"技术",如 art、skill、technique 和 technology。前两者主要指"技艺、技能",后两者则都是与汉语中的"技术"相当。但英语中的 technique 与 technology 又有所区别,前者多指事物的"制"(making)和"做"(doing)的具体操作与专门方法,就二者关系讲,technology 乃是对多种 technique 的综合。当然,对技术的这些不同理解之间也存在着某些相似性,大致可以简并、归约为狭义技术与广义技术两种不同的定义。美国技术哲学家卡尔·米切姆(Carl Mitcham,1941—)给技术下的定义是:就一般意义而言,技术就是制造和使用人造物。[1]《哲学大辞典》将技术描述为:"技术一般是指人类为满足自己的物质生产、精神生产以及其他非生产活动的需要,运用自然和社会规律所创造的一切物质手段及方法的总和。"[2]法国技术哲学家雅克·埃吕尔(Jacques Ellul,1921—1994)认为:"技术是合理、有效活动的总和,是

---

[1] Cf. Durbin, "Guide to the culture of science, technology, and medicine," In Mitcham, *Philosophy of Technology*, The Free Press, 1980.
[2] 冯契主编:《哲学大辞典》,上海辞书出版社1992年版,第779页。

秩序、模式和机制的总和。"① 他在《技术的社会》一书中还把技术定义为"在一切人类活动领域中通过理性得到的（就特定发展情况来说）具有绝对有效的各种方法的整体。"② 从埃吕尔对技术的定义和理解来看，他所谓的技术是一种广泛意义上的技术，或者说是广义技术。广义技术大体上指人类在改造自然、改造社会和改造人本身的全部活动中，所应用的一切手段和方法的总和，简言之，一切有效用的手段和方法都是技术。③ 和广义技术相对应的是狭义技术，这类观点对技术的定义为："人类为了满足社会需要而依靠自然规律和自然界的物质、能量和信息，来创造、控制、应用和改进人工自然系统的手段和方法。"④ 这里指的手段即可以指知识手段，也可以包括物质手段。

对于体育运动技术美，已在本书第七章进行过讨论。单就体育技术的内涵看，它应属于狭义的技术。本章讨论的体育技术美则是广义上技术所生成的美。

（二）技术的本质

关于技术的本质，目前主要有三种观点。一是从技术的构成来认识技术的本质，把技术看成系统或人类的活动；二是从人与自然的关系来认识技术的本质；三是从人的本质来看技术的本质。

第一种观点认为，技术是一个动态过程，包括过程论、体系论、系统论和应用论等主张。这种观点明确提出技术是一个动态活动过程，即："技术作为人类改造自然的手段，是由实体、智能等要素构成，但它并不是可以拿过来就用的既成工具，不是一旦创造出来就随用随有的静态体系，技术的本质的固有的特征是它的过程性、动态性。只有把技术作为过程来理解，才能把握技术的本质及其发展规律。"⑤ 体系论中的技术是生产过程中的各种手

---

① Ellul, "The order," In Mitcham, *Philosophy and Technology*, The Free Press, 1964, p. 1983.

② Ellul, "The order," In Mitcham, *Philosophy and Technology*, The Free Press, 1964, p. 1983.

③ 参见曹之友《技术素养初探》，载《东南大学学报（哲学社会科学版）》2006 年第 S2 期。

④ 于光远：《自然辨证法百科全书》，中国大百科全书出版社 1995 年版，第 214 页。

⑤ 陈昌曙：《技术哲学引论》，科学出版社 1999 年版，第 113 页。

段的组合,不能发挥或停止作用的手段就不是技术。单有一台车床、一把铁锹而不能使用或未加使用,就只是机器或工具,而不是技术。这种观点把技术看成是一个物质手段不断组合使用的动态过程。系统论在体系论上进行了补充,认为以往的技术论者"未能分清技术与组成技术的某种要素的区别,以至将技术中的某些要素当作了技术本身,而没有把技术看作是一个动态的系统或一个系统的过程"。把"技术作为一个系统,作为一个动态过程,这是认识技术本质的基本观点"。应用论主张技术是"人类生产实践中对客观规律有意识的应用",他们所说的运用和实践也就是一个过程,是一个主观到客观的过程,只不过他们更加强调技术是知识应用的动态过程罢了。① 过程论认为,静态分析不能揭示技术的本质,只有把技术如实地看作一个系统或过程才能揭示技术的本质。技术是按人所需要的目的,运用人所掌握的知识和能力,借助人可能利用的物质手段而使自然界人工化的动态系统或过程,并且是实现自然界人工化的手段。

第二种观点以海德格尔为代表。海德格尔认为技术具有工具性,这是正确的,但工具性不是技术的本质。海德格尔认为技术具有工具性不足以解答技术的本质问题。技术的工具性虽然限定了技术,但并没有追问技术的工具性何以可能。在某种意义上,正是这种日常态度遮蔽了技术的本性。而从遮蔽到解蔽需要"产生"(bringing-forth)的出现。所谓"产生",不仅工艺制造、艺术、诗歌创造是产生,"自然"即那些出自自身原因的东西的呈现也是产生。通过产生,无论是那些由于自身原因,还是外部原因所出现的东西,都能够在任何给定的时刻将它自己呈现出来,也就是"展现"(revealing)。海德格尔把"展现"称之为真理,并把它理解为思想的正确性。"因此,技术不仅仅是技术的手段。技术是一种展现方式。如果我们注意到这一点,那么技术的本质的另一个完整的领域就会呈现在我们面前。这就是展现,即真理的领域。"② 对于现代技术,海德格尔认为依然是一种展现。当那些蕴含在现代技术中的新东西呈现在我们的面前,那些新东西就是"挑战"(challenging)。所谓挑战,实际上是迫使事物进入非自然状态的展现。但这种挑战是被"限定"(setting-upon)的。如空气现在被限定来生产氮,土地现在被限定来生产矿石,而矿石则可以被限定来生产铀,更进一步,铀可以被限定来生产既能导致人类灭绝也能促进人类发展的原子能。在现代技

---

① 远德玉、陈昌曙:《论技术》,辽宁科学技术出版社1986年版,第55页。
② 高亮华:《论海德格尔的技术哲学》,载《自然辩证法通讯》1992年第4期。

术的支配之下，没有什么东西能够以自己的方式呈现出来。所有的东西都被汇入一个巨大的网络系统，在这个系统中，它们存在着的唯一意义就在于实现技术对事物的控制。海德格尔把具有这种有用性的东西称之为"持存物"（standing-reserve），且认为它表明了事物在现代技术世界中的存在方式。在他看来，现代技术世界中只有持存物而无对象。事物在其遭受挑战的展现而呈现的过程中，失去了独立性和对象性，亦即每一件东西都是出于技术需要而产生的，而它们的产生又是为了产生别的技术产品。现代技术将每一件东西展现为持存物，但这种展现只有在人遭受挑战性的要求去将实在转变为持存物时才会出现。海德格尔把这种挑战性的要求称之为"座架"（enframing）。座架将人与自然纳入一个刻板的结构之中。人座落于这一结构，就是要通过技术去挑战自然，将自然展现成持存物。从海德格尔对技术本质的独特阐释中可以看出，他所指的技术的本质实际上是技术世界中人与自然的关系。这种关系集中体现在座架这一挑战性的要求之中，即一方面人遭受挑战去从事技术活动；另一方面，人又在技术活动中挑战自然，将自然展现为持存物。

第三种观点是从人的本质来看技术的本质。这种观点认为，从技术的起源说明了劳动是人的本质活动，技术是人的本质的外化，是人的本质力量的对象化，只有技术并通过技术人的本质力量才能得到确证。人通过技术充分体现了人的主体性。所谓主体性，就是指人作为主体在对象性活动中本质力量的外化，并从主体地位出发以各种方式掌握客体，使客体为主体服务的功能特征，包括自主性、能动性和创造性。人正是在实践活动中充分展现自己的主体性，而技术恰恰是最能体现人的主体性、能动性和创造性的活动。所以，技术的本质应该从人的本质中去寻找，或者说技术的本质就是人的本质的表现形式。① 吴国盛在探讨技术的本质时认为："人的本质是通过技术的方式被自我塑造出来的。"② 人类的文明史本身就是技术史。技术是人类存在的方式，技术是人类自我塑造的方式。从人的存在意义而言，生存就是使那些尚未存在的东西存在。技术的一切发展演进离不开人的目的，从最初的经验型技术，到近代的实体型技术和现代的知识型技术，技术一直履行着其"在人与自然之间实现充分的自由"的"职责"。正因为技术的属人本质，人在"自由自觉活动"中出现异化和偏离时，人类的反思会起到均衡调节

---

① 参见殷正坤《试析技术的本质》，载《天津社会科学》2001年第4期。
② 吴国盛：《反思科学讲演录》，湖南科学技术出版社2013年版，第141页。

作用。当技术偏离人类的价值追求时，就会通过政治、经济、社会、产业、法律、伦理等各种手段促使技术向人性回归，向人的本质实现的方向回归，而回归的动因是人对"自由自觉类本质"的追求。因此，技术的本质要依附于人的本质才能实现，是人的本质实现的中介和表现，二者具有内在的一致性，二者的实现具有同步性，即技术以人的本质实现为自身最终本质，这就是使人不断克服技术异化，不断扬弃人在与自然关系中的不自由，最终走向充分的自由和自觉，从而实现人的本质，由此，技术的本质也得以实现。①

（三）什么是技术美

技术美学兴起于20世纪30年代左右，随着资本主义工业化和现代化的不断深层发展而逐渐形成为一门独立的现代应用美学学科，它是人们把审美关系、审美观念、审美理想运用于大规模工业生产中而诞生的一门现代美学的应用型分支学科，故而又被称为"工业美学""生产美学"或"劳动美学"。20世纪50年代，捷克设计师佩特尔·图奇内（Patel Tucci）开始用"技术美学"来称谓这一门新兴的应用美学，这一称谓得到1957年在瑞士成立的国际技术美学协会的认可，从而广为流传。② 技术美学的名称于20世纪七八十年代中国改革开放后从西方传入中国，一般涵盖了工业美学、劳动美学、商品美学、建筑美学、设计美学等内容。其实，追根溯源，人类的生产劳动既是一种运用工具的技术活动，也是一种实现审美目的的艺术活动。在我国美学界，强调技术美学重要性的以李泽厚为最甚。他多次说，技术美学比文艺美学、哲学美学重要，"因为它是关系到广大人民物质生活和精神生活的大问题，同时与我对美学的基本看法有关"。技术美"是社会美的核心和基础，它比自然美、艺术美重要得多。技术美在美学中的这种地位，以前注意得太不够了，论证得太少"。③

关于技术美学究竟应该如何定义，至今仍没有一个统一的认识。不过，一般说来，技术美学应该研究人类技术性生产活动却是大体上的一个共识。

---

① 参见王凤珍、杨延坤《从人的发展看技术本质的实现》，载《自然辩证法研究》2013年第8期。

② 参见张玉能《实践转向与技术美学》，载《武汉理工大学学报（社会科学版）》2013年第5期。

③ 李泽厚：《走我自己的路》，安徽文艺出版社1994年版，第376页。

有人认为,"技术美学是研究物质生产和器物文化领域的美学问题的美学应用学科,也可以叫作设计美学或研究技术美的美学"①。也有人指出,技术美学"着重从技术领域的角度和观点来探讨有关美的问题"②。还有人认为,技术美学是"研究人周围的环境、首先是劳动物质环境,以及劳动成果的审美改造和艺术改造的规律"③的学科。

关于技术美同样未能有一个统一的定义。日本竹内敏雄提出了技术产品的美(技术美)是功能与形态、形象的统一的概念:"技术美就是内容与形式统一的美。"陈望衡则将技术美的构成分为功能美、结构美、肌理美与材质美以及形式美。④ 徐恒醇则认为:"一般把现代技术产品所具有的审美价值称为技术美,它是现代大工业生产方式的产物,也是科技时代所特有的一种审美形态。技术美的概念是相对于艺术美、自然美的概念而提出的。技术产品是把实用功能放在第一位,所以技术美是一种附丽于产品实用功能的美。"⑤

从技术哲学的研究现状看,技术美学的研究范围和对象早已突破日常用品和工业产品。随着美学研究的深入,对人自身的技术化问题已进行过大量的研究,因此,基于人与技术、自然的关系,我们尝试给技术美作一个界定,技术美是对象化过程中真与善的主体性显现。因为技术美不只是功能美等实用性美感,还有精神层面的体悟。随着人类科技的发展,技术的力量会越来越强大,人自身也会在技术化过程中不断提升,尽管这个过程非常缓慢。技术必然是人类自由自觉的介质。

三、科学美和技术美的异同

科学美和技术美相互影响,又相互转换。科学美能对技术美起着指导作用,技术美也能为科学美的发展提供印证效果。技术美有时包含于科学美,

---

① 徐恒醇主编:《实用技术美学》,天津科学技术出版社1995年版,第1页。
② 涂途:《现代科学之花:技术美学》,辽宁人民出版社1986年版,第24页。
③ 张相轮、凌继尧:《科学技术之光》,人民出版社1986年版,第166页。
④ 参见陈望衡主编《科技美学原理》,上海科学技术出版社1992年版,第231－263页。
⑤ 徐恒醇:《科技美学:理性与情感世界的对话》,陕西人民教育出版社1997年版,第142页。

是科学美的具体表现。科学美在影响技术美的同时，技术美也反作用于科学美。当然，科学美与技术美也存在异同之处。

（一）科学美和技术美的相同点

第一，二者都以满足人的需求为目的。科学承担的是认识世界，技术承担的是改造世界；科学提供规律、理论去指导技术，而技术通过主观世界的创新、创造，去改造世界以满足人类发展的需求。所以归根结底，科学与技术的根本目的是一致的，都是为满足人类发展的需求。同样，科学美与技术美的最终目的是满足人的审美需求，是属于实现人的自由、全面的发展的社会现实美。它力图从人文视角出发，通过技术手段解决人与技术发展、人与自然环境、人与社会进步之间的矛盾，从而实现人与自然协调发展、共存共荣，创造充满诗意和美感的和谐社会。科学美让人充满探索未知的动力和兴趣，而技术美则让人类的实践活动更具科学性，更符合人的需要。借用当下一句流行的话"颜值就是战斗力"，技术含量越高的产品，越具有美感。

第二，二者都是真和善的统一。科学要求真，真是科学的生命；同时，科学美也必须是善的，必须解决人类在认识世界和改造世界过程遇到的各种难题。而技术美在实用的基础上要遵循的对象的规律性也是真，实用和审美是技术美的两大功能。科学美是从混乱无序的现象中发现规律并给出结论，这个结论越简洁越简单越好，而技术美则是一种现实美、应用美，也要求符合真的规律，也要求简洁明快。所以，科学美和技术美都是真与善的统一。

（二）科学美和技术美的不同点

一是审美内涵不同。科学是反映、是认识，科学美是一种反映美，科学美的表现形态是科学定律、公式、理论架构，他们反映物理世界的客观规律和基本结构。技术美是物质形态的，是实践。技术美是实用功能与审美形式的统一，是社会物质实践活动的创造性的建造美与成果美。

二是审美感受不同。一方面，科学是对客观事物发展变化规律性的认识，是形而上的，表现出来的是一种意识形态，科学美更多是满足人们的精神需求，是一种精神上的美。技术是人类实践的工具。技术美具有形态交叉的综合性，产品本身包含物质的属性，形式表现包含艺术属性，在使用上又具有社会属性。技术美给人的愉悦是一种复合体，包括生理快感、美感和某种精神快感。另一方面，技术美具有文化性或民族性，而科学美是理性的、具有逻辑性的、具有世界性的。科学美具有一定文化性，但相对技术美要弱一些。由于文化传统或民族不同，不同技术美的审美理想存在着差异。不同文化的人对产品的需求不同，对美的感受也不尽相同。科学是研究客观世界本身内在深层次的美，探索的是自然规律与结构。科学是理性的、具有逻辑的，不受个人、群体乃至社会的影响。正如俗话说"科学没有国界，但科学家有国界"。

第二节 体育与人的技术化

一、人的未特定化

根据进化论的观点，人是一直处于进化过程中，也就是人类并没有固定化，还有着极大的进化优势和广阔的发展空间，这就是人的未特定化。尽管人类处于地球食物链顶层，但人类的生物性功能存在着先天之不足——奔跑速度不及许多动物，无法飞翔，无法从出生起便像其他哺乳动物那样直接站立行走，对自然环境的适应能力差。而一般动物在适应环境的生物性结构上比人更具专门化和特定化，动物器官可适应特定的生存条件，如鱼用鳃呼吸，非洲肺鱼还能用鱼鳔呼吸。这种专门化的效力和范围也就是动物的先天本能，这种本能规定了动物在每一种场合中的给定行为。然而，人的器官并不专门指向某些行为，而是原初就是非专门化的。[①] 即人类没有这样的一种规定性，要求他具备什么样的器官组织，什么样的能力去适应他生活的环境。如此看来，比起动物各自具备适应生存环境的专门构造，人在生命发展的本能构造上是处于劣势的。

但人的未特定化，使得人的发展有着多种可能性和张力，它使人的器官构造具有在后天的模仿与习得过程中可以实现更多用途的可能性。因为人的器官构造没有被自然界明确、狭隘地限定在某种状态，因而具有无限潜在的可能。也正是因为这样的一种充斥着无限可能的未特定化状态，才使得人的后续发展更为自由，也为人施展自身的能力提供了广阔空间和独有条件。人的未特定化决定了人的开放性。人在成长过程中，通过观察习得，加之特殊社会和文化环境影响，人的智力、情感、机能等都呈现逐渐发展态势。在这

[①] 参见［德］兰德曼《哲学人类学》，张乐天译，上海译文出版社1988年版，第172页。

种开放系统中,人通过模仿向鱼学习游泳,向动物学习奔跑和跳跃,改进自身器官构造和生存能力上的未特定化进行技术超越;通过观念和思想的传授,不断激发创造性和探索精神,达到对于外界多元化认识与把握,从而实现了自身的发展和能力上的超越。

而体育对人的未特定化状态的改变可起到积极的正向影响。通过体育锻炼可提升运动系统机能。由于从事体育锻炼时,人的肌肉对骨骼有牵拉并受重力的作用,因此体育锻炼不仅可以使骨骼在形态上产生变化,使其机械性能得到提高,还能有效加快骨髓的生长,促进造骨的生长进程。体育锻炼需要消耗大量的能量物质和氧气,并排出大量二氧化碳,这一过程会促使呼吸器官加倍工作,使呼吸器官得到锻炼,增大肺活量。体育锻炼可改善心肌供血情况,使心肌纤维逐渐增粗,心壁增厚,从而使心肌具有更大的收缩力,心脏的容量也能得到增加,使人安静时的心跳频率减慢,使心脏工作节省化。体育锻炼会使大脑皮质兴奋性增强,抑制加深,兴奋和抑制更加集中,神经系统的灵活性得到提高,反应更快。体育锻炼还可促进身体长高。

体育锻炼使人的未特定化得到超越,人的各种机能和能力得到提升,人创造美的自由度更大,获得自由发展的空间也越大。

二、体育中的身体技术化

由于人的未特定化,人出生后的各种身体活动,实质上也是技术化的过程。法国人类学家马塞尔·莫斯(Marcel Mauss,1872—1950)指出:"人的第一个、也是最自然的技术物品,同时也是技术手段,就是他的身体。"[①]在马克思看来,身体既是劳动的载体,又是劳动的场所。英国社会学家特纳(Bryan S. Turner,1945—)认为:"人们用身体、在身体上、通过身体进行实践。"[②] 尽管学者们对身体的技术属性进行了大量的讨论,但总体来说,体育运动中的运动技术或者说身体技术,是技术哲学家们忽视的一片绿洲。

---

① [法]莫斯:《社会学与人类学五讲》,林锦荣译,广西师范大学出版社2008年版,第91页。

② [英]特纳:《身体与社会》,马国良、赵国新译,春风出版社2000年版,第59页。

"在体育运动中，身体即是实践对象，又是实践场所，同时也是实践方法。"① 身体技术是指："一个又一个社会的人们以传统的方式懂得了使用他们自己身体的方法。"② 身体动作构成了身体活动的最基本单元，单一或多种身体动作的合目的性组合构成了身体形态的技术。不同身体动作的组合构成了体育的不同项目，如摆臂抬腿跑构成了径赛项目的主要特点，投掷动作构成了投掷类田赛项目的主要特点，不同的手臂划水动作构成了游泳项目的不同泳姿。运动技术与其他技术不同，运动中身体是其主体，同时又是被改造被训练的客体；而运动技术的运用是主体根据自我需求对身体的改造过程和教育过程，这个过程中比其他对象化过程中的技术活动能更深刻地认识自我。

三、运动技术的具身性

技术作为人的存在方式，无时无刻不出现在我们的衣、食、住、行中。根据与身体的密切程度，可分为身体之外的技术和身体技术。运动技术属于身体技术。运动技术之所以是身体技术的一部分，是因为它的展现形式始终与人的身体如影随形。不论是像篮球、足球、乒乓球等球类运动一样需要通过器材完成的技术，还是如赛跑、游泳、体操等徒手即可完成的技术，人的身体都是必不可少的参与部分。也就是说，运动技术与人的身体存在"具身关系"。美国哲学家唐·伊德专门对人与技术的关系进行过研究。他采用现象学的方法，分析"人—技术"的关系，得出"人—技术"存在具身、诠释、它异和背景四种关系。其中，具身关系是指将技术"融入""身体经验"中，"作用于环境"的行为。③ 当我们用网球拍击球时，根本不用看拍，就能准确击中网球，这时，网球拍与手臂已经成为一个整体。也就是迈克尔·波兰尼（Michael Polanyi, 1891—1976）所说的工具已成为身体的延长。④ 运动技术在融入"身体"时，变成了使用者"身体"的一部分，就像

---

① 阎彬：《从"技艺"到"记忆"：传统武术身体技术的文化生产：基于伏羲八卦拳个案的考察》，载《上海体育学院学报》2018年第5期。
② ［法］莫斯：《社会学与人类学五讲》，林锦荣译，广西师范大学出版社2008年版，第58页。
③ 参见［美］伊德《让事物"说话"》，韩连庆译，北京大学出版社2018年版，第56页。
④ 参见［英］波兰尼《个人知识》，徐陶译，上海人民出版社2017年版，第71页。

衣服穿在身上，不易被察觉。运动技术被掌握得越熟练，它的"融入"、它的"抽身而去"、它的"透明性"程度就越高。运动技术具身程度的强弱与人的未特定化开发程度和持续开发的程度紧密相连。同一运动技术，不同人在不同阶段展现出来的掌握程度不同。因此，运动技术具身性需要持续不断的练习，才不至于退化，抽身而去。

第三节 体育科技美

本章第一节讨论了科学美与技术美，尽管他们存在不同点，但也紧密联系。科学技术在体育运动中的运用基本上是同时存在的。不论是大型国际赛事，还是个人体育锻炼，都涉及科学技术的参与和介入。即使在个人锻炼中，也既要加强具身运动技术的练习，又要科学地进行锻炼。著名期刊 *Nature* 在 2017 年 9 月发表的文章中，提出"smarter, not harder"，也就是要科学锻炼。[①] 因此，本节把体育运动中的科学与技术融合在一起讨论。

一、体育科学技术的异化

在体育领域，随着各种技术的不断升级，技术应用越来越广。这也就使得技术与身体之间的关系变得更加密切。技术开始不断地向身体靠近，并开始内化于身体，原本身体与技术之间的界限，也变得模糊，不好界定。

随着人类对体育需求越来越多样化，科学技术对体育的介入也越来越深。特别是在高水平比赛中，为了让运动员取得好成绩，各种高科技的训练、监控、评价手段被大量使用。据俄罗斯学者统计，"提高运动成绩"这一现象所涉及的因素超过 50 项，包括体能、机能、智能、心理、技术、战术及许多社会因素，对这一现象的研究涉及人体形态学、遗传学、解剖学、组织学、生理学、生物化学、生物力学、营养学、医学、心理学、教育学、管理学、经济学、信息学等十几门学科。提高人类特殊人群——运动员的运动能力，已经成为体育科技工作的明确目标。[②] 同时，一些被认为有失公平

---

① Cf. Hornyak, "Smarter, not harder," *Nature*, 2017, 549 (7670), pp. S1 – S3.
② 参见杜利军《奥林匹克运动与现代科学技术》，载《中国体育科技》2001 年第 3 期。

的手段也因人抵挡不住诱惑，被错误使用，如兴奋剂、人体增强技术等。当技术不断进入体育运动中，身体的平衡被打破了。单纯的身体和拥有技术支持的身体相比，就显得虚弱很多。人们正是看到了技术的力量，所以开始借助技术的力量来提高自己的身体能力和表现，以期取得显著的成果。就像海德格尔提出的"座架"一样，在揭示技术对象时，人经常要冒着被卷入技术的旋涡中的风险。当人们热情地肯定或激烈地否定技术或者是把技术仅仅看作达到某种目的的中性手段的时候，人们并未搞清楚技术的本质，只是为了使用而使用。当身体与技术结合之后，技术为身体带来了前所未有的力量，但是也带来了困惑。因为体育运动是人类进化过程中，主要靠具身技术进行的一种原始游戏，它和人类需要大量身体外技术的生产实践活动有着本质的区别。

现代的人工智能科技通过捕获人体运动动作并建模，能够对人身体的运行轨迹以及身体的运动倾向进行非常清晰的分析。通过这项技术，人们可以把人体运动过程中的肌肉、骨骼的力矩、力臂甚至方向都计算得非常准确。这能够让运动员的动作更加精细合理，大大提高了运动员的身体表现并对预防运动伤病起到积极的作用。也可通过自然科学比如人体科学、材料学、生物力学、生物化学等学科形成更多具身性的或者是更内化于身体的技术。但现代技术的拥有和使用却存在事实上的不平等，最新科技在体育运动中的运用总是局限于少数人，因为大部分运动员或普通体育爱好者用不起。

二、体育科技美

2022年北京冬奥会堪称一次科学技术在体育运动中的大展演。特别是在冬奥会开幕式中，393根9.3米长、会发光的绿色柔性杆如春季的麦浪飘荡，如夏天的枝叶轻抚，如秋天的花开烂漫，如冬季的根茎坚忍，无疑为全球观众献上一场视觉盛宴。这场表演对科技的要求非常高，所有的表演节奏和点位排列必须在电脑上提前预演，每个演员的位置和角度都必须严格规定。也许演员的力量掌控和动作幅度可以通过训练得以提升，但演员之间的距离和杆子旋转的角度必须经过计算机的精确计算才能得以完美呈现。这场表演可以说是具身技术与身体外技术的完美融合。

相对于2008年北京奥运会，2022年北京冬奥会更加聚焦当代和未来，以"简约、安全、精彩"为创作原则，打造绿色奥运和科技奥运。科技对绿色奥运的助力随处可见。追求绿色奥运不仅体现中国作为世界大国的责任与担当,更为人民留下青山绿水式的美好未来。正如习近平总书记所说:"要突出科技、智慧、绿色、节俭特色,注重运用先进科技手段,严格落实节能环保要求,保护生态环境和文物古迹,展示中国风格。"中国科研团队放弃国际惯用的氟利昂制冷剂,四个冰上项目场馆均采用世界上最环保的新型二氧化碳制冷剂,交出了冬奥会历史上碳排放趋近于零的成绩单。国际奥委会北京冬奥会协调委员会主席小萨马兰奇称赞中国"坚持绿色办奥,不仅实现了碳中和办赛的承诺,也为未来奥运会的可持续发展提供了借鉴"。同时,为全力做好冬奥会期间新冠肺炎疫情防控工作,北京冬奥组委会应防疫要求推出"冬奥通"手机应用程序,第一时间为冬奥会和冬残奥会的注册人群提供疫情防控信息服务,构筑"数字防线"。

通过北京冬奥会的举办,我们看到了人与科学技术的和谐共处,这是对体育科学技术异化现象的一次消解。马尔库塞(Marcuse,1898—1979)在《单向度的人》中强调现代技术的社会单向度化,使得社会丧失其批判性。我们还可以从其他一些学者对技术的批判中,看到人们对于技术无节制发展的担忧。现代技术的能量和力量是巨大的,甚至可以摧毁整个人类,如果不对其加以控制,后果将会很严重。所以增加技术的审美属性,用人类的价值和文化对技术进行规约将变得尤为重要。我国美学家李泽厚指出:"欣赏长江大桥、高速飞机或火车,就并不只是种形式美的观赏,而是能从其感到社会目的性,感到社会劳动成果、社会巨大前进的内容亦即前进的社会目的性成了对象合规律性的形式,善成了真的形式。"[①] 随着科技的进步,体育的科技含量将越来越高,充满人类智慧的体育建筑、应用人类最前沿技术的运动设备、越来越精细的科学训练手段。这些将技术、人文与美结合在一起的科学技术人文美,在反映人对自身自由不懈追求的同时,更推动了社会历史的不断进步。

思考题

1. 什么是科学美、技术美?二者之间的异同是什么?
2. 体育对身体技术化的美学意义是什么?
3. 如何认识体育科学技术异化与体育科技美的关系?

[①] 李泽厚:《美学四讲》,长江文艺出版社2019年版,第70页。

第十章 体育审美与美育

第一节 美感

一、美感概述

美感是美学的研究对象,但关于美感的概念,以及美感与美的关系问题,历来众说纷纭。有人认为美是客观的,美感是对美的反映;有人认为美依赖于美感,没有人的美感体验也就没有什么美。如今人们已经把研究重点从美转移到了美感上。美感是我们建筑在生理需要基础上的社会需要在直观中得到满足时的一种超越功利目的的快适、愉悦甚至兴奋的情绪反应。茅盾曾说:"看到某些自然物或人造的艺术品,我们往往要发生一种情绪上的激动,也许是愉快兴奋,也许是悲哀激昂,不管前者还是后者,总之,我们是被感动了。这样的情感上的激动叫作欣赏,也就是我们对所看到的事物起了美感。"①

西方古典哲学家主要从对世界本原的思考出发而引出美感的定义,而不是从现实生活中找出美感的来源,他们把美感的来源归于某种最高价值的存在。如古希腊的毕达哥拉斯认为,世界的本质在于"数",所以美在于事物的各组成部分的比例和谐。柏拉图认为,世界是"理念"或"理式"的外现,人的美感与灵魂在迷狂状态中对于"理念"的回忆有关,"这些少数人每逢见到上界事物在下界的模本,就惊喜不能自制,他们也不知其所以然,

---

① 全国十一所民族院校编写组:《美学十讲》,云南人民出版社1982年版,第111页。

因为没有足够的审辨力"①。德国古典哲学家康德从本体论角度论述美感的时候特别强调了美感中的愉悦性、无功利性、普遍性以及自由性。美感中人的愉悦来自哪里呢？他认为："一切意图的达成都和快乐的情绪结合着；这意图的达成有一先验表象为其条件，像在这里对于所有反思着的判断力有一个原理一样，快乐的情绪也是被一个先验的和对每个人都有效的根据所规定，并且也仅仅是由客体联系到认识机能，合目的性的概念在这里丝毫没有涉及欲求的机能，它和自然界的一切实践的合目的性完全区别开来。"② 也就是说，美感中的愉悦和现实中人欲求满足的快感是不一样的，美感中的愉悦不涉及功利性，而只是客体和人的先天能力相作用的结果。

笛卡尔从"天赋观念"说出发，创立了理性主义（唯理论）的认识论。与西方古典美学从本体论的角度讨论美不同，他主要从主客体的认识关系中来把握美。他明确指出："所谓美和愉快的都不过是我们的判断和对象之间的一种关系。"③ 经验派哲学从感觉经验入手来研究人的认识问题，重视生理学和心理学的基础。他们把美感研究的重点都放在主体心理结构特别是感觉和想象力等感性心理机能上，试图用观念联想来解释美感。如博克认为："我们所谓美，是指物体中能引起爱或类似情感的某一性质或某些性质。"④ 美感也就是由对象所引起的爱或与爱类似的情感，而这种美感中的情感是丝毫不引起欲念的。唯物主义哲学家从社会生活经验出发来解释美感。如，车尔尼雪夫斯基著名的观点是"美是生活"，他说："美的事物在人心中唤起的感觉，是类似我们当着亲爱的人面前时洋溢于我们心中的那种愉悦。我们无私地爱美，我们欣赏它，喜欢它，如同喜欢我们亲爱的人一样。"⑤

在当代西方美学研究中，随着科学特别是心理学的发展，一些心理学家着重研究审美经验，研究知觉、情感怎样在美感中发挥作用。他们把美感看成是一种心理现象，有的几乎就直接把美学等同于心理学了，但实际上审美

---

① ［古希腊］柏拉图：《文艺对话集》，朱光潜译，人民文学出版社 2022 年版，第 101 页。
② ［德］康德：《判断力批判》上卷，宗白华译，商务印书馆 1985 年版，第 25 页。
③ 北京大学哲学系美学教研室：《西方美学家论美和美感》，商务印书馆 1980 年版，第 79 页。
④ 北京大学哲学系美学教研室：《西方美学家论美和美感》，商务印书馆 1980 年版，第 118 页。
⑤ 北京大学哲学系美学教研室：《西方美学家论美和美感》，商务印书馆 1980 年版，第 242 页。

心理只是心理过程的一种状态。心理学研究人的心理过程，而美学则研究人与世界的审美关系。

在中国古代美感理论中，对美感的认识主要以本体论哲学为基础的美学思想，不过由于文化传统和思维方式的不同，在具体的美学理论上与西方美学思想又表现出很大的不同。《周易》有："古者包牺氏之王天下也，仰则观象于天，俯则观法于地，观鸟兽之文与地之宜，近取诸身，远取诸物，于是始作八卦。"从这里我们可以看出中国古代思维方式的特点，即对现象的解释通常是从身边的具体事例出发，通过类比、象征、暗示等思维方式来展开论证，让人在具体意象中去体会更多的意义。于是中国古人从"近取诸身，远取诸物"的感觉出发来表述那些包括美感在内的内心体验，如用各种味觉快感的调和来解释"中和"，如许慎的"羊大为美"的观点，如钟嵘的"滋味说"。在中国古代美学家的理论中，美或美感就是愉悦感与各种本体论哲学追求的结合。

近代中国美学是从西方引进的。1949年以前的中国美学研究主要引进和吸收西方的美学思想，如朱光潜用西方思想，从心理学方面来研究美感，他主要从距离、直觉、移情等方面来解释美感。20世纪50年代的美学大讨论在马克思的辩证唯物主义影响下，我国学者对美感的研究都强调了美感中的客观性和社会性，如李泽厚认为美感就是审美主体在对象上观照到了人类通过实践征服自然、改造自然的能力，所以产生了愉悦感。他认为美感是"对自己存在和成功活动的确认，成为自我认识的一个方面和一种形态"[①]。受当代西方美学的影响，我国美学研究对美和美感的本质与产生存在争议，认为自上而下的研究与生活中具体生动的美感体验毕竟有比较大的距离，本质力量、社会性、历史性等抽象概念遮蔽了审美个体生动的感性体验。于是在20世纪80年代改革开放后的又一次美学热潮中，中国的美学研究借助于现代西方思潮的引入，开始突破实践美学，出现了后实践美学，一直到生命美学，重点关注人的主体性，关注人的生命体验。美学研究逐渐从理性思辨转移到人的精神和感情方面来，人的生命、生物有机体等方面的属性逐渐受到美学研究的重视，特别是美感和快感的关系问题成了美学探索的关键，有的人试图从进化论的角度，从人与动物的联系和区别入手来研究美感。

---

① 李泽厚：《美学四讲》，长江文艺出版社2019年版，第112页。

二、美感与快感的关系

在美感研究中，美感和快感是经常容易混淆的。西方不少美学家也把美同快感连在一起。比如，17世纪荷兰哲学家斯宾诺莎（Spinoza，1632—1677）从唯物论出发，将美解释为神经感到舒适的对象："如果神经从呈现于眼前的对象所接受的运动使我们舒适，我们就说引起这种运动的对象是美的；而那些引起相反的运动的对象，我们便说是丑的。"[①] 18世纪上半叶德国美学家沃尔夫指出"美"在事物的"完善"，衡量事物"完善"的标志是"快感"。他认为："美在于一件事物的完善，只要那件事物易于凭它的完善来引起我们的快感。""产生快感的叫作美，产生不快感的叫作丑。"[②] 这些观点认为美感和快感一般总是相连的，美感大多建立在快感的基础之上。也有把美感归之于求知、道德等纯精神性的欢愉和满足一类。我们认为，这两种看法都是片面的，都不利于全面、正确地认识和把握美感的本质。美感与快感是既有联系又有区别的关系。

首先，美感中包含着快感，以快感为其生理物质基础。人们在欣赏着美的时候快感仅仅作用于人的感官，主要表现为生理上的舒适；而美感却深入到人的心灵，是一种高级的精神享受。看到鲜艳悦目的色彩、听到和谐悦耳的声音、嗅到香气、尝到美食等，这些都是人体感官上的感受，都属于生理上的一种快感。它是人的一种本能欲望的自然反应，人与人大体相似。美感则不然，它虽然大多建立在生理快感的基础上，但它并不停留于此，而是由生理上的反应进一步升华为一种心理活动，自觉不自觉地掺入了人的理性意识和情感因素。它对于感官上的反应要加以理性的审视，作一番诗意的思索。美感的形成也比快感要复杂得多，它同人的精神、道德、理想、情操、修养、趣味都密切相关。快感对于生理正常的人来说，一般是人皆可得的；美感则要因人而异，不可一概而论。

其次，快感多为满足生理欲望的需求，具有明显的实用目的。它的选择是从功利出发的，饿了要吃，渴了要喝。不符合人本性需要的就得不到快

[①] 北京大学哲学系美学教研室：《西方美学家论美和美感》，商务印书馆1980年版，第67页。

[②] 北京大学哲学系美学教研室：《西方美学家论美和美感》，商务印书馆1980年版，第193页。

感，闻臭就躲，见丑则退。因而，快感的满足往往同占有欲相关，带有一定的个人性、自私性、享乐性。柏拉图曾说："我们如果说味和香不仅愉快，而且美，人人会拿我们做笑柄。至于色欲，人人虽然承认它发生很大的快感，但是都以为它是丑的，所以满足它的人都瞒着人去做，不肯公开。"①桑塔耶纳说："生理快感所唤起的一般比较卑劣的联想，所以肉体快感是最不像审美感知的快感。"② 美感则不然，它是为满足人精神上的追求，它虽不排斥某种功利性，但它主要建立在高尚的思想道德基础之上，有一定的利他性、社会性，可以同别人共享。当美感同快感冲突时，如何在美感和快感之间取舍，则和审美理想有极大的关系。

最后，快感是人的五官感觉都可获得的，越是切近自身的感官，如味觉、触觉、肤觉，感受越深。而美感主要依靠高级的神经器官——视觉和听觉来实现。中世纪的美学家托马斯·阿奎那（Thomas Aquinas，约1225—1274）曾说："与美关系最密切的感官是视觉和听觉，都是与认识关系最密切的，为理智服务的感官。"③ 其中，尤以视觉更为重要。英国文学家约瑟夫·艾迪生（Joseph Addison，1672—1719）说："我们一切感觉里最完美、最愉快的是视觉。它用最多样的观念来充实心灵，它隔着最大的距离来接触外界的东西；它也是能经久地连续运动而不感到疲劳，对本身的享受不感到厌倦，能包揽最庞大的形象，能摸索到宇宙间最遥远的部分。"④ 正因为此，不少以快感为主的对象，为了使人获得更高一层的美感，往往要向视觉、听觉方面发展。如这些年国内酿酒企业赞助澳大利亚网球公开赛，在赛场展览区将美食、美酒与中国文化相融合，成为人们沟通思想、交流感情的热点，从而使品酒成为真正的美感享受。

---

① 北京大学哲学系美学教研室：《西方美学家论美和美感》，商务印书馆1980年版，第31页。

② 北京大学哲学系美学教研室：《西方美学家论美和美感》，商务印书馆1980年版，第284–285页。

③ 北京大学哲学系美学教研室：《西方美学家论美和美感》，商务印书馆1980年版，第67页。

④ ［英］艾迪生：《旁观者》，赵守垠译，载伍蠡甫主编《西方文论选》上卷，上海译文出版社1979年版，第556页。

三、美感的特征

（一）美感是直觉与理性的统一

人们接触到美的对象时，往往未及仔细思考就会直接感受到对象美的特点。这种未及理性思考和逻辑分析，刹那间便得到的美的感受，正是审美直觉的表现。西方美学家对审美直觉曾经做过许多描绘。例如，阿奎那曾说："凡是一眼见到就使人愉快的东西才叫作美的。"① 夏夫兹博里也说："眼睛一看到形状，耳朵一听到声音，就立刻认识到美，秀雅与和谐。"② 鲁迅也说："美底享乐的特殊性，即在那直接性。"③ 的确，我们在欣赏美的景色或事物时，往往会感到它扑面而来，眼前一亮，顿时一种美感享受油然而生，根本无须多加考虑。这就是审美直觉。所谓审美直觉是审美主体对美的对象直接迅速的心理把握，体现为对美的感性形式的敏锐感受和对审美内蕴的瞬间领悟。审美直觉是整体的而非分析的，它不同于科学认知，不将对象剖析分解为各种组成要素，而是将对象始终作为一个感性有机整体来对待。审美直觉是直观而非逻辑的，它在对象与主体的审美接触中直接发生，排除逻辑推导的过程。审美直觉是自然而非有意的，它是主体审美的自然状态，并不是欣赏者刻意追求、努力而出现的结果。欣赏者无论是对形象的感受还是对内蕴的领悟，都极为细微精妙，已经超越了语言层面，无法用清晰的概念来加以表述，正如陶渊明所说"此中有真意，欲辩已忘言"（《饮酒·其五》）。

然而，审美直觉并不排斥理性的渗透和介入。意大利美学家克罗齐在他的《美学原理》中宣扬他的"直觉说"时，把直觉说得十分神秘："直觉是脱离理智作用而独立自主的；它不管后起的经验上的各种分别，不管实在与非实在，不管空间时间的形成与察觉……直觉是表现。"④ 其实，审美的直

---

① 北京大学哲学系美学教研室：《西方美学家论美和美感》，商务印书馆1980年版，第66页。

② 北京大学哲学系美学教研室：《西方美学家论美和美感》，商务印书馆1980年版，第95页。

③ 鲁迅：《艺术论》译本序，载《鲁迅全集》第4卷，人民文学出版社2005年版，第269页。民国时期文学作品中常在名词后使用"底"，是"的"之意，如"美底一元论""美底愉乐"等。

④ ［意］克罗齐：《美学原理》，朱光潜译，商务印书馆2012年版，第13页。

觉性并不像克罗齐所说的那样神秘，似乎同人的后起的经验无关。因为，刹那间的直觉是以人们通过长期审美经验的积累，对某些审美对象早已有所认识、了解和思考为基础的。它们早已积淀于人的大脑中，成为一种潜意识，无形地、悄悄地在引导着人们的审美观念。就像运动技术形成自动化以后，遇到不同情况身体会自动做出反应。

在审美时，感性和理性相互区别，同时又相互联系、相互促进。审美主体的理性认识，即他对美、对人生的理解深刻与否，无形中影响和制约着审美直觉的深度和广度。事实上，直觉是人类文化发展历史的积淀和个人长期生活修养、审美经验积累的产物，它往往以一种潜意识的状态，像信息一样储存在人的大脑中。依靠长期的鉴赏习惯，它可以变成条件反射，一旦优美的审美形象进入人的大脑，立即与储存的类似审美对象及其所包含的美的信息联系起来，这样便形成了具有主观色彩的直观形象。

（二）美感是差异性与一致性的统一

西方有一句广为流传的俗语："一千个读者有一千个哈姆雷特。"这句话生动地揭示了审美欣赏中美感的差异性。美感的差异性，是指不同的审美主体面对同一个审美对象时，其审美感受和审美领悟存在一定的差别。甚至同一审美主体，在不同的时间或条件下，对同一审美对象的主观反映也具有个体差异性。美感是人们对美的事物的一种能动的创造性的反映，是人们能够体验到的普遍的心理活动和对美的事物体验中所得到的精神上的愉悦和享受，它带有较强的主观性，其主观性必然导致个体差异性。这种差异性体现在四个方面。

一是审美个体感受能力的差异。审美主体感受力是指审美主体在感受审美客体的过程中，使审美感受目的逐渐完成的心理状态。感受能力的心理结构一般包括感知觉、信念、意志、情感和兴趣等。人们的视觉、听觉等器官因先天和后天的因素而各不相同，而每个人的信念、意志、兴趣、情感等，更是迥然相异，因此，就形成了人们感受能力的差异。

二是思维方式的差异。人们思维方式是各不相同的，因而对同一审美客体的审美感受也不同，表现为个人在特定条件下受情感的影响对审美对象产生不同的审美感受。比如，在足球比赛中，观众对审美对象的选择与欣赏可能不同，一些球迷可能更看重运动员的技战术水平，为每一次准确的传球、每一次射门欢呼和呐喊，而一些球迷可能会把运动员作为审美的对象。

三是个人素养差异。人们的具体生活经验各不相同，因而对待事物的态度也就不同,从而他们在审美中的想象、理解以至情感反应也就有所不同。另外,文化修养的不同也会带来审美感受的差异。马克思说:"如果你想得到艺术的享受,那你就必须是一个有艺术修养的人。"① 不仅如此,就是文化层次相同的审美主体,他们的审美感受在不同阶段也有差异,这是因为由生活经历、文化教养、审美理想等构成的文化积淀对审美感受有至关重要的影响。比如,我们很多人在年轻时看体育比赛更多是看比赛结果的输赢,而到了一定年龄后,更看重运动员在比赛过程中的技能展示。

四是时代、民族和阶级的差异。美感是人们在审美活动中所表现出来的一种审美的倾向性,这种倾向性正是在一定社会条件下的审美理想的具体体现。不同时代、不同民族、不同阶级的人有不同的审美感受。正如中世纪欧洲各国贵族把体育运动作为等级的标志一样。而我国女排精神作为一个时代的见证影响了几代人,作为中华民族精神谱系的组成部分,还将继续影响国人,但现在与30年前对女排精神审美感受是有变化的。在改革开放初期,女排为国争光的精神激励了无数国人。而在当代,随着国家的越来越强大,对女排精神的审美更多转向其本身的体育精神内涵。

美感的一致性,是指不同的人在欣赏同一个审美对象时,所形成的审美感受和审美领悟在基本方向上应该是趋于一致的。这种一致性是相对的。其一致程度是因时而异、因人而异的。美感的差异性与美感的一致性,实际上是一个问题的两个方面。美感的差异性强调不同时代、不同民族、不同阶级的审美者在审美欣赏中的不同;而美感的一致性,则肯定同一时代、同一民族、同一阶级的审美者在审美欣赏中的相似和相同方面。因此,同一时代、同一民族、同一阶级由于历史条件社会生活、心理习俗的相似,在审美欣赏中形成共同或相似的审美倾向、审美趣味和价值观念,由此也导致在审美的对象、内容和形式等方面大体相似。

这种美感的一致性存在的最终根源,首先在于人类存在的某些共同本性,在于人类对美的共同向往。日本文艺理论家厨川白村(1880—1923)也说:"人和人之间,是具有足以唤起生命的共感的共通内容存在的。因为作家和读者的生命内容有共通性和共感性,所以这就因了称为象征这一种具有刺激性、暗示性的媒介物的作用而起共鸣作用。于是艺术的鉴赏就成立

---

① [德]马克思、[德]恩格斯:《马克思恩格斯文集》第1卷,中共中央马克思恩格斯列宁斯大林著作编译局译,人民出版社2009年版,第247页。

了。"① 实际上，人类的生命共感，在审美领域中集中体现为对美的共同追求。这是人类自觉、自由本质的特殊延伸，是人类实现对自身情感世界终极关怀的最佳途径。这种人类的共性虽不能说永恒不变，但它确实具有极其顽强的生命力，随着人类世世代代的繁衍而长久延续下去，往往能超越时代、民族、阶级的局限。正因此，许多美的事物、美的艺术可以历经千秋万代长久地被古今中外各类人士所欣赏，所珍爱。

美感一致性的形成，除了同一时代、同一民族在人性上的某些相同外，根本上是由审美客体，亦即审美对象本身质的规定性所决定的。我们认为，美具有客观性，美是主客观的统一，美的东西一定符合美的规律，因此，美的客观性决定了美感的一致性。比如梅西的足球技术让世界球迷钦佩，因为他的足球技术的美是客观存在的，是美和善的统一，既符合人体结构的力学规律，也可为球队射门得分。

审美差异性的存在，表明审美欣赏是排斥单一化的，是一块充满个体想象的精神家园；审美一致性的存在，则表明美感不是虚无缥缈的，也不是如快感可以随意而为。美感既有差异性，又有一致性，二者共存互补，这其中正体现了审美感受的辩证法。

（三）美感是超功利性与功利性的统一

真、善、美是人类认识世界、观察世界的三种方式或态度，即求真的科学态度、求利的实用态度和求美的审美态度。审美态度是一种不同于科学和实用的态度，它不受科学理性的牵制，也超脱了实用功利的干扰，最为自由潇洒。美感最根本的收益是获得充分的审美享受，是超功利的。所谓"超功利"是指美感欣赏不带有实用目的，它所产生的审美愉悦也不与实用目的相关；审美过程中尽管可以产生强烈的情感冲动、审美体验，但审美者审美不是为了满足现实的需求。如果有人仅仅抱着纯功利的实用态度去审视美的对象，那么必然会遮挡审美视线，对审美活动构成干扰破坏。如果一个人面对名画，只关心它的价值几何，那审美感受必将大打折扣。在许多情况下，审美同实用功利是相悖的，审美要求的是一种纯净自由的心态，即超越眼前功利的审美心态。人类对美的追求本身就标志着从各种物质和精神的束缚中解放出来的自由心境，它从审美实践中所期望得到的，不是一般功利需求的满足，而是高级的精神满足，是情感的净化、人格的升华、人性的完善。

---

① 转引自《鲁迅译文集》第3卷，人民文学出版社1958年版，第40页。

不过，审美欣赏的超功利性不是绝对的。实际上，美感也存在着功利的一面，美感的功利性体现在社会性上。虽然从个体的直接的审美活动来看，没有什么明显的功利性，但若从整体社会间接的审美效应来看，仍然是有着一定的功利性的。人的审美意识总是同他的思想观念、道德理想相关，直接或间接地反映出一定的时代精神、人文风尚。因此，群体性的审美活动总会对社会产生某种积极或消极的影响，带有一定的社会功利性。高尚有益的审美活动有利于净化、滋润人的心灵，确证人的本质力量，引人走向更为理想的人生境界；有利于整体社会的和谐安定，物质文明和精神文明的建设，人类的健康长远发展。

第二节　体育美感

一、体育美感的起源

体育美感的产生是人自身"自然的人化"和社会化的结果。我们知道，美是在社会实践过程中形成的，是人的本质力量对象化的结果。同样，美感也是人的"自然的人化"和社会实践的产物。"社会的人的感觉就不同于非社会的人的感觉。"① 人的感觉、感性活动与动物的区别在于，其是一种自然性、历史性和社会性统一于"类本质"的存在。"人化的自然"也与动物"自在的自然"不同，人在对象性的生产劳动中改造出属人的自然界，并发展到把自然界看作是"人的精神的无机界"。自然是客观存在的，人类的自然美从某种意义上讲，早于艺术美、社会美、形式美等其他美的形态。人的进化，使人具有了"人化自然"的力量，也才使得自然存在物美的潜能成为人的审美对象，才能获得美感。同样，对人自身自然身体活动的审美也在进化过程逐渐生成。我们从原始人各种岩画中的人体画像、身体姿态可以看出，人类对身体活动有了审美意识，开始从体育的前身——人自身的身体活动获得了美的感受。

人的社会化也是体育美感产生的基础。如果考察欣赏人们体育美的能力的发展过程，我们就会发现体育美感是与社会实践紧密相关的。考古学的发

---

① ［德］马克思、［德］恩格斯：《马克思恩格斯文集》第 1 卷，中共中央马克思恩格斯列宁斯大林著作编译局译，人民出版社 2009 年版，第 191 页。

现和历史学家的研究都证实，世界各地区各民族在最初的物质生产和生活实践过程中的跑、跳、投掷、攀登、打猎、捕鱼等，都是与体育有关的具体内容。美国人类学家斯图尔特·库林（Stewart Culin，1858—1929）研究了北美洲原住民的竞技运动与户外运动，认为体育来自生产实践，也是一种娱乐方式，满足人们的精神需要。① 更重要的是体育活动，还是原始初民的一种宗教仪式。在原始初民的习俗故事中，时常提到英雄（初民之友人）战胜机巧、狡猾，而且有魔力的邪恶者（初民之敌）的比赛与竞技运动。礼仪舞蹈的地方特色与穿着的服装，以及那些纯娱乐性的舞蹈，都具有宗教的意义。象征着由神所铸造的武器而演变成的道具，常附有与某些特别神灵有关的符号或设计。原始初民希望礼仪性的竞技运动、户外运动与舞蹈能使神灵感到喜悦或对其加以安抚，因此而让神灵降雨，保佑丰收，驱除恶魔或治疗疾病。体育作为一种娱乐方式和敬神礼仪与人们的社会物质生活、精神生活紧密相联。人们在活动中也提高了对体育的审美能力，渐渐体会到健壮的躯体是美的，矫健的身姿和灵巧的身体运动亦是美的，人们观赏能力的提高，又促使人们去追求、发现、开发更多的身体活动的姿势、造型。

随着人类社会的发展，人的身体活动逐步具有了社会性，成为社会文化的重要组成部分。体育从人类最初生存能力的培育，逐渐成为人全面自觉发展的重要手段和渠道。人在自身身体活动中创造美的能力也逐渐提升，同时获取美感的能力也不断增强。

二、体育美感的生理基础

美感活动的生理因素，不是主体审美活动中最大或最主要的因素，却是最原始、最基本和最普遍的因素。关于美感的生理基础，主要体现在生理表现和生理发生两个方面。

（一）美感的生理表现

人是鲜活的生命，人体是活动的，当审美情感发生的时候，总是伴有明显的体态变化或外貌表现的。高兴时，眉开眼笑、神采奕奕；愤怒时，双目圆睁、横眉冷对；恐惧时，面色苍白、两股颤颤；羞愧时，面红耳赤、坐立

---

① Cf. Culin, *Games of the North American Indians*, Washington：Government Printing Office, 1907, p. 665.

不安；惊讶时，瞠目结舌、呆若木鸡；伤心时，黯然神伤、潸潸落泪。古人很早就总结过美感的生理表现。《乐记》中说："是故其哀心感者，其声噍以杀；其乐心感者，其声啴以缓；其喜心感者，其声发以散；其怒心感者，其声粗以厉；其敬心感者，其声直以廉；其爱心感者，其声和以柔。"这里分析了哀、乐、喜、怒、敬、爱等不同的内心情感在声音上的不同表现特征。正因为表情有其生物学的根源，所以，许多人的最基本的情绪，如喜、怒、哀、乐，在情感外貌表现上是相同的，具有人类的共同性。生活中的表情和审美时的表情是有区别的。审美时的表情可能宁静祥和，也可能心潮澎湃，与生活中的表情相比，更具深层性，愉悦感也持续更久。体育运动中的表情相对简单，具有正向性和感染性的特点。表情的感染性在体育欣赏中表现得尤为突出。例如，足球赛前，成群的观众手执彩旗，谈笑风生，如过节般涌入体育场；比赛中，看台上彩旗、彩带遮天蔽日，呐喊声震耳欲聋，人潮人浪波涛起伏，舞动、跺脚，仿佛地动山摇，面具、服饰千奇百怪。在这种奔放狂热的氛围中，即使天生冷静的人，也难免热血沸腾，激动不已。

（二）美感的生理发生

美感的生理表现，是由其生理发生过程引起的。这种生理发生的主要机体是人的大脑、感觉系统和肌肉系统。

1. 人脑结构

恩格斯指出："我们的意识和思维，不论它看起来是多么超感觉的，总是物质的、肉体的器官即人脑的产物。"[①] 列宁也指出："心理的东西、意识等等是物质（即物理的东西）的最高产物，是叫做人脑的这样一块特别复杂的物质的机能。"[②] 现代科学已经证明，由脑、脊髓和神经细胞组成的神经系统，是人类心理活动的生理基础。人脑可以分为大脑、小脑、间脑、中脑、脑桥和延髓，并和脊髓构成中枢神经系统。它们既有各自不同的机能，又彼此相互联系，通过神经细胞形成复杂交错、相互作用的神经网络和信息加工系统。其中，大脑皮层最为重要，它的运动中枢、视觉中枢、躯体感觉中枢、听觉中枢、语言中枢等，都受到中枢神经的支配。中枢神经把周围神

---

① ［德］马克思、［德］恩格斯：《马克思恩格斯文集》第1卷，中共中央马克思恩格斯列宁斯大林著作编译局译，人民出版社2009年版，第281页。

② ［苏］列宁：《列宁全集》第18卷，中共中央马克思恩格斯列宁斯大林著作编译局译，人民出版社2017年版，第238页。

经和大脑皮层不同区域的机能,以及身体各个组织和器官联合起来,构成遍及全身的信息网。当客观对象刺激了人的感受器官的时候,就会产生神经冲动,由传入神经分支再经由中枢神经系统传入大脑皮层,于是在大脑皮层的相应区域内,激起了一系列神经运动。这是普遍心理活动的生理反应程序。体育运动都会立即增加神经递质的含量,人的视觉、听觉、本体感觉、神经传导速度和神经过程的灵活性都将会提高。所以,体育运动中,运动主体对美感的感受能力会更强烈,更容易激发运动主体的审美意趣。

2. 感觉系统

感觉系统是主体经由审美对象的信息刺激形成的外在与内在的综合反应系统。其中,主体的生理感受器官对外界美的信息的获取,这是美感产生的必由之路。人体的感受器官包括视觉、听觉、触觉、嗅觉和味觉五大感觉系统。就美感活动而言,外部世界的光、色、形、声的样式与变化都在视听器官的引导下被主体的感觉系统接纳。马克思指出:"人对世界的任何一种人的关系——视觉、听觉、嗅觉、味觉、触觉、思维、直观、情感、愿望、活动、爱,——总之,他的个体的一切器官……是通过自己的对象性关系,即通过自己同对象的关系而对对象的占有,对人的现实的占有;这些器官同对象的关系,是人的现实的实现。"① 因此,人的感觉不同于动物感性的直接存在,而体现着"对象性本质力量的主体性"的审美能力。在人的各种生理系统中,视觉系统与听觉系统是美感的生成的主要感官。黑格尔在《美学》中就明确指出:"艺术的感性事物只涉及视听两个认识性的感觉,至于嗅觉、味觉和触觉则完全与艺术欣赏无关。"② 柏拉图在《大希庇阿斯》中也说:"美就是由视觉和听觉产生的快感。"③ 他们的观点虽然有些绝对化,但从艺术欣赏的角度看,视觉与听觉确实是主要的审美感官系统。

3. 肌肉系统

肌肉系统是体育审美重要的人体组织和结构。虽然肌肉也是感觉系统的组成部分,但运动中的肌肉是运动者审美的重要的生理组织。肌肉组织通过

---

① [德]马克思、[德]恩格斯:《马克思恩格斯文集》第 1 卷,中共中央马克思恩格斯列宁斯大林著作编译局译,人民出版社 2009 年版,第 189 页。
② [德]黑格尔:《美学》第一卷,朱光潜译,北京大学出版社 2017 年版,第 59 页。
③ [古希腊]柏拉图:《文艺对话集》,朱光潜译,人民文学出版社 2022 年版,第 159 页。

训练，可增强时空感、平衡感、运动节奏感，提升对运动美感的感知。加德纳在《心灵的多种架构》一书中，提出了语言智能、音乐智能、逻辑—数学智能、空间智能和身体—肌肉运动知觉智能（Bodily-Kinesthetic Intelligence）等几类智能。其中身体—肌肉运动知觉智能有两个核心：一是控制人的各种身体运动的能力，二是熟练地应对对象的能力。二者有时候可以分开，但是在特定情况下，二者共同发挥作用。擅长身体运动的人如舞蹈家、运动员，都是这种智能比较发达的人。加德纳还指出：身体既可以作为主体，也可以作为客体（对象）；身体绝不仅仅是一架机器，"它也是个体自我感（sense of self）的载体"。此观点从自我身份认同的角度肯定了身体对于一个人的重要意义。① "熟练地运用身体"一直是人类存在的价值体现和终极目标，是人自由自觉的基础。而肌肉是人体力的源泉，人对自身力的掌握和运用，本身就是一种审美体验。阿恩海姆说："那推动我们自己的情感活动的力，与那些作用于整个宇宙的普遍的力，实际上是同一种力。只有这样去看问题，我们才能意识到自身在整个宇宙中的地位。以及这个整体的内在统一。"②

三、体育美感的心理基础

美感的心理要素，是美感生成过程的基本构成要素。审美感受就是这些心理要素复杂交错的动力综合，是它们相互诱发、相互渗透、相互推动的合规律的自由运动而产生的一种非概念认识所能表达或穷尽的自由感受。在美感的心理活动中，包含哪些心理要素，这在学术界是颇有争议的。对体育美感生成的心理要素主要有以下五个。

（一）感觉和知觉

感觉是人脑对直接作用于感觉器官的客观事物的个别属性的反映，也是生物有机体与环境建立心理联系的初级形式。知觉则是在感觉的基础上，对客观事物外在属性的完整的和综合的反应。它不是对感觉的简单堆加，而是

---

① Gardner, *Frames of Mind*: *The Theory of Multiple Intelligence*, Basic Books, 1983, pp. 60 – 61, 205 – 236.

② ［美］阿恩海姆：《艺术与视知觉：视觉艺术心理学》，滕守尧、朱疆源译，中国社会科学出版社1984年版，第625页。

包含着以表象记忆为特征的人的过去的经验，并与思维、情感、意志等心理活动相联系。感觉和知觉几乎同时进行，人们习惯将它们通称为"感知"。感知是一切认识活动的心理基础，也是审美感受的心理基础，审美感受就其直观性而言，是通过感知来实现的。审美感知首先是审美客体刺激审美主体的感官，引起审美主体的各种感觉，接着便是知觉综合各种感觉，形成对审美对象的完整把握。我们观赏体育表演时，通过感知觉与审美客体建立起主客体联系，并从运动员矫健的肢体、灵巧的动作、熟练的技巧和多变的比赛节奏等方面得到愉悦的感受。运动者在做各种动作时，也是在对自身本质力量的确证。

审美感知有选择性和定向性。因为审美主体感知能力和审美注意力的差异而有着不同的方向。比如有的人欣赏体育比赛是有选择性地观看某位运动员的表现，或只关注某一运动项目。当然，审美感知的选择性，不是对审美对象的肢解和割裂，而是以对审美对象形象的整体性把握，即是以感知的完整性和综合性为前提的。格式塔心理学派把感知（主要是知觉）的这一特征，解释为"完形"。"完形"理论认为，人们在感知对象的时候，要通过知觉的组织和建构，将对象的部分组合成一个整体，并且这个整体不是部分之和，而是一个完全独立于这些部分的全新的整体。在"完形"过程中"知觉的组织活动并不局限于直接呈现于眼前的材料，而是把看不到的那部分也列入所见物体的真正组成部分"①。"完形"在艺术欣赏与体育欣赏中存在差别。在欣赏画上的人脸时，有时画面上并没有完整的外部轮廓线，但人欣然会将其认知为脸的形状。而体育运动中，由于动作的瞬时性，这时大脑记忆会回放整个动作，以保证审美的完整性和综合性。

（二）表象

在心理学上，表象是指在知觉的基础上所形成的感性形象，是作为一个认识环节来看待的。体育审美中，自觉的表象是运动主体的审美积极性。表象作为一种记忆映像，是以往观赏体育的运动形象记忆，作为大脑的信息贮存，这是审美主体再审美的能动性的重要一环。我们的体育形象记忆越丰富，审美能力便越高。一个经常参加运动，熟悉各种竞赛项目、运动技巧规则和一定的技术和战术的体育爱好者，在欣赏体育比赛时往往可以预见运动

---

① ［美］阿恩海姆：《艺术与视知觉：视觉艺术心理学》，滕守尧、朱疆源译，中国社会科学出版社1984年版，第81页。

员的下一个动作。这便是审美表象的审美主动性作用。表象的作用更为重要的是它促使观众的知识结构完整立体化。记忆表象是在过去对同一或同类事物多次感知的基础上形成的，较有概括性。既有反映某一事物特性的个别表象，又有反映一些事物共同特性的一般表象。由于记忆表象的概括性，它不仅是事物形象的重视，而且是关于事物的感性知识，尤其是对客观世界的直接感知过渡到抽象思维的一个中间环节。黑格尔说："只要有美存在，就可以凭这审美的感官去直接发现它。但是事物的深刻方面却仍不是单凭这种鉴赏力所能察觉的，因为要察觉这种深刻方面所需要的不仅是感觉和抽象思考，而是完整的理性和坚定活泼的心灵。"[①] 审美表象透过人在运动场上的表现，对人进行全方位的关照，激发审美感受，关注人的诗意存在。

（三）想象

想象是在头脑中改造记忆中的表象而创造新形象的过程，也是过去经验中已经形成的那些暂时联系进行新的组合的过程，属于认识范畴。它与感知联想都发生联系，但它是在知觉表象和联想基础上的新的形象创造。高尔基说过"艺术是靠想象存在的"。其实，不仅是艺术，在所有美感活动中都是如此。想象综合了人的许多心理功能，在审美活动中占有突出的位置。体育欣赏也是一种形象把握。体育欣赏者或运动者依赖于自己已有的亲身经验、形象记忆和情绪记忆等去想象、充实，形成美感。人体运动的动作姿态是有限的，有的人可能就一两个"拿手技术"，但有限的动作姿态却能引导诱发审美想象，达到见微知著、观往知来、见显知隐的审美效果。

想象分为再造想象和创造想象。再造想象，是以现成的语言或其他手段的描绘（如文字、图示、符号和模型等）为基础，在知觉对象的激发下，调动各种心理因素，在人脑中生成新的形象。体育审美不只在运动场上，也不只是在影像资料中，很多图片文字都可生成美感，比如美国篮球巨星乔丹的标志性的空中扣篮动作，可以让审视者的思绪又重新回到篮球场上。创造想象则并不需要依据现成的描述，而是对原有的知觉和记忆中的表象进行较彻底的改造，创造出新的表象的心理过程。改造的手段或方法有很多，比如虚构、变形、浓缩和黏合等。创造想象是对再造想象的突破。

康德认为，再造想象属于经验范围，对于美感活动的完成并不具有特别

---

① ［德］黑格尔：《美学》第一卷，朱光潜译，北京大学出版社2017年版，第52页。

的意义。他说："如果现在在鉴赏判断里想象力必须在它的自由性里被考察着的话，那么它将首先不被视为再现，像它服从着联想律时那样，而是被视为创造性的和自发的。"① 在难美性运动项目中，运动创造性想象非常重要。如花样滑冰运动员，既要有高超的冰上技巧，更要有丰富的艺术素养，并能对配乐有深刻的理解，发挥创造性想象，用身体动作形象表达音乐内在的意蕴。武术运动员在自身运动中可体验到"应物象形、内外合一"的美感。

（四）情绪和心境

美感本身就是人的一种情感活动。情感可分为两大类：一类是感知认识基础的知觉情感；另一类是进入理性认识后，由感知、想象、情感、理解等心理需求综合起作用，引起情感的感动，产生精神的愉悦的审美情感。美感中的情感活动是随着美的认识而产生的，美的认识是由感性认识向理性认识的深入。由于审美主体的差异，对美的对象的认识有程度的不同，也有层次的不同。

体育审美中的情感意向很有特点。我们知道，审美活动既涉及复杂的生理活动，又涉及复杂的心理活动。德国美学家谷鲁斯提出"内模仿说"，他认为人的知觉以模仿为基础：看到客体对象在向你微笑，主体也随之发生微笑；客体向你伸出手，你也会不由自主地把手伸过去。这虽有礼仪、风俗的文化背景，但知觉的模仿特征是明显的。模仿是体育的重要特征，不论是动作学习、还是动作欣赏，模仿都是主要形式。我们很多人在欣赏体育时，都有这种体会，观赏者会模仿场上运动员的动作。体育观众的内模仿活动，既可以外现于筋肉运动，在动作、节奏和表情上显露出来，又可以内含而不外露，在审美主体的想象、联想中构成意象内模仿。观赏主体按照客体对象的形态、动作和运动的外在形态在内心里进行相应的模拟和复创，这也是体育审美感受中经常体验到的生理—心理活动。

（五）理解

理解是主体在感觉、知觉、表象等感性认识的基础上，通过大脑的分析与综合，把握和解释出客体对象的本质联系。在美感活动中，理解因素是贯穿其中的。现代西方直觉主义、反理性主义美学只看到审美不同于认识和实践，否定美感具有认识功能和理解因素；而机械唯物论者，又仅仅看到审美

---

① ［德］康德：《判断力批判》上卷，宗白华译，商务印书馆1985年版，第79页。

的认识功能，把美感中的理解因素和一般认识混淆在一起。这两种观点都是不科学的。美感是感觉和感情，不是思维和理解。但是思维和理解，有助于感觉和感情。没有了理解，审美就缺少了精神内涵，人们对许多现象就无法体悟和解释了。所谓审美理解，是指在美感活动中，审美主体用某种感性的形式，对审美客体的意蕴和审美活动本身意蕴的整体把握和领会。

理解对体育欣赏有重要的意义。我们可以看到，即使是运动达人，因为不了解，也会对某些运动项目存有偏见，在不理解的基础上是无法获得审美感受的。理解是通过揭露事物间的联系来认识新事物的过程，那么，理解的深度不同，会分出不同的理解层次。在审美感知中，理解就已起到了重要作用，因为感知是在过去的知识和经验的基础上的理性特征。对现实事物的知识，对事物间的本质的和规律的联系与深刻理解，是在想象中改造已有表象而创造新形象的条件和基础。

第三节　审美心理学说

与传统美学相比，近现代美学的一个显著特征是倡导用心理实验和心理分析的方法来研究审美关系与审美活动，并使心理学美学得到了迅速而长足的发展。作为一个学派，心理学美学上承实验心理学美学，下启完形心理学美学，经历了一段相当长的发展时期。其中，具有代表性的学说主要有移情说、内模仿说、审美距离说、异质同构说，等等。这些理论要点对分析体育审美的心理特征和确立有效的体育欣赏方法具有重要的意义。

一、移情说

移情说（theory of empathy）被认为是里普斯首创，但受特奥里多尔·费肖尔审美象征作用理念的影响较大。里普斯的贡献在于直接从心理学和价值论出发研究美学，认为美学是一门关于美和审美价值的心理学学科，其首要任务是科学地描述和阐释审美对象及其审美价值所引发的特殊效果与相应条件。为此，他提出了一个著名理论，就是内感学说，用内感说解释美和艺术，就形成了移情现象。所谓"移情"，就是指人们在审美过程中，把物化成人，以人度物，把原来没有生命的东西看成有生命的东西，仿佛它也有了感觉、思想、情感和意志，从而使人与物发生同情与共鸣，达到物我交融、物我同一的状态。在这种同一的状态中，人把自己融入对象中，藉此将原本隐含在心灵里的情感志趣外射到对象中，使其得以寄托和表现，构成象征性移情作用。简言之，移情是一种立足于主体心理活动的物我交流过程。里普斯认为移情包括了两个基本因素："一方面，在我们自己的心灵里，在我们内心的自我活动中，有一种如骄傲、忧郁或者期望之类的感情；另一方面，把这种感情外射到一种表现了我们精神生活的对象中去。在这对象中，精神生活正确无误地找到了它安顿的地方。"① 十分明显，里普斯所说的移情，就是把自我移入自然事物中，移入宇宙人生中，从而达到物我为一的境界，客观形象成了主观思想感情的表现。

在《空间美学》一书中，里普斯以游览古希腊雅典卫城时凝神观照道芮式（Doric，现多译为"陶立克式"或"多立安式"）石柱为例进行描述："在我的眼前，石柱仿佛自己在凝成整体和耸立上腾，就像我自己在镇定自持和昂然挺立，或是抗拒自己身体重量压力而继续维持这种镇定挺立姿态时所做的一样。"② 这种姿态，令人可喜，其内在充满生气的模样引入同情，从中能够再认识到自己的一种符合自然的和令人愉快的仪表。"所以一切来自空间形式的喜悦———一切审美的喜悦，都是一种令人愉快的同情感。"③ 从物我关系上讲，"在对美的对象进行审美观照之中，我感到精力旺盛，活泼，轻松自由或自豪。但是我感到这些，并不是面对着对象或和对象对立，而是自己就在对象里面"④。"在它里面，我的感到愉快的自我和使我感到愉快的对象并不是分割开来成为两回事，这两方面都是同一个自我，即直接经验到的自我。"⑤

按其形态，里普斯把移情作用分为积极的和消极的两种：前者产生愉悦性情感（快感），其对象是美；后者产生非愉悦性情感（不快感或痛感），

---

① 李斯托威尔：《近代美学史述评》，蒋孔阳译，上海译文出版社1980年版，第55页。
② 古典文艺理论译丛编委会编：《古典文艺理论译丛》第八册，人民文学出版社1964年版，第41页。
③ 北京大学哲学系美学教研室：《西方美学家论美和美感》，商务印书馆1980年版，第272页。
④ 北京大学哲学系美学教研室：《西方美学家论美和美感》，商务印书馆1980年版，第272页。
⑤ 北京大学哲学系美学教研室：《西方美学家论美和美感》，商务印书馆1980年版，第273页。

其对象是丑。根据性质，他把移情分为审美的移情与实用的移情。两者的区别在于前者以审美观照为前提，而后者则以实用态度为前提。审美观照要求观照者超然物表，把对象的内容从现实联系中脱离出来，在纯化的移情作用中于审美对象深处把握表现人的价值的东西。因此，我们在体育欣赏时不仅要从比赛的胜负中脱离出来，还要从体育的健身与休闲功能上升腾，去追寻体育对生命存在和生命价值的意义。

里普斯的移情说，指出了审美活动中以人度物的过程，强调了审美主体的情感在审美活动中的能动作用，应该说是抓住了审美这一重要心理特征，在当时反对形式主义美学中起了一定的进步作用，并且产生了广泛而深远的影响。移情说虽然在一定程度上克服了美学上的主观主义与客观主义对峙的矛盾，但终究没有把审美主体和审美客体完满地统一起来。移情作用就是把自己的情感意趣外射或寄托到对象之中，使对象化为客观的自我，在这里"自我和对象的对立消失了，或者说，并不曾存在"①。如此看来，美感好像是对一种对象的欣赏，实质上是对于自我的欣赏。最后，美和审美价值又像唯心主义美学所认为的那样，发乎于心，完全是主观的东西了。

在实际的审美活动中，移情既要入得去，还要出得来。同样，在体育审美中，移情要"入"得深刻，"出"得洒脱，这就是审美观赏的"入出说"。对此，王国维在《人间词话》中谈到诗歌创作时就已经提出过。他说："诗人对宇宙人生，需入乎其内，又需出乎其外。入乎其内，故能写之；出乎其外，故能观之。入乎其内，故有生气；出乎其外，故有高致。"② 王国维的阐释对于体育比赛的审美活动也是完全适用的："入乎其内"才能充分领略比赛的精彩动人；"出乎其外"才不会使主体在强烈的刺激与诱惑中泯灭自我，才有可能真正进入审美状态，并获得到最丰富、最动人的美感享受。

---

① 北京大学哲学系美学教研室：《西方美学家论美和美感》，商务印书馆1980年版，第273页。

② 郭绍虞主编：《中国历代文论选》第四册，上海古籍出版社1980年版，第373页。

二、内模仿说[①]

移情说的提出，震动了当时的西方美学界，同时也激发了美学研究的新方向。内模仿说（theory of inner imitation）便是移情说直接的产物，或者说是移情说的一个变种。这一学说的倡导者谷鲁斯不仅受里普斯的影响，而且受席勒及其游戏说的影响。他认为，人具有游戏和模仿的本能，二者在一般审美活动中总是密切联系在一起的。人只有以游戏的态度观照对象时，才能有审美欣赏，而审美欣赏的主要方式是内模仿。通过内模仿，在审美主体的心灵中产生了一种特殊的幻觉，大致可分为三种情况：附加幻觉，感觉随着对象的变化而变化；模仿原物的幻觉，把自己混同艺术作品中所表现的人或物；同情的幻觉，把旁人的行为与自己的行为等同起来。谷鲁斯把模仿看成是人的一种本能，凡是知觉都包含着模仿。审美模仿虽建立在知觉模仿的基础上，却又与一般知觉模仿不同。一般知觉模仿大多外现于筋肉动作，是一种外模仿，如体育课学生模仿教师的技术动作；而审美的模仿则大多内在而不外现，是一种内模仿。谷鲁斯举过一个例子来具体说明内模仿的活动："例如，一个人跑马，这时真正的模仿当然不能实现，他不愿放弃座位，而且还有许多其他理由不能去跟着马跑，所以他只心领神会地模仿马的跑动，享受这种内模仿的快感。这就是一种最简单、最基本也最纯粹的审美欣赏了。"[②] 在体育欣赏活动时，很多时候外模仿与内模仿同时存在，比如跑马时，观众可能随着马步的节奏摆动自己的身体，这是其他审美活动难以出现的情况，这也使得体育审美感受更强烈。

表面看来，内模仿说侧重的是由物及我的一方面，而移情说侧重的是由我及物的一方面。但在实际上二者并不互相排斥，是一种"你中有我、我中有你"的关系。譬如，里普斯在论述移情作用时，也谈模仿，认为在物我融

[①] "内模仿说"也翻译为"内摹仿说"。"模仿"和"摹仿"两个词语之间的意思非常相近，"模仿"有"照着原来的样式去做"之意，语义范围相对较宽；"摹仿"主要用在文学艺术领域，指"照着样子去写、去画"。因此，美学界主要使用"内摹仿说"一词。但体育运动中通过"imitation"审美，更多的是指通过肌肉的系统的效仿，因此，本书采用"内模仿说"一词。

[②] ［德］谷鲁斯：《动物的游戏》，转引自朱光潜《西方美学史》，中华书局2013年版，第650页。

为一体的状态中,我想象自己被转运到那形体里面去了,意识到我和它完全同一起来了,感觉到自己在所见到的形体里活动、自由、轻松和自豪,"这就是审美的模仿,而这种模仿同时也就是审美的移情作用"①。同样,谷鲁斯在论述内模仿时,也涉及移情作用,认为在这一心理过程中,人心把旁人(或物)的经验看作仿佛就是自己的;人假定本无生命的对象具有某些与人类一样的心理情况并且亲身经历或玩味;人内在地参加一个外在对象的动作;人想象一个静止的物体会发出某种运动;"人把自己的内心同情所产生的那种心情移置到对象上去,例如说到崇高事物严肃,美的事物喜悦之类"②。

人们在欣赏体育、音乐、舞蹈、戏剧和电影时常能体验到这种内模仿活动,谷鲁斯的内模仿说强调审美活动中人的主观性,深入分析了美感过程中生理、心理活动的某些重要特征及其内在规律,具有合理性的一面。这对形式主义的美学观是一种批判,有一定积极意义。但谷鲁斯片面地夸大了审美过程中的内模仿作用,把美感的本原和特征只归结为生理的内模仿,将生理快感与精神美感混为一谈,从而歪曲甚至否定了美感的客观内容和社会性质,带有浓厚的神秘主义和主观唯心主义色彩,因而无法真正揭示美感的本质。

三、审美距离说

在移情说的启示下,瑞士心理学家、美学家布洛(Edward Bullough,1880—1934)提出了审美距离说(theory of aesthetic distance)。像里普斯一样,布洛也是从心理学角度研究美学的。距离说排除传统美学常用的哲学思辨方法,并且从根本上否定美的纯粹客观性,放弃对美的本质及其客观因素的追究。1912 年,布洛发表美学论文《作为艺术因素和审美原则的"心理距离说"》对审美心理距离说进行了论述。布洛认为,人们通常不是从主观方面,就是从客体方面去解释审美活动,这样必然不能揭示审美活动的本质特征。审美活动既不纯粹是主观的、理想的,也不纯粹是客观的、现实的,

---

① 北京大学哲学系美学教研室:《西方美学家论美和美感》,商务印书馆 1980 年版,第 275 页。

② [德]谷鲁斯:《人类的游戏》,转引自朱光潜《西方美学只(下)》,中华书局 2013 年版,第 651 页。

而是在这二者间保持适当距离所获得的审美效应。布洛主张审美应采取一种自由的观赏态度,主客体之间要保持无功利、非实用的心理距离。他说:"距离说却提供一种运用简单而意义深远的区别:适意是一种无距离的快感。美,最广义的审美价值,没有距离的间隔就不可能成立。"① 在他看来,"是距离使得审美对象成为'自身目的'。是距离把艺术提高超出个人利害的狭隘范围之外,而且授予艺术以'基准'的性质。""尤其是距离提供了审美价值的一个特殊标准,以区别于实用的(功利的),科学的,或社会的(伦理的)价值。"② 由此可以看出,布洛所谓的"距离",指的不是客观现实中时间或空间的距离,而是主体与客体之间保持一定的心理距离。这种距离,一方面切断了人与对象的功利关系,使事物能充分地显示出它固有的本色;另一方面又能将主观的情感移入对象,赋予客体事物以特征。布洛认为美感与快感的区别就在于距离的大小。他强调审美时要保持不即不离、若即若离、无我的但又如此有我的境界。也就是说,距离不可过大(超距),也不可过小(差距),而是要适当。距离过大,主客体完全脱离关系,当然引不起美感;距离过小,主客体过分贴近,同样无法引起美感。只有保持合理的、恰当的距离,即那种处于超距与差距之间,有最近距离而又没有丧失距离的状态,才会享受到审美的愉悦。

　　布洛的心理距离说可以说是从康德的审美纯然淡漠的无利害关系说和叔本华的静观默察的纯客观观察对象说演化而来的,实质上同黑格尔提出的审美要保持自由欣赏的态度是一致的,是审美超功利性③的进一步发展和集中表现。他把心理距离看成是"美感的一种显著特征",当作审美的一条基本原则,指出"距离是通过把客体及其吸引力与人的本身分离开来而获得的,

---

　　① 北京大学哲学系美学教研室:《西方美学家论美和美感》,商务印书馆 1980 年版,第 278 页。
　　② 北京大学哲学系美学教研室:《西方美学家论美和美感》,商务印书馆 1980 年版,第 277 页。
　　③ 审美超功利性是指审美体验本身并不涉及感官和实践的功利目的,是一种纯粹的情感愉悦。康德在他的《判断力批判》一书中指出,"美是唯一无利害关系的自由和快感",审美活动是一种纯粹的精神活动,是不具备任何利害关系的。在审美活动中只要掺杂利害观,哪怕只是少许,也会使它发生偏离而脱离纯粹的鉴赏判断。但把这种超功利绝对化,容易陷入超功利主义。

也是通过使客体摆脱了人本身的实际需要与目的而获得的"①。审美距离说的确道出了审美欣赏的一些奥妙。应该承认，布洛在对审美活动的心理分析中，确实抓住了这一过程的某些基本特征，其对心理活动的描述和分析，很多看法是很深刻的。在审美活动中，就审美客体而言，他强调审美感知专注于对象的感性形象，通过联想和想象引起情感，来获得审美的特征，并使主体与客体之间从实用的关系转为自觉审美的关系，达到一种物我同一的和谐境界；就审美主体而言，他要求排除粗鄙的占有欲，以一种非功利的态度去观赏对象，才能达到赏心悦目、怡情愉意的审美享受。这些看法是比较切合审美活动实际的。但是，必须看到，布洛的审美距离说完全割裂审美主体与客体之间的一切功利关系，排斥审美的实用和认识因素，使主体成为超然物外、无挂无碍的纯粹主体；使客体成为孤立绝缘、独立自在的绝对对象，和社会实践没有任何联系。这既不符合人类审美的发展历史，在现实生活中也是不可能存在的。特别是在体育运动中，参与是体育审美的前提和基础，而体育的参与是融入式、沉浸式的，不论从空间距离还是心理距离都是比较近的。并且，体育运动和体育欣赏往往带有一定的功利性，但这并不妨碍体育审美，恰恰相反，功利性是体育审美重要的动机和动力。

四、异质同构说

异质同构说是完形心理学美学的理论核心。完形心理学美学因其德文发音又被称为"格式塔"（Gestalt）心理学美学，是20世纪初产生于德国的一种美学理论。"格式塔"在德文里，是"形状"或"形式"的同义语。而格式塔心理学家运用这一术语时，指的是整个心理领域。他们认为一切的"形"都是知觉进行了积极组织或建构的结果或功能，而不是客体本身，同时特别强调知觉的整体性。因此，中文把它译为"完形"，比较符合"格式塔"的原意。格式塔心理学由奥地利心理学家埃伦菲尔斯（Christian von Ehrenfels，1859—1932）于1890年发表的《论格式塔性质》（*Über Gestaltqualitäten*）论文中首先提出。20世纪初，马科斯·韦特墨（Max Wertheimer，1880—1943）、库尔特·考夫卡（Kurt Koffka，1886—1941）和沃尔夫冈·柯勒（Wolfgang Kohler，1887—1967）等做了大量实验，用格式塔

---

① ［瑞］布洛：《作为艺术因素与审美原则的"心理距离说"》，载蒋孔阳主编《二十世纪西方美学名著选》上，复旦大学出版社1987年版，第245页。

心理学理论去解释审美现象，从而奠定了完形心理学美学的基础。完形心理学美学的主要代表人物是当代德裔美国著名美学家阿恩海姆，他将这些基本理论具体而系统地运用于艺术，特别是视知觉与艺术之间关系的分析研究。譬如，在解释视觉艺术中的似动现象时，他认为绘画作品或静物中的运动感觉并非由联想或移情作用引起的，而是由艺术作品的形象结构所唤起的鉴赏者大脑皮层中的场效应引起的。在论述艺术审美时，他认为那不再是一种对外部事物的纯认识活动，而是一种将观赏者卷入其中的激动的参与状态。因为，人在观赏时，审美对象的主要式样并没有被他的神经系统原原本本地复制出来，而是在他的神经系统中唤起了一种与审美对象的力的结构同形的力的式样。这种不同质而同形的力的结构便是审美观赏活动的心理基础，这就是异质同构说。关于身心之间是否是同一的，阿恩海姆借用威廉·詹姆斯（William James，1842—1910）《心理学原理》一书中的一段话来说明："必须指出，为这些作者们所极力强调的活动与情感之间的不等同，并不像乍一看上去那样绝对。在一般情况下，我们不仅从时间的连续中看到心理事实与物理现实之间的同一性，就在它们的某些属性中，比如它们的强度和响度、简单性和复杂性、流畅性和阻塞性、安静性和骚乱性中，同样也能看到它们之间的同一性。"① 这就是说，两种不同的媒质，一个是物质的，另一个是非物质的，在结构上还是可以等同的。譬如，我们在观看舞蹈时，会觉得那悲哀和欢乐的情绪看上去是直接存在于舞蹈动作之中的，这主要因为舞蹈动作的形式因素与其表现的情绪因素之间，在结构性质上是等同的。实验发现，当要求所有的受试演员分别以舞蹈的艺术形式来表现"悲哀"这一主题时，其动作都是缓慢的，幅度也不大，造型都呈曲线形式，展现出来的张力也都比较小。这说明悲哀这一心理情绪，其本身的结构式样在性质上与上述舞蹈动作的结构式样是相似的。一个心情十分悲哀的人，其心理过程也是十分缓慢的，其精神和行为状态也显得软弱无力，缺乏力度与决心。再如，一棵垂柳之所以看上去是悲哀的，并不是因为它看上去像是一个悲哀的人，而是因为垂柳枝条的形状、方向和柔软性本身就传递了一种被动下垂的表现性；或者说，是因为将那种垂柳的形式结构与悲哀的心理结构进行比较后所得出的感受。这种异质同构不仅可以当作审美观赏原理，而且还可以用作一种艺术创作原理，使人们注意从不同的事物中寻找和表现它们的等同点。

---

① ［美］阿恩海姆：《艺术与视知觉：视觉艺术心理学》，滕守尧、朱疆源译，中国社会科学出版社1984年版，第614页。

完形心理学美学强调知觉的整体性，用同形论说明审美心理结构同审美对象的关系是有一定道理的，为我们研究审美心理，特别是审美知觉，提供了许多值得吸取和借鉴的材料，其研究方法也有可借鉴之处。但是，完形心理学美学的理论本身还有不少漏洞，如过分强调知觉在审美中的作用，而忽视了其他心理因素的作用，忽视了特定感官对特定审美对象的作用，这不免带有片面性；在解释"物理—生理—心理"的异质同构时，仿佛这是一种生物本能，忽视了人与动物的根本区别，也忽视了历史的和社会的原因。当然，对完形心理学美学要批判地吸收其有价值的东西，摒弃其片面、错误的东西。

自从美学学科建立以来，美学发展似乎经历了一个从"自上而下"到"自下而上"、从概念思辨到科学实证的总体过程。作为美学研究者个体，不可能对美学所有领域进行研究，研究手段也不可能涵盖所有学科。因此，个体的美学研究总是不全面的、不系统的，对待各种理论、学说、观点，我们要以包容的态度审视，吸收有价值的成分，只有这样，才能使美学及其交叉应用学科得以发展壮大，引领人类走向诗意生活。

第四节 体育美育

一、美育概述

（一）美育的由来

美育既是一种实践活动，也是一种人性活动，它伴随着人类发展的全部历史。美育可以说在人类诞生之初就开始萌芽，原始人在传授制造和使用工具的经验，进行原始的生产劳动中就开始了蒙昧的、初级的美育了，到了原始氏族社会的繁盛时期，美育随同其他教育一起，成为人类的一种自觉活动。进入了奴隶社会之后，随着生产力的发展，人类生存能力的提高，人类开始有了更多的闲暇时间进行美的实践，随着时间的推移、思想的不断丰富，逐渐产生了美育思想体系。

在我国，据《尚书·尧典》记载，舜曾命令夔"典乐，教胄子"。所谓"乐"，是音乐、舞蹈、诗歌"三位一体"的综合艺术。"乐教"，即艺术教育，是教育子弟不可缺少的一部分。商周时代，尤其是周代"乐"和"礼"

（仪式规范）成为私塾教育的最重要内容。春秋战国时期，诸子百家都在不同程度上总结了以往的教育实践，提出了各具特色的美育思想。其中，以孔子为代表的儒家美育思想对后世影响最大。孔子在《论语·泰伯》中主张"兴于诗，立于礼，成于乐"，认为人格修养的整个过程都必须贯穿美育。孔子对美育的地位、标准、原则、作用等都提出了至今仍不乏借鉴意义的思想观点。

在西方，古埃及时期，宗教歌曲和舞蹈、雕刻、绘画等都是儿童学习的重要内容。在古希伯来教育中，"儿童很早就学习唱歌和弹奏乐器，以便使自己能参加集体活动和接待朋友与自娱"[①]。公元前6至4前世纪的古希腊，无论是斯巴达还是雅典，都很重视艺术教育。如柏拉图认为"音乐教育比起其他教育都重要得多"，因为"音乐是求心灵的美善的"；亚里士多德主张实施和谐教育，其内容包括阅读与书写、体育锻炼、音乐和绘画，以及道德品质的培养等。

虽然美育实践、美育思想历史久远，但是，开始对美育进行系统理论研究的却是近代德国美学家席勒。他于1795年发表的《美育书简》（全名为《关于对人进行审美教育的书简》），被人们称为"第一部美育的宣言书"。席勒看到在资本主义文明下，人追求物欲，丧失了人性的和谐和尊严，于是提出通过美育来促使感性和理性的统一，塑造完美的人格，达到人的自由和社会的进步。他认为，只有美育才能恢复完全的人性，"要使感性的人成为理性的人，除了首先使他成为审美的人，没有其他途径"[②]。席勒企图以美育求得社会大变革中社会进步和人性解放。他明确地提出了德育、智育、体育、美育的"四育"概念，系统地阐述了美育的性质、目的、功能和社会意义，把美育提到改造社会、改造人类的高度，在美育史上做出了不可磨灭的重大贡献。席勒的"四育"概念不仅对近代西方和中国产生了广泛影响，而且也为马克思和恩格斯所批判地吸收，成为马克思主义美育理论的重要思想来源。

西方近代美育理论在晚清、民国初期由梁启超、王国维、蔡元培、鲁迅等人介绍到中国。对于中文"美育"一词，蔡元培认为是由他在1911年率

---

① [美]佛罗斯特：《西方教育的历史和哲学基础》，吴元训、张俊洪、宋富钢等译，华夏出版社1987年版，第37页。

② [德]席勒：《美育书简》，社会科学文献出版社2016年版，第165页。

先引进的。① 但早在1903年，康德、席勒、叔本华美学在中国的最早传人王国维，就已提出并讲解了"美育"的观念。王国维认为，人的能力包括精神能力和身体能力，"完全之人物"就是精神和身体"无不发达且调和"的人。人的精神能力可分为智力、情感和意志三个部分，完整的教育体系必须包括增进智力的智育、强化意志的德育、调和情感的美育、训练身体的体育。在此"四育"中，美育的作用有两方面：一是丰富人的感情，"使人之感情发达，以达完美之域"，并养成鉴赏美和创造美的能力；二是作为德育的手段，陶冶人的心灵，使人变得高崇纯洁。所以，美育是人性教养的必要环节，为"教育者所不可不留意。"② 从我国近代思想家对美育的介绍和理解看，他们开始肯定个体价值、尊重生命多样和全面的发展。1912年，蔡元培出任教育总长不久，就把美育列入学校教育政策方针。蔡元培提出"以美育代宗教"说，系统而深刻地阐述了美育的性质、意义和实施的途径，还亲自创办培养美育人才的专门学校，讲授美学课，从事美育实践。在他的带动下，20世纪初至30年代，我国曾掀起一股美育热潮。作为教育家，蔡元培对体育也有很深的认识，提出了"完全人格，首在体育"的著名格言。

（二）美育的不同观点

美育，是目前美学研究领域与教育研究领域共同出现的高频词汇，然而却也被称为"也许在整个教育学及其研究界理论最不成熟"③ 的领域。这种不成熟与难以明晰"美是什么"有很大的关系。有人对美育概念进行了专门考察，对近现代以来产生的50余种"美育"概念进行了搜集整理，将之分为涵义不尽相同的八类：美育是德育的辅助手段，是美学知识的教育，是艺术教育，是情感教育，是美感教育，是培养审美能力的教育，是"全面育人"的教育，是教育的一种境界。④ 从美育研究来看，对美育是什么主要有

---

① 1931年5月，蔡元培在《二十五年来中国之美育》一文中回顾说："美育的名词，是民国元年我从德文Asthetische Erziehung译出，为从前所未有。"参见中国蔡元培研究会编《蔡元培全集》第七卷，浙江教育出版社1997年版，第79页。

② 王国维：《论教育之宗旨（1903）》，载《王国维哲学美学论文辑佚集》，佛雏校辑，华东师范大学出版社1993年版，第252页。

③ 赵伶俐：《论美育的科学化：兼论整个教育构成的科学化》，载《西南师范大学学报（人文社会科学版）》，2012年第2期。

④ 参见汤杰英《美育概念考察》，载《西南师范大学学报（人文社会科学版）》2002年第2期。

以下三大观点。

第一，美育是审美教育。这一观点在理论界比较普遍。例如，"美育是培养学生认识美、爱好美和创造美的能力的教育，也称审美教育或美感教育"①。《美学大辞典》定义美育为："培植、陶冶人的审美意识、审美情趣，发展鉴赏美和创造美的能力，培养高尚情操和文明素质的教育。与智育、德育、体育相对，又贯穿于智育、德育、体育之中，是审美教育或美感教育的简称。在人的全面发展教育中，美育占有重要地位。"② "美育是审美教育的简称。……学校中的美育，是培养学生感受美、鉴赏美、创造美的观点和能力，传授艺术创作的知识并培养相应的技能、技巧的教育。"③ 从这类观点看，美育是教育的一部分，通过各种形式的美育使人们掌握审美的理论、方法，培养人们正确的审美观念和健康的审美情趣，并通过审美实践提高人们感受美、欣赏美和创造美的能力。这类观点主要关注的是美育具有培养人的审美能力的独特功能和任务。

第二，美育是情感教育。1901年，蔡元培在《哲学总论》中指出："智育者教智力之应用，德育者教意志之应用，美育者教情感之应用是也。"④ 蔡元培还说："美育者，应用美学之理论于教育，以陶养感情为目的者也。"⑤ "美育的本质是一种情感教育。大学的美育就是一种借助于美的形象的手段，通过富有个性的自由形式，以陶冶情感、培养情操为特征，以培养全面和谐发展的完美人格为目的的'情感教育'。"⑥ 这类观点认为，美育不像智育那样靠逻辑论证，要求受教育者要有意地理解和记忆；也不像德育那样采取有约束力的、强制的措施，或运用社会规范进行说服和限制。这些观点说明，美育具有培养情感的显著特点；美育是以直观的形象教育为手段，以情感教育为中介；它既诉诸人的情感，以情感打动人、感染人，又陶冶人的情感、净化人的性情。但情感教育不是美育的全部，只是美育的基本内容、方法、特征和目的之一。

---

① 《中国大百科全书》总编委会：《中国大百科全书》，中国大百科全书出版社2009年版，第516页。
② 朱立元主编：《美学大辞典（修订本）》，上海辞书出版社2014年版，第130页。
③ 王泽炎：《论美育的地位和作用》，载《重庆教育学院学报》1994年第2期。
④ 中国蔡元培研究会编：《蔡元培全集》第一卷，浙江教育出版社1997年版，第357页。
⑤ 蔡元培：《蔡元培美学文选》，北京大学出版社1983年版，第174页。
⑥ 刘立魁：《试论大学美育》，载《思想理论教育》1994年第6期。

第三，美育是立美教育。"美育远远不仅是艺术教育，它有更重要的基础部分，关系到引导受教育者主动建立美的形式。建立美的形式的教育活动，是人类'按照美的规律来塑造物体'的宏伟历史在教育领域中的缩影，我称之为立美教育。"① "'立美教育'是指教师在教育教学过程中自觉运用教育科学的规律和审美的规律，建立内容和形式相统一的美的教育活动体系。"② "立美教育是师生体验教育和谐、愉悦而富有张力的过程。"③ 这类观点的局限在于把立美看作审美教育的目的、手段和实践过程，不关注其结果，也会影响美育效果。

二、体育美育的概念

美育是一种与美感相结合的教育活动。美育以情感活动为中介，把审美对象和审美主体联结起来，在对客观事物的鉴赏中，通过情感过程的感受、体验、认识和判断，达到对美的肯定，对丑的否定，使人的情感得以净化、情操得以陶冶、精神得以升华。美育的基本职能是通过审美实践活动，培养、提高人们对美的感受能力、鉴赏能力和创造美的能力。2015年9月，国务院办公厅印发的《关于全面加强和改进学校美育工作的意见》指出，美育是审美教育，也是情操教育和心灵教育，不仅能提升人的审美素养，还能潜移默化地影响人的情感、趣味、气质、胸襟，激励人的精神，温润人的心灵。美育与德育、智育、体育相辅相成、相互促进。2020年10月，中共中央办公厅、国务院办公厅印发的《关于全面加强和改进新时代学校美育工作的意见》指出，美育是审美教育、情操教育、心灵教育，也是丰富想象力和培养创新意识的教育，能提升审美素养、陶冶情操、温润心灵、激发创新创造活力。尽管美育的内涵复杂多样，但美育是美学学科的组成部分和美育是教育的组成部分在学术界已形成基本共识。当然，把美育看作教育的组成部分并不都是指在教育机构中开展的美育活动。从广义上讲，教育实践是"人类有意识地培养人的活动"④。而广义的美育，有人认为："真正的美育

---

① 赵宋光：《赵宋光文集》第一卷，花城出版社2001年版，第167页。
② 汪振城：《中小学立美教育论纲》，浙江大学出版社2000年版，第21页。
③ 鞠玉翠：《"立美教育"再探》，载《教育研究》2018年第9期。
④ 顾明远：《教育大辞典》，上海教育出版社1998年版，第773页。

是将美学原则渗透于各科教学后形成的教育。"① 从某种意义上讲，美育是美学理论的具体实践，是美学研究的终极任务和目标，因为，美学理论要在美育中得到检验和发展，美学研究要在美育中实现理想和目标。学习美学、研究美学，都是为了实现美的化育。

现实生活中，自我美育的行为也很常见。比如，自发自主的体育锻炼，都是有目的地改善健康和人体美感，并获得精神上的享受和自由。但在我们的实际工作中，容易把体育和美育割裂开，把二者确立为平行并列的关系。这种人为的割裂，狭隘地把美育专指"艺术教育"，是不利于美育的全面持续推广与开展的。美育作为美学的核心理论和实践目标，应与人类的各种实践活动相融合，才能真正推动全人类的发展。

因此，我们认为体育美育是指人在体育运动中有目的地运用美的规律获得美感的活动。为了避免体育、美育并列独立的情况，我们界定体育美育是指"体育中的美育"，而不是"体育和美育"，是美育渗入体育内在逻辑结构的美的教育过程。

三、中西方体育美育思想简述

（一）西方体育美育思想

在古希腊，各个城邦之间由于政治体制、经济、文化发展状况的不同，它们实施的教育制度、教育内容和方法也有明显的差别。古希腊时期存在斯巴达和雅典两种极具反差的教育类型：斯巴达的军事体育教育、雅典的全面发展的教育。

斯巴达教育类型是为军事服务的。斯巴达人从小就要接受严格的军事训练，教育在国家严格监督、组织、管理下进行。他们采取极其野蛮、严酷的方式教育青少年，以使其长大成人后，能够严守纪律、服从命令、不怕牺牲、为国征战。军事训练、体魄锻炼几乎成了他们全部的教学内容；至于知识的传授、音乐和艺术教育则被边缘化了。由于他们重武轻文，忽视智育、美育，压抑人的个性发展，致使斯巴达人偏执保守，缺乏想象力和创造力。这种军事化的教育，虽在战争中发挥过重大作用，但进入和平时期则走到了

---

① 滕守尧：《美育：教育现代化的关键》，载《北京大学学报（哲学社会科学版）》1995年第2期。

文明、进步的反面。亚里士多德对此曾作过深入分析:"操持闲暇需有智慧和节制,斯巴达人独养勇德,所以不适于和平时代……如果依人类生理和心理的自然顺序,自当先重体育,培养灵魂所寓的身体,使之既健且美;其次则训练灵魂的本能部分,使人人都具有良好的习惯。"①

雅典教育是古希腊民主教育的典型,它与斯巴达教育相反,不是军事体育性质的,其主要内容是"七艺"——文法、修辞学、算术、几何学、天文学、辩论术和音乐。其中,艺术教育占有相当的分量和重要的地位。当时没有"美育"这个概念,而是以文艺女神缪斯的名字称艺术教育为"缪斯教育"。实际上,雅典人把美育作为一项重要内容贯穿于整个教育、教学过程之中,从学校教育、家庭教育到社会教育,从幼儿教育到成人教育,从中等教育到高等教育,无不渗透着审美活动与艺术教育的内容。在体育教育方面,雅典的儿童到了十二三岁,除了继续在文法学校、音乐学校继续学习,还要进入体操学校,集中进行体育训练,学习五项竞技活动——竞走、跳高、角力、掷铁饼、投标枪,其着眼点虽在于培育强健的体魄,但也不放松智育和美育。在雅典人看来,健与美是分不开的。因此,他们进行体育训练时,辅之以舞蹈,伴之以唱歌、弹琴,使动作协调一致、整齐优美。他们不像斯巴达体育训练那样严酷野蛮、刻板单调,而是把体育与智育、美育结合起来,既可以锻炼健美的身体,又能够培养技能技巧、坚强的意志和高尚的道德情操。

由于古希腊城邦之间以及与其他民族的战争频繁,保卫国家是每一个公民的神圣义务。作为一个坚强、勇敢的战士,具有强健的身体是必不可少的素质。因此,希腊人非常重视体育活动。他们认为,"健全的精神寓于健全的身体"。对于以人为本位、以和谐为美的希腊人来说,身体不仅要健壮有力,而且要匀称、优美,做到健与美的结合,形体美与心灵美的统一。正如德谟克利特所说:"身体的美,若不与聪明才智相结合,只是某种动物性的东西。"② 他们在体育竞技、比赛活动中,有着严格的审美要求,把身体健美有力、身心和谐作为追求的目标,具有神圣的意义,甚至可以说体育比赛实质上是一种比美活动。当时,雅典最盛大的体育活动是五年举行一次的奥

---

① [古希腊]亚里士多德:《政治学》,吴寿彭译,商务印书馆1965年版,第458页。

② 北京大学哲学系美学教研室:《西方美学家论美和美感》,商务印书馆1980年版,第16页。

运会，每个公民都将参加奥运会视为最大荣誉。艺术家为优胜者塑像，立于神庙内外，作为光荣的纪念。古希腊雕塑家米隆创作的《掷铁饼者》就是一座体育竞赛优胜者的纪念像。正是由于对美的追求，古希腊雕塑家在艺术上的重大成就之一，就是发现了人体美。在同一时期还有雅典娜、阿波罗、持矛者等雕像，体态都非常健美，每一座雕像都可以说是体育与美育高度结合的产物，闪耀着真、善、美统一的诗意光辉。

柏拉图的"理想国"教育方案中，美育占有相当重要的位置。他提出的教育方案主要有两个方面：一是体育，一是音乐教育。他说："为了身体健康而实施体育，为了灵魂的美善而实施音乐教育。"① 柏拉图由于重视音乐教育，在论及体育时主张把两者很好地结合起来。他认为，人的最美的境界，是"心灵的优美与身体的优美和谐一致，融成一个整体"②。体育的任务不能仅限于锻炼体力，如果只是专心于体育，不顾及美育，特别是音乐教育，就会使人陷于固执与粗暴。只有这两方面教育恰当的配合，才能培养出"心身和谐"的人。

亚里士多德认为，要把人追求美善的本性变为现实，则主要依靠教育。因此，合理的教育应该根据人的自然本性及其发展程序，把体育、德育、智育、美育结合起来。他认为，人的身体发展在先，灵魂的培养在后，美育是贯穿于整个教育过程的。对青少年首先要实施体育，而体育必须结合美育，既要使他们体格健壮，又要优美。他说："在教育中，起首要作用的应该是健美的体格而不是野蛮的兽性的体格。"③ 在亚里士多德的教育思想中，美育不是作为一个独立的内容和阶段进行的，而是根据青少年心身发展的不同时期，结合德育、智育、体育来实施的。

在文艺复兴时期，许多思想家、艺术家、教育家无情地批判了欧洲中世纪腐朽的封建教育，主张实行自由教育、通才教育，把德育、智育、体育、美育结合起来，以培养身心和谐、乐观进取、多才多艺的"完人"。意大利人文主义教育家维多里诺（Vittorino da Feltre，1378—1446）提倡身心兼顾、德智并重，发展儿童个性与培养社会责任感相结合的教育。他相当重视对学

---

① ［古希腊］柏拉图：《文艺对话集》，朱光潜译，人民文学出版社 2022 年版，第 62 页。
② ［古希腊］柏拉图：《文艺对话集》，朱光潜译，人民文学出版社 2022 年版，第 64 页。
③ 转引自曹孚《外国教育史》，人民教育出版社 1962 年版，第 30 页。

生的多方面教育，强调使学生身心和谐发展的古典教育的理想。他尤其注重德育、体育和美育，并注重把三者结合在一起。这种教育方式在古典时期极其盛行。在中世纪时期，由于教会神权的统治，发展个性的体育和美育都受到束缚，而沦为教会的奴婢。因此，可以说，维多里诺复兴了在中世纪学校中消失了近千年的体育和美育。在维多里诺所创办的宫廷学校中，骑马、击剑、角斗、游泳、赛跑、跳舞等都是重要的教育内容，并作为学生发展的基本组成部分。另外，学校要根据四季的变换而编排各种形式的体操。维多里诺比较注重运用自然的教育教学方法。他强调发展儿童的个性，主张教师身教示范，应以慈爱之心关怀学生。

在西方早期资本主义时期，空想社会主义者看到现实社会的种种矛盾以及资本主义所有制给劳动人民生活带来的痛苦，他们对未来理想社会提出了种种设想。在他们所设想的理想社会中，科学、文化、教育、文学和艺术都占据着重要的地位，他们特别重视人在德育、智育、体育、美育方面的全面发展。如英国唯物主义哲学家、教育思想家约翰·洛克（John Locke，1632—1704）十分强调人的全面发展，认为应该顺应人的心理及其年龄特征，注重对孩子的循循诱导。洛克把他的绅士教育分为两个部分，即关于身体健康方面的教育、关于精神和心理的教育，也就是体育、智育与德育，而这两个部分又都涉及美育。在洛克看来，绅士首先要有健康的身体，而通过体育就可以获得健康的身体。他认为，健康的身体是精神快乐和生活幸福的保证，因为健康的精神是寓于健康的身体的。他还认为，健康的身体是绅士事业的保证。他说："我们要能工作，要有幸福，必须先有健康；我们要能忍耐劳苦，要能出人头地，也必须先有强健的身体；这种种道理都很明显，用不着任何证明。"① 此外，他主张儿童经常到户外去游戏，稍大一些还要学习击剑、骑马，以锻炼身体。洛克还指出，要让身体自然地健康发展。他反对违背自然去追求人为的身体美，认为只有正常、自然的体态才是优美的。在女孩子的容貌方面，他提倡要多参加户外活动，这样不仅不会损害面孔的美丽，而且户外锻炼会使身体变得更加健美。

（二）东方体育美育思想

"现有的思想资料说明，中国古代审美教育乃至整个教育思想最早产生

---

① ［英］洛克：《教育漫话》，徐大建译，人民教育出版社1979年版，第49页。

于春秋时代早期,经过孔子及儒家的进一步发挥,才形成较系统的理论。"①中国古代美育思想的基本观念是"礼乐教化",它集中体现了中国古代审美教育的基本特点与基本内容,是"中和之美"得以实施的最重要途径。古希腊将教育三分为哲学教育、体育、音乐教育,古希腊的教育是一种区分型的教育。而中国古代的"礼乐教化"则包含了礼、乐、射、御、书、数"六艺"和《诗》《书》《礼》《乐》"四教"等内容,是一种关联型的、整体性的教育。

中国古代没有现代意义上的"审美"一词,只有技、艺、道、术、法等与现代审美概念相近的词汇。现代意义的"审美",是指各种摆脱了应用功能、纯粹以审美为目的的审美形式,而中国古代审美更注重实用中的审美,所谓技、艺、道、术、法皆为日常生活中实用的技巧、手段等能力,如下层百工者如佝偻承蜩、庖丁解牛、轮扁斫轮,儒家的礼、乐、射、御、书、数,等等,都是古人修身成人、琢物成器的生活手段。正是在技、艺的精熟中产生的审美趣味,才使古代与身体活动相关的技、艺具有了现代意义上的体育审美意味。因此,中国古代体育审美应该被泛化地理解为具有审美趣味的各种生产、生活活动,它们处处充满审美的生灵活趣。林语堂所言的"既将中国人的审美及其生活予以全盘的观察,吾人才将信服中国人确为过去生活审美的大家","生活的审美对于他们是第二本能和宗教"②,已是今日学界所普遍接受的观点。

孔子生活的春秋晚期,是一个由奴隶制社会向封建制社会转型的时期,是一个礼崩乐坏、欲望膨胀、混乱无序、动荡不安的时代,同时,也是我国古代学校(私塾)体育初步兴盛的时代。在这种背景下,孔子试图借体育活动恢复礼制,从而恢复社会秩序。孔子把体育、礼仪、情感融为一体,作为体育美育的重要手段,以此达到"复礼"而天下"大治"的最终目的。体育与礼仪为一体,是将体育视为一种礼仪活动。礼射是我国古代较为典型的竞技与体育活动,它要求各种射法和练习过程符合礼的规范,如周天子有大射之典,凡是有祭祖、祭神之事,就以射来选择诸侯贡士中可以参加祭礼的人,可以说,体育活动是以"礼"为道德界限和行为标准的。孔子曰:"不知礼,无以立也"(《论语·尧曰》),"礼者人道之极也"(《荀子·礼论》),礼是人之所以为人的表现。礼之所以被看作人的美,皆因说:"容

---

① 聂振斌:《中国美育思想探源》,载《安徽师范大学学报》1995年第2期。
② 林语堂:《吾国与吾民》,作家出版社1996年版,第320-319页。

貌、态度、进退、趋行，由礼则雅，不由礼则夷固僻违，庸众而野"（《荀子·修身》），礼要求进退俯仰的表现形式有一种合宜的、能给人以庄严肃穆美感的动作姿态。体育之所以成为礼的表现手段，在于礼的实施包含着琐细而严格的规范，带有"技艺"的性质。从掌握动作技巧的角度看，它同体育活动中的技艺密切相关。著名哲学家冯友兰说："在礼节、礼仪的意义上，礼有另一种功能，就是使人文雅，使人情感雅化，净化。"[①] 现代体育运动会上各种礼仪活动，如升旗、奏乐、致意等都体现了竞赛本身就是一种礼仪形式，即"用一个意味深长的方式将人们汇集在一起，通过人们之间肩并肩的表演和比赛，使友谊得以建立和导致相互的尊敬、信任和真诚相待"[②]。

我国传统体育的价值观在很大程度上受到道教思想的影响，我国传统体育以"养生化"和"伦理化"为发展逻辑。道教的身体活动强调人体内部的修炼，不追求复杂的动作，不讲究运动的负荷和强度的大小，突出了"养生化"。而在现代体育中，人们往往在实践中忽视了养生，只重视成绩，没有考虑体育的内在和内养。现代以来，中国美学、美育在中西对话背景下有着许多发展，出现了诸多重要的理论家和相关学说。这些理论形态与传统礼乐教化观念共同呈现出中西、古今交融的面貌，对于我国现代美育理论建设有着积极的意义与价值。现代出现的第一个重要美育理论家是王国维。1903年，王国维在《教育世界》杂志上发表《论教育之宗旨》一文，在我国现代文化史上首次全面论述美育在教育体系中的重要地位，并提出独具中国特色的"心育论"，初步构建了中国现代美育的框架。王国维借鉴康德的"知情意"三分之观点，提出"此三者不可分离而论之"，"教育之时，亦不能加以区别"。他认为，"教育之宗旨"是培育"完全之人物"，这要从"体育"和"心育"两方面入手，"心育"包括"知育""德育""美育"，"三者并行而得渐达真善美之理想，又加以身体之训练，斯得为完全之人物，而教育之能事毕矣"。[③]

在中国美育史上，蔡元培不仅总结、发展了近代美育思想，还昭示着现

---

① 冯友兰：《中国哲学简史》，北京大学出版社1985年版，第160–176页。

② [美] 贝尔特：《比较体育与运动》，华东师范大学出版社1985年版，第165–170页。

③ 王国维：《王国维论学集》，傅杰编校，中国社会科学出版社1997年版，第375页。

代美育前进的征程；不仅在理论上具有较完整的体系，还制订了美育方针，广泛推行民族的美育实践活动。蔡元培是近代美育向现代美育转变过程中的代表人物。

当代以来，特别是新时期以来，中国美育结合中国国情有了新的发展。在相当长的时间里，美育一直被德育所替代，在教育方针上一般只提"德智体全面发展"。1999年6月，中共中央、国务院颁布了《关于深化教育改革全面推进素质教育的决定》，明确提出："美育不仅能陶冶性情、提高素养，而且有助于开发智力，对于促进学生全面发展具有不可代替的作用。"[①] 美育不仅是审美教育，也是情操教育和心灵教育，不仅能提升人的审美素养，还能潜移默化地影响人的情感、趣味、气质、胸襟，激励人的精神，温润人的心灵。美育与德育、智育、体育相辅相成、相互促进。国家相继出台了加强美育的方针政策，美育正式被列入我国的教育方针，进入各类教育的课程体系。随着生活水平的提高，人们对美的生活的追求意愿越来越强烈，美育真正被落到实处。我国高等学校、中等学校与其他各种教学组织均加强了美育的课程教学，在美育课程教学体系、课程设置、师资队伍与经费保障等方面均采取了一系列重要措施。当然，我们也认识到，目前美育仍然是整个教育事业中较薄弱的环节，对于美育重要性的认识、资源配置与师资队伍建设尚未有完全到位。因此，目前仍然需要认真贯彻执行"德智体美劳全面发展"的教育方针，采取切实措施，迅速改变美育的薄弱状况。如何利用体育的元素进行美育还需要学术界加强相关研究、努力探索。我国有着五千年的美育历史，有着非常丰厚的美育传统和美育思想。作为体育工作者，在新的历史条件下批判地继承和发扬这笔宝贵的遗产，是我们的历史责任。

四、体育美育的特点

体育美育的特点是体育美的性质的外部表现，由体育美的性质派生而来。体育美育主要有形象性、愉悦性、自由性、潜移性、实践性五大特点。

（一）形象性

体育美育不是运用概念、判断和推理进行抽象概括，也不是运用伦理观

---

① 中共中央、国务院：《关于深化教育改革全面推进素质教育的决定》（中发[1999] 9号），1999年6月13日。

念进行理性说教,而是通过体育运动中美的事物的具体的、可感知的形象来感染人、触动人的情感以达到美育的目的。正如俄国文艺批评家杜勃罗留波夫(Dobrolyubov,1836—1861)所说的:"我们的感情总是被生动的形象所引起的,而不是被一般的观念所引起的。"[①] 体育美育是一种感性形象教育。尽管体育美育中也包含着真和善、知识和道德等理性的因素,但是理性、概念、规范等都已经融合到美的形象之中,化为美的感性形象体系了。体育美育的形象性特点,与德育、智育在某些环节、某些方面采用抽象化手段不同,体育运动的参与和欣赏过程离不开美的形象,形象化手段提高教学效果的做法也不同。整个体育美育过程是从观赏美的形象开始的,并且始终离不开美的形象。与体育美育相比,艺术美育只是部分审美具备形象性,如在音乐的欣赏过程中,主要是通过听觉进行美育。而体育美育是在生动、形象、直观的形式下饱含着热情和激情进行体验的,是直接的、强烈的。

(二)愉悦性

美育的愉悦性是美的超功利性的延伸,体育美育的愉悦性体现在两个方面。一是在审美过程中,人们能摆脱个人利害,不以功利为唯一的追求目标,从而在精神获得一种轻松愉悦之感。体育美育强调生命的自由和审美的超越,这种自由和超越要求人们真正超越功利、物我两忘,用审美关照的方式获得最大的自由和愉悦。教育是"德智体美劳"的融合,而体育与美育的融合对发展人的独立性和自主性方面起到了极其重要的作用,"人在发展上的自由自主、和谐以及流动和变化,在全面发展的状态下,人所感受到的是幸福和愉悦,是自我价值和尊严的实现和确立"[②]。二是身体上的愉悦。人体拥有多巴胺和内啡肽两种"快乐激素",这两种"快乐激素"可以有效排解人的不良情绪,缓解焦虑和抑郁,让人变得满足和愉悦。在日常生活中,人体也会分泌多巴胺和内啡肽,但分泌量是有限的。医学研究证明,人们在运动中会产生更多的多巴胺和内啡肽,刺激人的神经并产生愉悦感,精神愉悦又激励人们以更高昂的情趣去从事体育锻炼,这与丹麦心理学家苏珊·朗格与美国心理学家詹姆斯的观点"身体的变化必定引起情感的变化"

---

① 中国社会科学院外国文学研究所、外国文学研究资料丛刊编辑委员会编:《外国理论家作家论形象思维》,中国社会科学出版社1979年版,第89页。

② 扈中平:《教育目的论》,湖北教育出版社2004年版,第214–215页。

相吻合，因此，体育美育是"身体和精神都在场"的愉悦过程。①

(三) 自由性

人的情感是自由的、无法强制的。席勒在《美育书简》中把美育称作"审美游戏"。他认为，在审美王国中，人"摆脱了一切，不论是身体的强制还是道德的强制。……人只作为自由游戏的对象与人相处。通过自由去给予自由，这就是审美王国的基本法则"。② 他不仅指出了美育是用一种自由的方式进行的，而且还说明了美育的目标是使人们取得更多的自由，成为自由的人，即完美的全面发展的人。自由地有意识地参加体育活动既是体育美育的特点，也是体育美育的任务和目标。体育活动大多数时候都会超出人的正常生理状态，并打破身体的生理平衡，导致机体的不舒服，甚至痛苦。这也是一些人不愿参加体育运动的重要原因之一。体育美育过程只能是自由的。由于每个人的生理需要、身体条件、兴趣爱好都不同，这也给体育美育工作者提出了更高的要求。体育美育不能只满足于技能的掌握，而在于心灵的自由，那么，体育美育过程的环境、氛围、交流就比活动本身更重要。美育不仅强调个性的发展，也强调个性与共性的统一，即个体与社会的统一。从"类存在"的视角可以更好地理解和实现人的自由和全面发展，实现全新的人生价值。

(四) 潜移性

理智往往作用于显意识，情感常常浸透于潜意识。体育活动在大多数情况下是以自由自在、自觉自愿的方式进行的，体育美育就在轻松愉悦的状态下潜移默化、不知不觉中完成。在体育活动中，每个人都处于一种开放的状态，个体的精神状态展现得最为充分，个人的优良品质很容易得到他人的欣赏，从而产生共鸣，形成"内模仿"心理。体育爱好者的意志品质往往较顽强，因为，人在体育运动中遭遇挫败反而更能激发不服输的精神，而这种精神往往也会感染同伴和对手。这就是体育美育的潜移性。体育美育对人的情趣潜移默化，会形成稳固的审美心理结构和心理定向，精神境界日趋高尚，看淡世俗凡事，只为更多享受生命。席勒在《美育书简》中说："只有美才能使

---

① 赵歌：《作为"身体化"审美活动的体育健身的文化哲学研究》，载《体育科学》，2019 (1)，90-91。

② [德] 席勒：《美育书简》，社会科学文献出版社2016年版，第202页。

全世界幸福,谁要是受到美的魅力的诱惑,他就会忘掉自己的局限。"①

当然,体育美育过程的时长比其他美育形式更短,但因为体育运动中人体肌肉动作直接作用于大脑神经,记忆更深刻、更持久。

(五) 实践性

美的认识、美感的获得,是美育的前提,审美教育是一个实践过程。马克思说:"我在我的生产中物化了我的个性和我的个性的特点,因此我既在活动时享受了个人的生命表现,又在对产品的直观中由于认识到我的个性是物质的、可以直观地感知的因而是毫无疑问的权力而感受到个人的乐趣。"② 这里具体阐述了"我在我的生产中""物化了我的个性和我的个性特点",也就是,人在实践中创造了美。在体育活动中,在"对客体的直观中"产生审美欣赏、审美愉悦,从而享受了个人的生命表现,感受到个人的乐趣,同时受到审美教育"认识到我的个性是物质的、可以直观地感知的因而是毫无疑问的权力"。

体育具有以身体活动为核心内涵的特殊性,使体育美育的实践性更为突出。从宏观角度看,它同美和美感一样,都是人类在社会实践活动中产生和发展起来的;从微观角度看,每一次体育美育本身就是一次实践活动,具体的体育美育目的的实现,都离不开审美实践。体育美育虽然需要美学理论的指导,也通过文学、视频等手段记录美、欣赏美,但体育美育的主阵地是运动场,不能关在书斋里"坐而论道"。体育美育只有靠自身在体育实践中去感受、体验、领悟,才能切切实实地提高体育审美素养和审美能力,获得情感的陶冶,更加深刻地理解体育美,更加强烈地追求体育美。

五、体育美育的任务

(一) 树立正确的审美观

席勒说:"由美的对象产生美,这就是美育的任务。"③ 但是对于什么是

---

① [德] 席勒:《美育书简》,社会科学文献出版社2016年版,第210页。
② [德] 马克思、[德] 恩格斯:《马克思恩格斯全集》第42卷,中共中央马克思恩格斯列宁斯大林著作编译局译,人民出版社2016年版,第38页。
③ [德] 席勒:《美育书简》,社会科学文献出版社2016年版,第119页。

美，什么是不美，什么是丑，存在着不同的观点。因此，美育的首要任务应该是树立和培养正确、进步、高尚的审美观。所谓审美观，是人们在社会实践活动中，特别是审美实践活动中所形成的关于美、美感、美的创造等问题的基本观点，是从审美的角度对客观事物进行判断和评价的原则体系。它是在审美实践和审美创造实践中形成的，又反过来对人们的审美实践和审美创造实践起着指导与制约作用，直接规定着审美、立美的方向。

审美观是世界观、人生观的重要组成部分。人们对世界真、善、美三个方面的认识，分别构成真理观、伦理观、审美观。这三者既有区别，又有联系。审美观有正确与错误、进步与落后、高尚与卑下之分。审美观如何，必然影响到真理观、伦理观。影响到对整个人生、世界的看法。历史上，不少伟人是出于对美的强烈热爱、执着追求而成就其一生事业的。在现实生活中，不辨美丑，以至于以丑为美，甚至堕落、犯罪的人，也不乏其例。爱因斯坦说："照亮我的道路，并且不断地给我新的勇气去愉快地正视生活的理想，是善、美和真。"① 我们应该像重视真理观、伦理观的教育一样，重视审美观的教育，这样才能构成完整的人生观、世界观。

审美观主要包括审美理想、审美情趣、审美标准等。其中最重要的是审美标准，即人们在审美活动中衡量和评价客观对象美丑及其审美价值高低的尺度与原则。人们具体的审美观点、审美情趣以及追求至善至美境界的审美理想等审美观的各种表现，都贯穿着审美标准。审美标准出了偏差，其他一切也就会随之产生出偏差。树立正确的审美观，关键就在确立正确的审美标准，这样审美、立美才会有正确的方向。确立正确的审美观、审美标准，并不是要承认有一种绝对的美的标准存在。普列汉诺夫说："照我的看法，绝对的美的标准是不存在的，并且也不可能存在。人们对美的概念在历史发展过程中无疑地在变化着。"② 随着时代、社会的前进、变迁，人们的审美观、审美标准也在发展、变化。而且审美观、审美标准还带有鲜明的个性特征。对于个人的审美爱好，不应也无法强求一律。

但是，没有绝对的美的标准，也并不等于就没有"客观的美的标准存在"。普列汉诺夫指出："如果没有绝对的美的标准，如果所有美的标准都

---

① ［美］爱因斯坦：《爱因斯坦文集》第一卷，许良英、范岱年编译，商务印书馆1977年版，第43页。

② ［俄］普列汉诺夫：《普列汉诺夫美学论文集》第1卷，曹葆华译，人民出版社1983年版，第887页。

是相对的，这也并不等于说我们没有任何客观的可能性来判断某一艺术构思表现得好不好。"① 客观的美的标准是存在的。审美标准是绝对性和相对性的统一，相对性蕴含着绝对性，绝对性寓于相对性之中。在不同时代、不同民族、不同阶级、不同个人千差万别的审美情趣中，依然有着正误高下之分，有着审美标准的客观性和共同性。因为美是客观存在的，美感是在审美实践中发生的，审美标准是否正确、进步、高尚，可以而且应该受到社会实践和审美实践的检验。审美标准正是在人们的社会实践和审美实践的检验中不断修正、不断发展的。

（二）提高审美能力和审美创造能力

体育审美能力是指在体育审美活动中发现、感受、判断、评价和欣赏体育美的能力。人们在体育审美活动中能否得到审美享受和教益，以及审美享受和教益的多寡、深浅，一是取决于审美观，二是同审美能力有着直接的关系。而体育审美能力的提高，对培养正确的体育观、身体观、生命观可以起到积极的作用。

体育审美能力包括在体育审美过程中主体应具备的各种能力。其中，体育审美感受能力是体育审美能力中最基本的能力。所谓审美感受能力，是指主体的审美感觉器官对体育运动中审美对象的认识和把握。只有先感受到美，才能进一步鉴赏美，才会引起情感的波动。苏霍姆林斯基（Cyxomjnh-cknn，1918—1970）指出："感知和领会美，是审美教育的基础和关键，是审美素养的核心，舍此，情感对任何美的事物都会无动于衷。"② 只有获得审美感受，认识和把握了审美对象的感性形态，如颜色、声音、线条、形状等，才能进而获得美感。在体育运动中，每个人的审美能力不同，但不像艺术审美能力需要长期训练，因为肢体运动是人的生命的外化，人对体育运动中的肢体运动的审美能力带有先天性。当然，加强美学知识的学习，建立正确的人生观和世界观对综合的体育审美能力的提升是有帮助的。

在审美教育过程中，人们对如何提高审美能力十分重视，而对提高人们创造美的能力却较为忽视。例如，桑塔耶纳说："美育的目的就是训练我们

---

① ［俄］普列汉诺夫：《普列汉诺夫美学论文集》第 1 卷，曹葆华译，人民出版社 1983 年版，第 887 页。

② ［苏］苏霍姆林斯基：《帕夫雷什中学》，赵玮等译，教育科学出版社 1983 年版，第 435 页。

去欣赏美的极致"①，但是，美育的任务，不只是要培养人们发现美、感受美、热爱美、鉴赏美的能力，而且还要培养和提高审美创造能力，激发人们去追求美、创造美。体育审美创造能力，是指人们在体育审美实践的基础上，进一步按照美的规律创造美的事物的能力。体育美育的基本任务之一，就是要不断地、自觉地提高审美创造能力。正如鲍列夫（Borev，1925—2019）所说："审美教育发展一个人的创造能力，教会他真正用人性的态度对待世界。"② 培养体育审美创造能力要避免两种倾向：一是把体育和美育对立起来，把审美创造排除在体育之外；二是把体育美育看作是艺术工作者的事情，忽视体育工作者的主动性和能动性。这两种认识都有片面性，不利于培养全面发展的人。

（三）塑造完全人格

蔡元培说："夫完全人格，首在体育。"③ 如果说，树立正确的审美观是体育美育的首要任务，提高体育审美能力和体育审美创造能力是体育美育的基本任务，那么促进人的全面发展、塑造完全的人格，则是体育美育的最核心的任务。鲍列夫说："审美教育的最佳成果应当是造就一个完整而和谐、具有自身价值和社会价值、具有能动创造性的人。"④

人格是一个有歧义的概念。从社会学的角度解释，它是指人的尊严、价值和道德品质的总和；从心理学的角度解释，它是指人的性格、气质、能力的总和。在2018年全国教育大会上，习近平总书记强调："要树立健康第一的教育理念，开齐开足体育课，帮助学生在体育锻炼中享受乐趣、增强体质、健全人格、锤炼意志。"⑤

现代体育的规则性在潜移默化地培养青少年社会意识、塑造性格、改变气质、提高能力的同时，也影响着他们价值观的形成。在参与与逃避、成功与失败、个人与集体、循规与投机的各种矛盾冲突中，可培养体育运动参与

---

① ［美］桑塔耶纳：《美感》，杨向荣译，人民出版社2013年版，第102页。
② ［苏］鲍列夫：《美学》，李泽厚译，中国文联出版社1986年版，第562页。
③ 中国蔡元培研究会编：《蔡元培全集》第三卷，浙江教育出版社1997年版，第12页。
④ ［苏］鲍列夫：《美学》，李泽厚译，中国文联出版社1986年版，第562页。
⑤ 《习近平论青年工作（2018年）》，见学习强国（https://www.xuexi.cn/lgpage/detail/index.html?id=9678382950165844874&item_id=9678382950165844874），2022-10-10。

者坦荡开放、光明磊落的道德品质。在激烈对抗、面对对手和困难时,在胜利与荣誉到来时,在挫折与失败时,可学会冷静、容忍和理智。通过体育,可让人们远离矫揉造作和粉饰媚态,让人们的心目充满真实的生命力,只有如此,才是真的美的。体育以其生动而朴实的方式让参与者识别真、善、美,培育真、善、美。

第五节 体育教学与美育

一、体育教学活动的美育因素

体育教学活动是在特定场所进行知识、经验传授与学习的双边活动,它既具有科学性,又具有艺术性。苏联教育家苏霍姆林斯基就曾指出:"教育和教学过程有三个步骤:科学、技巧和艺术。"[①] 要获得优秀的体育教学效果,达到全面育人的教学目的,就必须在追求教学的科学性的基础上,讲究体育教学的艺术性。

(一)体育教学艺术美

体育教学作为一门科学,具有它自己的特定的本质和规律,有必须遵循的相对稳定的规则和程序,有经前人不断总结归纳的课程常规和组织方法。但教学更是一门艺术,一种艺术性的活动。正如捷克的教育家扬·阿姆斯·夸美纽斯(Jan Amos Komensky,1592—1670)所指出的,"教学是把一切知识传给一切人的艺术","教育人是艺术中的艺术,因为人是一切生物中最复杂、最神秘的"。[②] 不讲究教学艺术,不注意发掘教学活动中的美育因素,体育教学就有可能蜕化为一种工具式的纯技术性的工作,把运动技术和运动技能的传授当成体育教学的唯一任务。这也是当前学校体育教学缺乏创造力和感染力,达不到体育教学应有的促进人全面发展的目的的原因之一。当然,教师美育能力不足和美育理论积累不够也是主要原因。

---

① [苏]苏霍姆林斯基:《和青年校长的谈话》,赵玮等译,上海教育出版社1983年版,第4页。

② [捷]夸美纽斯:《大教学论》,傅任敢译,人民教育出版社1984年版,第3-4页。

教学艺术不是艺术教学，而是艺术化的教学，是使用具有审美价值的特殊技艺而进行的创造性的教学活动。体育教学艺术则是融入了施教者对人生的体验、情感、创造等，因而是对技巧的一种超越和升华，具有了审美价值。体育教学艺术大致有三个特点。一是情感性，即要使教学活动成为教学艺术，就必须有情感交流、爱心传递，形成富有情感意味的教学情景。若教育者能"春风化雨"，受教者自然就能"如沐春风"。二是创造性，教学不能死守某种程序化的方法，不是某种教学模式的机械模仿，比如如何处理好体育教学的练习强度和课堂节奏，既需要经验的积累，也需要创造性的思考。既要创新教学内容，也要创新教学方法。三是审美性，这是体育教学艺术突出的特点，也是最难的部分。体育教学活动应力争成为一种特殊的审美活动，力求将教学关系转化为一种审美关系，从而使活动中的人得到美的享受。体育教学艺术通常包括以下四种形态。

1. 组织教学的艺术

体育教学活动是有组织地进行的，而组织教学的艺术有两个方面。其一是设计和运用组织形式的艺术，即根据不同的教学目标、教学内容和教学对象，或灵活巧妙地应用常规性的教学组织形式，或大胆创造探索而设计出新的组织形式。体育教学组织不能松散，也不能过于单调紧凑。所用的教学组织形式除了始终要与教学目标、内容、对象保持和谐一致外，还应注意要具有开放性和可调配性，当出现场地器材改变、天气变化等情况时，能随之变化和更新。其二是使用教学组织方式的艺术，包括课堂教学组织方法、课外活动组织方法、教学调节的方法等。一般说来，教学组织方法的使用要注意具有即时性、隐蔽性、灵活性、高效性。即时性强调要善于及时发现问题，及时采取对策；隐蔽性指尽可能不让学生感受到管理的约束；灵活性是指根据具体情况，选择相应对策；高效性指要保证教学进展是高效率的。

2. 教学演讲的艺术

教学艺术和"讲"是密切相关的。体育教学演讲主要通过演讲的知识内容、语言动作、思想情感来获得教学效果，它应该讲究过程的优化组合、内容的美化整形、气氛的活跃愉悦，等等。目前，各级学校越来越重视体育美育和德育，体育教师也开始在课堂上传授美育和德育知识或理念，但往往只是利用准备活动前的集合时段进行演讲，这种简单的灌输难以引起学生的兴趣。

教学演讲，一般分为开讲、续讲和结讲三部分。

开讲就是开场白，犹如戏剧、电影的序幕，其质量的优劣，直接影响到学生学习的兴趣和效果。开讲的艺术也是导入的艺术，它必须与教学内容紧密联系，有利于省时高效地展示内容，同时应注意导入方式的多样化，力求有吸引力和凝聚力。体育教学时，切记不要简单地宣读式地介绍新学内容和复习内容。开讲的方式有很多，如悬念式、问题式、故事式、新旧联系式、诱导式、警告式等。特别是警告式，因体育运动有一定的安全风险，通过警告式的开场白进行安全教育有助于减少学生安全事故。

续讲是体育教学演讲的主体，其技巧主要包括以下三点。一是内容衔接的艺术。应该做到水到渠成、自然流畅，下一项练习是上一项练习的逻辑延伸。特别应该注意前后内容的性质联系，或是逻辑深化的关系，或是分类转移关系。要考虑练习密度，还要考虑身体练习既有重点又照顾全面。课堂上不能随意安排练习内容，避免练习出现功能性重复，等等。二是问答的艺术，教学演讲的双向交流性比其他演讲更能让学生进入审美的意趣。在实际工作中，体育教学的问答是缺乏的，体育教师只顾进行技术讲解，很少进行提问。通过提问，可以让学生对运动技术就更深的认识，提升审美能力。提问要适时（选择时机）、适度（深度、难度合适）、适量（需讲则讲）。体育教学要特别注意集中讲解和个别纠正的关系，切忌一出现错误动作就集中进行讲解，打乱学生的练习节奏。答问要有针对性、启发性、回味性。要在引入问题的答问中激活思维，将教学演讲环环相扣地推向纵深。当然，由于大、中、小学生的理解能力不同，教学问答的内容和方式也应不一样。三是启发的艺术，即通过诱引、暗示、点拨等方式，使学生由无知转为有知，要做到"道而弗牵，强而弗抑，开而复达"（《礼记·学记》）。要注意选择恰当的时机，所谓"不愤不启，不悱不发"（《论语·述而》）。四是应变的艺术，对课堂偶发情况能及时、巧妙、灵活地加以处理。例如，学生的错误动作是一出现马上就纠正，还是等学生自行体验后再纠正，就需要教师的应变艺术。应变艺术是对教师智慧和急智的考验，教师应从容不迫、随机应变。

结讲即结尾，一般有总结概括式、前后呼应式、激励启发式、设疑式、欣赏式、竞赛式等。它应能使整个演讲浑然一体。结尾要避免头重脚轻、虎头蛇尾，避免仓促、平淡、草率收场，要让学生听后有余味无穷的感觉。

3. 教材应用的艺术

体育教学的特点决定了教材的使用不是随堂式的，因此，在教材的把握上更灵活。但并不能因此脱离教材，而"放羊式"地进行教学。体育教学在处理教材的艺术上应领会教材生理、心理、社会学的意蕴，了解不同年龄段、不同体质的学生对体育知识和运动技能的理解。做到不脱离教材，甚至超越教材，灵活自如地运用教材且能照顾每节课的完整性，既统筹兼顾，又突出重点，化难为易，执简驭繁。另外，随着网络信息的发达，体育教师常常会从网络上寻找一些教学和训练方法，这是自我更新知识的一种方式。但网络知识和技能不能简单地照搬，如何去伪存真，以及如何将这些网上方法教材化却是体育教师应该思考的问题。

4. 体育器材使用的艺术

体育器材是体育教学重要的辅助工具，也是人体机能的延伸，是体育形式美的重要素材。体育器材使用的艺术包括以下两个方面。一是使用方式的艺术。不同运动项目，不同教学目的需使用不同的体育器材。通过发现体育器材的形式美、社会美，甚至自然美，有利于强化学生审美意识，不断挖掘体育器材的功能或功用有利于开发学生的思维、调动练习的积极性、增强学习兴趣。昆明山区小学体育教师毕首金自 1984 年工作起，利用废品自制了 11623 件体育器材，极大地激发了学生的体育热情。[①] 二是体育器材的摆放艺术。体育器材如同文化课教师的教具或实验器材，整齐、有序地摆放可创造简洁、立体的形式美，形成审美的意味。体育教学要避免器材随处丢放、凌乱不堪，不仅毫无美感，而且易滋生安全隐患。加强学生对器材整齐摆放的教导，还可培养学生爱护公物的美德。

斯托洛维奇（Stolovich，1929—2013）指出："在每个领域中出现的凡是值得被称为艺术性的活动，都必定具有审美意义。"[②] 教学作为艺术，当然包含着丰富的美育因素，教师要善于发现和发掘，使教学活动成为一种审美活动。

（二）体育教学活动的美育因素

体育教学活动的美育因素是多方面、多层次的，不同阶段、不同类型的课程教学都有相应的美育表现。总括起来，大致有以下四个方面。

1. 直观美育因素

从直观美育因素看，有教师的仪态美、体育教学环境美等。

一是教师仪态美。古人云"诚于中，形于外"（《大学·第七章》），

[①] 参见赵黎浩《玩转体育课的"发明家"》，载《工人日报》2021 年 10 月 11 日，第 5 版。

[②] ［苏］斯托洛维奇：《审美价值的本质》，凌继尧译，中国社会科学出版社 1984 年版，第 17 页。

"征神见貌，则情发于目"（《人物志·九征》），教师内在的美，可以由某种外部感性形象表现出来，这就是教师的仪态美。仪态美又可以分为静态美和动态美两种。静态美是指教师的着装式样得体、色调适中、整洁大方，既符合运动项目的特性，也符合教师自身的生理和心理特征。动态美是指教师在教学活动中的举止、姿态、表情等所表现出来的美。教师的动作美常取决于两个因素。一是安定感，这来自站立和运动时对自体重心和倾斜度恰当的控制，要避免多余的肢体动作。教师的动态行为应具有安定感，身体能传达出正直、坦然的信息，使学生感到可信赖可依靠。所以，体育教师的示范动作不论是动作结构，还是完成顺序，一定要完整有序，才能让学生感知动作的真实面貌，也才能创造美的感受。二是力度适宜，教师的手势、运动的姿态应从容舒缓、快慢适中，力量大小适当，坚定而又明确，以产生一种可视性的美。教师应使用严谨手势来发出指令，要注意表情不能夸张或呆板，应庄重而亲和。眼睛是心灵的窗户，能传达出丰富的审美信息，教师的"眼语"要注意可理解性和可沟通性，用真情与学生交流，其审美效果不亚于语言。静态美与动态美的结合，就构成了教师的仪态美，这是一种特殊的风度美，其审美感染力是直接而持久的。它具有双重意义，既以美的形象给人以美的示范，又有助于保障良好的教学效果。

二是体育教学环境美。体育教学总是在一定的空间内进行的，即它是在教学环境（运动场和教室）中进行的。教学环境是教学活动的物质载体，是教学审美活动的有机组成部分。优美的教学环境是体育教师实践创造的结果，是教师各种含有美学意义的行为的外现和具体延伸，寄寓着人们的审美理想和审美趣味，所以，教学环境能产生积极的审美效应，使活动在其间的教学主体受到陶冶、净化，并由此获得审美体验。

体育教学环境美具有两个方面的审美价值：一是导向功能，二是约束功能。优美的教学环境，通过优秀的场景设计和体育教学器材的布置，可以鲜明地表现出体育的特征、风格和教学的目的，从而强化师生完成教学目标的意愿。优美的教学环境所反映的审美情趣、塑造的审美氛围，对师生的精神世界产生审美升华的效果。优美的环境，可对不文明、不健康的行为产生约束作用，活动于其间的人，会自觉不自觉地改变自己不美的行为。体育教学环境的美化，应遵循以下三个原则，以实现体育教学的审美价值。其一是功能性原则，即体育教学环境的设计和建设，一定要符合其使用目的，不管是运动场、体育馆还是临时练习场地，采光、色彩、练习区域的线条都应按照教学目的来设计，使人一进入这个环境，就能意识到这是教学环境。具有鲜明教学个性的环境，能取得更好的教学效果。其二是形式美原则。教学环境在满足功能性要求的同时，还应讲究形式美。例如，体育器材和场地的布置，应既有由整齐重复所形成的秩序感，又具有由变化形成的运动感。其三是实践原则。体育教学环境应该给学生留下足够的再创造空间，让教学主体主动去实践美化环境，这是一种有重要意义的审美实践活动。

2．语言美育因素

体育教学中，虽然学生的动作模仿和自我练习占用了一定的体育课时间，但体育教学主要还是通过语言进行。体育教师的教学语言是一种职业性的语言：它具有口语性，但又不同于日常用语；强调规范性，但又不同于书面语言；富有专业意味，又要与普通语言结合应用。首先，它是科学性与教育性的统一。科学性是指它既符合教学内容的学科特点即具有专业科学性，又符合语言规范，还具有语言学的科学性。因为目的是教育，因而教学中使用的语言还应有大量的指导性语言（即教育性）。其次，它又是讲演性与对话性的统一，不仅是讲述和讲解，还要沟通教学的对象。最后，它还是丰富性和简约性的统一。

体育教师的语言美来自两个维度。一是清晰、简洁、准确。教学语言所传递的语义信息必须清晰、简洁、准确，具有科学品格和清晰美，既能满足学生求知的愿望，又能使学生获得求知的快感。特别是在高中和大学阶段的教学，清晰、简洁、准确的讲解，可以让学生对自身的身体和生命有更深刻有认识。二是积极向上的语言。根据教育心理学的观点，在教学过程中，应以正面教育为主，多用积极的语言教育学生。这样做既能调动学生的学习情绪，向积极方面转化，又能防止消极情绪的产生。另外，根据学生的理解能力水平，还可以将一些哲学、思辨的名言或美学理论穿插于体育理论教学中，对人的自然化、技术化审美进行引导，增强对生命之美的审美能力。

3．教学节奏美育因素

体育教学活动是一种创造性的劳动。它的节奏，构成了教学美育的重要因素。体育教学活动中的节奏是将教学内容或教材和谐地组织起来，产生一种秩序、一种规范，并且这种秩序、规范与人的心理和生理的运动节律相吻合，成为一种美的流动，产生强烈的节奏美感。朱光潜说："人体生理活动，如呼吸、循环、运动等器官本身的有规律的起伏流转就是节奏，人用他的感觉器官和运动器官去应付审美对象时，如果对象所表现的节奏符合生理的自然节奏，人就感到和谐和愉快。"①

体育教学活动中的节奏美，必须符合教学规律，才能带来良好的教学效果，带来审美愉悦。教学活动主要有以下三种节奏。

一是声音的节奏，是指教师语言的语音所产生的节奏。包括音高、音量、音速等元素，表现出适度的轻重隐显、适宜的疾徐张弛，相互协调，就构成了教学声音的节奏美。在体育教学中教师不能总用一个音调、一个节奏讲课，这样容易让学生感受性降低、注意力难以集中，影响教学效果。教师应该根据教材的内容、性质、教学环境和学生的身心状态等不同情况，随机应变，比如，当学生做快速有力的动作时，音调要短促有力；当学生做协调性、平衡性动作时，音调要平和，富有节奏感；当讲解本课教学重点、难点时要提高音调，引起学生的注意。

二是示范的节奏。体育教学中技术动作示范是一节课的核心内容，包括示范速率和示范频率。示范是为了让学生对技术动作有更直观的了解，并通过模仿迁移转化为自己的技术动作。示范的节奏要与语言的节奏相配合。动作示范要符合人的感知能力与理解力，要防止示范速度太快、时间过短的情况。可通过完整示范、分解示范，背面示范、镜面示范，正常速度示范、慢速示范等，将体育教学形成一个和谐的整体。示范时，还要符合动作掌握的节奏，要避免示范频率过高，或缺乏示范。示范的使用频率体现教师的教学经验和教学艺术，频率太高，容易打乱学生练习的节奏；频率太低，学生练习得不到及时的参考与纠正，这些都会破坏学生练习的效果和积极性，难以形成审美体验。

三是教学内容流动的节奏，即在一定的时间内所体现出来的教学内容的详略、重难点与组合、布局所构成的节奏，它也被称为"内节奏"。要使教学内容产生节奏美感，就要注意不能产生堆积感（信息太多）、急促感（进度太快）、空疏感（信息量太少），而必须根据具体的教学内容进行合理的建构，疏密有致，产生特定的教学魅力。因此，体育教学要避免新学内容过多或内容安排过密，要符合体育教学练习的强度和密度规律。

4. 教学氛围美育因素

体育教学是开放式的，师生之间的交流多于其他课堂教学。因此，体育课堂有师生双边、学生之间情感交流的和谐美，以及思维活跃、兴趣盎然的氛围美等。

---

① 朱光潜：《谈美书简》，上海文艺出版社1980年版，第78页。

体育教学氛围是由教学过程中的情景反映出来的心理氛围，是教学主体（教师和学生）所具有的带有整体弥散性的心理氛围。良好的教学氛围常常是既和谐又活泼，既紧张又有序，既庄严又亲切；既有失败的懊恼，又有收获的喜悦；既有竞争向上的意识，又有团结协作的融洽精神。这种氛围是富有审美意味的，在这种氛围中，活动主体能够形成带有审美愉悦的良好的心境和情绪，有强烈的审美感受能力和意愿；同时，这种情绪和心境向外扩散，相互感染，使审美氛围更浓。在这种氛围中，活动主体常有仪式感、神圣感、庄严感，从而注意力高度集中，全身心地投入教师角色和学生角色中。这种氛围既是一种压力场——教学主体被教学的共振圈所约束而感到一种无形的压力，使个体趋向于与集体一致的活动，不喜欢体育的同学也会被这种氛围激发出运动兴趣。又是一种引力场——教学主体自动地自觉地进入传授和接受知识的活动中，下课意犹未尽，还继续进行练习或与教师探讨。

体育教学氛围美具体显现为二个方面。其一，师与生，教与学之间，不仅有运动知识信息的流动，而且伴随着体育课堂开放状态下人格、情操、情绪的交流，形成一种情绪共振的和谐美。其二，在这种氛围中，教师和学生的各种心理能力能协调作用，认知功能与情感功能相互激发，理性因素与非理性因素都活跃起来。教师的思维高度活跃，在他的创造性的教学引导下，学生为人的本质力量所震撼，为教师的言行所激励，也主动积极地参与教学活动。认知活动、情感活动、意志活动，三者被同时激活，体育学习不再是一种从属于外部压力的苦事、累活，而是充满吸引力和审美情趣的创造性生命享受活动。

体育教学蕴含大量的美育因素。要构建出富有美感的体育教学课堂，教师的教学行为，无论是教学内容的编排、教学语言的运用，还是教学仪态的表现，都要达到艺术境界。体育教师要提升自我的人格魅力，做到师生互敬互爱，以人的本质力量为情感共鸣的基础，对身体和生命产生精神共振。

三、体育教师的审美修养

在体育教学中，对学生审美教育起决定作用的是体育教师。教师的思想品德、情操修养、学识水平、行为表现、语言表达、仪表服饰等都会给学生潜移默化的影响，所以教师必须具备美育中应有的基本素质。这样，才能把美育与体育有机地结合起来，把进行体育教学和在体育活动中陶冶生动、活泼的美的情趣融为一体，以免把体育课变成纯粹的技术性动作的教授。

体育教师应具备的审美修养包括以下四点。

第一，要有思想、道德、情操的美。要热爱祖国，忠诚党的教育事业，热爱教育对象，朴实正直，谦虚谨慎等，这也是一般教师所必须具备的。

第二，要较好地掌握体育运动技能和理论，这是衡量体育教师学识水平的一个重要标志。教师在任课时，要体现出自己对体育运动事业的追求和探索精神，要了解和掌握体育运动发展历史和运动技术水平发展现状，同时，要注意把美学知识运用于体育教学中。这都有利于提高学生对运动技巧学习的兴趣，有助于他们对教师实力美的感受和鉴赏。

第三，要在行为上表现出敏捷、勇敢，语言简洁、声音洪亮。体育教师虽需要具备一般教师所须有的为人师表、任劳任怨的行为特质，并能使用生动活泼、规范条理的课堂语言，但也需要体现体育教师自身的生理和心理健康状态所表现出的行为和语言上的美。他的行为和语言要给人一种力度感，机敏、果断、干净利索的动作，整齐划一的队列操演，这些都会使人感到生命脉搏鲜活的跳动，使受教育者心灵感受到一种积极向上的力量，而产生雄伟、崇高的美感。

第四，在体态上落落大方，体魄健美，衣着简洁自然。体育教师是从事人的身体教育工作的，他自身的状态就是课堂说教的最好榜样。他必须有良好的姿态，经过锻炼而获得的匀称体格、强健筋骨、光泽皮肤、柔韧而富有弹性的肌肉，显示出富有生命活力和朝气蓬勃的美。体育教师的衣着必须与自身职业相匹配，特别在任课时，即使是体育理论课，衣着也必须简洁大方，不能烦冗拖沓。在服装款式上，应既体现体育领域的统一美，又具有个人特点的新颖美。在色彩上应选择具有纯粹、明朗等情趣的色系。此外，还要注意衣着的清洁、平整，体现出一种整洁的美。

四、体育教学美育方法

要实现对学生体育中的审美教育，不仅要求体育教师具有一定的审美修养，而且要具备一定的美育方法。

育美于练和育美于形是体育美育与一般美育的不同之处。体育中的美育是以人体表现的美为主要内容的。但是，作为体育美学概念的身体美不只是自然发生的，还须通过后天的锻炼发现和创造，而且要反复练习方能升华到净化心灵的境界，真正实现体育美育的价值。因此，必须组织和指导学生坚持以健美为目的的体育实践，在实践中进行美育，这就是育美于练。此外，体育中的美育不是仅靠说理来进行，还需通过人体及人体运动的艺术形象来进行。这些艺术形象可以来自直接的形象，如教师的榜样和示范，他人的表演、练习，也可以来自间接的形象，如图片、录像、幻灯片等。这就是育美于形，这个"形"，包含艺术因素或艺术化的人体及人体运动。

依据育美于练和育美于形的原则，加强体育方法的艺术因素去求得美育的效果，这是体育中进行美育的方法要义。

一则，可以通过教学和训练中审美因素的挖掘对学生进行美育。从美育角度来区分体育教学和训练的内容，可以分为两类。一类是艺术性较强的体育活动，如冰上芭蕾、艺术体操、健美运动等，它们的美育作用主要包括对其艺术价值的理解、美感的体验、技术形象的塑造等，通过艺术因素完美的表现和练习过程中的心灵感受反映出来。另一类是艺术性较弱的体育活动，如田径项目、球类器械体操、游泳等，如教授不好容易变成纯技术性的、枯燥无味的活动，因而更需要教师对其内容的美育蕴藏进行发掘，通过人体运动动作的正确性、熟练性、优美性，以及练习过程的体验和感化，将人的思想、意识、情感的影响等反映出来。讲解的语言、示范的动作、组织教学的技巧都要讲究艺术性，做到形式多样活泼，使学生在融洽且欢快、舒畅的环境中学习。

二则，可以通过竞赛与表演提高学生的审美感受和审美鉴赏能力。竞赛与表演是体育运动中进行教育最有代表性、最集中的方法。竞赛与表演是通过身体运动来显示和解决人体各种对抗性矛盾，促使人体生物能力和精神能力向前发展的创造性活动，是体育美表现得最充分、最高级的形式。通过竞赛和表演，学生可以从中欣赏到群体的团结、友谊、合作的美，个体的竞争、奋进、拼搏、坚毅、敏捷、忍耐的美；胜利者欢快的美，失败者悲壮的美；人体及人体运动无拘束展示的生命美、自由美，运动员表现的诚实、牺牲、礼仪、守纪的美。竞赛与表演中刚与柔、悲与喜、动与静的对抗与统一的过程，展示出美的丰富性。

五、体育项目欣赏

通过体育活动，特别是竞赛和表演，体育教师应善于引导学生在活动中去感受、欣赏它的美，从而达到培养他们获得美的动作、美的形体、美的心灵、美的言行的目的。任何的体育项目都综合着多种多样的因素，但具体的、不同的体育项目都展现出各自突出的美。因而，我们在欣赏具体体育项目的美时，必须了解它的特殊性。下面试分析几类重要的体育项目，帮助大家在体育活动中获得相应的审美感受。

（一）球类运动

球类项目对人体素质的要求偏重于速度与灵敏性两个方面，虽然也不乏力量美的体现，但在赛场上更多体现出活泼的集体主义美育旨趣。大多数球类运动是集体运动，如足球、篮球、排球、水球、冰球、垒球、棒球、曲棍球、橄榄球等，乒乓球、羽毛球、网球虽然有个人项目，但团体项目也占很大比重，因而在球类比赛中，没有整体的默契配合，就不能在比赛中赛出水平，取得胜利。配合是球类运动的生命，产生通达、产生和谐、产生机智、产生美。① 这种配合不仅指技术上、战术上的配合，而且指精神上、情绪上的配合。技术上的配合，是在个人努力训练获得优秀技能基础上的相互配合，每位队员不仅要技术过硬，还要相互之间配合默契。如排球比赛中，一传不到位或二传的应变能力差，就很难组织进攻；拦网技术不好，也难以组织反攻。战术上的配合指服从教练员的指挥，队长组织实施战术的执行，运用灵活多变的战术，使对方难以适应，从而获得主动权。精神上斗志昂扬，情绪上相互照应，即使队友一时失误也不应该埋怨，展示出胜不骄、败不馁的精神，在落后时一球一球扳回来。因此，对青少年要多开展球类训练和比赛，让学生体会集体主义精神，增强协作配合精神；使他们充分认识到，没有队友的支持，没有一个能打胜仗的集体，个人的才华、技能便不可能得到很好的发挥；使他们在活动中获得集体美、统一美、协调美、合作美的感受。

（二）体操运动

体操运动属于技能类难美项群，广义上的体操运动包括体操、艺术体操、健美操等项目，以追求技巧上的高难度与运动环节中的人体姿态美为特征，其对美的追求是和谐性与优雅感的统一。任何运动项目对人体素质的要求都是综合的，但不同项目的审美核心内容却不同，对体操的审美主要集中在柔韧度和灵敏度两个方面。体操基本动作有支撑、手倒立、悬垂、旋翻、滚翻、摆动、腾跃以及静止造型等，都偏重于对人体柔韧性和灵敏度的要求，这些动作偏重于展示出韵律美和人体美。在体操运动中，人体各部分有

---

① 参见金大陆《体育美学》，中国青年出版社1990年版，第145页。

规律地依次运动，展现协调性、力量、速度、耐力、柔韧性，构成体操美的立体画面。健美操比赛中，无论是姿势的保持、步伐的转换，还是动作的造型，运动者更多地表现出形体美，这种形体美是"力、美、健"三者的有机结合。艺术体操比赛中运动员人体线条柔和清晰，关节和肌肉富有弹性，动作舒展大方、优美自然，给人呈现一种视觉上优雅的形态美。在体操比赛中，运动员所展现出来的协调、柔韧、大胆、准确的动作，会使我们感受到自然、流畅、波浪起伏、有节奏的美。我们还能欣赏到音乐节奏的快与慢，旋律线的上升与下降，激情与抒情的结合。因而，在青少年中加强体操运动训练能塑造学生的形体美和姿态美，使身体健康、得到合理的发育，体形匀称协调；也可使学生有正确的立态、步态、动态，活泼中寓有稳健，给人以精力充沛的印象。因此，体操运动对培养学生对结构美、勇敢美、韵律美、协调美的感受能力有很好的帮助。

（三）田径运动

田径运动被称为"运动之母"，因为田径运动与人类生存和生活有密切关系。田径运动项目繁多，包括短跑、跳高、跳远、跨栏、铅球、铁饼、标枪等。不同田径项目呈现的美也是丰富多彩的，但田径最具特色的审美价值在于力量美、速度美。金大陆在《体育美学：人·运动·未来》一书中赋予田径类项目"崇高之魂"，认为田径类项目中所表现出的对速度与力量的美学追求，就属于中国古典美学中对阳刚之美的追求。[①] 田径运动中的力量素质，是指通过肌肉收缩克服内外阻力的一种能力，包括最大力量、速度力量和力量耐力三种表现形式，它们作为人类活动的基础能力，是人类生存和生活的基础。田径运动中，运动员的起跑、起跳、跨栏、投掷时蕴藏的力量突然爆发，犹如暴风雨来临的气势，震撼人的心灵。他们勇猛雄劲的动作达到常人所不能及的强度，值得人们对人的力量发出惊叹和感叹。田径运动的最大速度是运动员在途中跑中所发挥出的最高瞬时速度，它由动作速度、反应速度和位移速度组成。速度是一项重要的身体素质，是人体进行快速活动的能力。速度美是人体在极短的时间内，从一种状态向另一种状态转化的过程中，显现出的流畅而又快速的变化美。运动员在某一运动时间的空间位置的变化以及身体形式的改变，动作的轻重缓急，用力的大小，等等，都给人

---

① 参见金大陆《体育美学：人·运动·未来》，上海人民出版社2008年版，第88—95页。

视觉上的美感。长跑运动员在运动场上表现出来的美又具有它的特点,那就是充满坚忍不拔的精神,这是一种坚持美、忍耐美,它对培养人的毅力、磨炼人的意志,具有重要的作用。因而,长跑运动经常作为球类运动、体操运动等基础身体素质的训练项目。力量和速度常表现出一种灌注着青春活力和生命的美,是人的潜力发挥和对极限力量挑战的美。力量和速度也不仅是纯粹力量和速度的呈现,更是一种精神意志力的凸显。

（四）武术

武术是中华民族的文化瑰宝,武术作为运动项目历史悠久,源远流长。武术具有和合美、造型美、意境美和结构美。

武术和合美是指人与自然相处的美。中国传统文化中,"和合"即中和、和谐之意,和合是万物共生共存的自然法则,是宇宙之道的重要体现。武术文化作为一种意识形态,在中国文化长期熏陶下生长,体现了中国传统文化的基本精神。它充分吸取了儒释道的思想理论,从思想上尊崇动静结合、刚柔相济、虚实转换、内外俱练、追求气意体一致,处处体现着"中和"的思想。中华武术文化体现了"阴阳互补""天人合一"的思想,强调通过练习武术领悟生命、感悟自然,追求人与自然的和合统一。

武术的造型包括动态造型和静态造型。武术各种手法、眼神、身法、步法及精神、气力、功力的变化与统一都属于动态造型,在运动过程中通过人体点、线、面的转变与劲力、节奏、精神等的表现组合成一幅幅动态的画面,给人以美的享受。如长拳套路中的"腾空摆莲"招式,人在移动中突然腾空而起滞留于空中,"外摆莲"后,悄然落地,整个动作一气呵成而又飘逸潇洒,表现出极为自然和谐的动态造型美即动态美。静态造型即定式造型,如"仆步亮掌""燕式平衡"等招式往往是动态造型的"起式"或"完成式",展现出一种静势之美,这种美不仅体现在肢体的匀称、平衡上,还讲求"劲"和表现者的"神",如此便会给人以"静中寓动、蓄势待发"的英气勃发、昂扬向上、强不可侵、胜不可欺的人格之美。

意境美指武术重视精、气、神的运用,讲究神形兼备。扣人心弦的对打,可使人紧张得透不过气来,待到结束,方觉淋漓酣畅之快；单练动作所表现的气势、神采,渗透着一种坚忍不拔、机智勇敢的文学性格美,使人进入忘我之境,引起观众与表演者心理上的沟通,这就是一种意境之美。鲁迅曾说汉字有三美:"意美以感心,一也；音美以感耳,二也；形美以感目,三也。"① 武术与汉字在意境上有相通之处。意境理论在中国美学理论中占有突出的地位，所谓"意境"即为主观和客观在审美过程中的统一。对客观对象来说是"形"与"神"的统一，对审美主体而言是"情"与"理"的统一。拳谚讲"意发神传，心动形随"，武术侧重于表演者心灵的自我表现，营造了"形神兼备、内外合一"的意境。武术意境的表现凝聚着节奏与和谐的统一，从而使武术的艺术本质及价值不仅体现为技术上的熟练，还体现在武术演练中，表现为实用性与艺术性的高度统一。

结构美是指武术动作结构的完整性，其艺术性和编排意图常蕴含着审美的情趣。在符合技击规律的基础上，对如何开头、引向高潮，以至收势，都作精心构思，犹如一首完整激昂的乐曲，起伏跌宕。布局上，又注重往返穿插、迂回转折，即不应偏重一处，也不可散乱无章。在武术动作过渡时，注重圆顺连贯的原则，动作承接转换流畅，具有很强的逻辑性。动作的动与静、起与落、快与缓、轻与重、进与退、收与放、虚与实等，使武术动作整体结构更加和谐和生动。武术的结构是人们从自然界和生活中不断观察、提炼、加工形成的，具有很强的自然美、形式美、社会美、艺术美，也是人们在人体自然化过程中，对生命力最大限度地进行综合、整体的挖掘。

体育项目和结构不断创新，体育运动中的美也不断涌现，这里不能一一枚举。它需要大家一起去不断挖掘、捕捉。我们将在欣赏体育运动美的现象中，看到人类身心和谐发展的美好前景，感受到人类创造美的巨大潜力。

思考题
1. 体育美感产生的心理和生理基础是什么？
2. 体育有什么审美价值？
3. 如何提升体育教师的审美修养，丰富体育教师的美育方法？

---

① 鲁迅：《鲁迅全集》第九卷，人民文学出版社2005年版，第354页。

参考文献

一、著作

《大美百科全书》编委会，1994．大美百科全书［M］．北京：外文出版社．

《体育史》编写组，1990．体育史［M］．北京：人民教育出版社．

《中国大百科全书》总编委会，2009．中国大百科全书［M］．北京：中国大百科全书出版社．

《朱光潜全集》编辑委员会，1987．朱光潜全集：第 1 卷［M］．合肥：安徽教育出版社．

《朱光潜全集》编辑委员会，1987．朱光潜全集：第 2 卷［M］．合肥：安徽教育出版社．

《朱光潜全集》编辑委员会，1987．朱光潜全集：第 4 卷［M］．合肥：安徽教育出版社．

《朱光潜全集》编辑委员会，1987．朱光潜全集：第 5 卷［M］．合肥：安徽教育出版社．

阿多诺，1998．美学理论［M］．成都：四川人民出版社．

阿恩海姆，1984．艺术与视知觉：视觉艺术心理学［M］．滕守尧，朱疆源，译．北京：中国社会科学出版社．

艾伦瑞克，2017．街头的狂欢［M］．胡诉谆，译．北京：北京联合出版公司．

爱因斯坦，1977．爱因斯坦文集：第一卷［M］．许良英，范岱年，编译．北京：商务印书馆．

柏拉图，2002．柏拉图全集：第 1 卷［M］．王晓朝，译．北京：人民

参考文献

出版社.

柏拉图, 2003. 柏拉图全集: 第2卷 [M]. 王晓朝, 译. 北京: 人民出版社.

柏拉图, 1986. 理想国 [M]. 郭斌和, 张得明, 译. 北京: 商务印书馆.

柏拉图, 2022. 文艺对话集 [M]. 朱光潜, 译. 北京: 人民文学出版社.

鲍列夫, 1986. 美学 [M]. 李泽厚, 译. 北京: 中国文联出版社.

北京大学哲学系美学教研室, 1980. 西方美学家论美和美感 [M]. 北京: 商务印书馆.

北京大学哲学系外国哲学史教研室, 1961. 古希腊罗马哲学 [M]. 北京: 生活·读书·新知三联书店.

贝内特, 豪厄尔, 西姆利, 1991. 比较体育与运动 [M]. 张争鸣, 项四军, 译. 上海: 华东师范大学出版社.

别林斯基, 1958. 别林斯基论文学 [M]. 梁真, 译. 上海: 新文艺出版社.

波兰尼, 2017. 个人知识 [M]. 徐陶, 译. 上海: 上海人民出版社.

波普尔, 2001. 客观知识 [M]. 舒炜光等, 译. 上海: 上海译文出版社.

波斯彼洛夫, 1981. 论美和艺术 [M]. 上海: 上海译文出版社.

博厄斯, 1989. 原始艺术 [M]. 金辉, 译. 刘乃元, 校. 上海: 上海文艺出版社.

蔡仪, 1985. 美学原理 [M]. 长沙: 湖南人民出版社.

曹孚, 1962. 外国教育史 [M]. 北京: 人民教育出版社.

曹利华, 刘慕梧, 1992. 体育美学 [M]. 北京: 科学普及出版社.

车尔尼雪夫斯基, 1957. 美学论文选 [M]. 缪灵珠, 译. 北京: 人民文学出版社.

车尔尼雪夫斯基, 1957. 生活与美学 [M]. 周杨, 译. 北京: 人民出版社.

车尔尼雪夫斯基, 1970. 艺术与现实的审美关系 [M]. 周扬, 译. 北京: 人民文学出版社.

车尔尼雪夫斯基选集: 上卷 [M], 1958. 周扬, 缪灵珠, 辛未艾, 译. 北京: 生活·读书·新知三联书店.

陈昌曙, 1999. 技术哲学引论 [M]. 北京: 科学出版社.

陈望衡, 1992. 科技美学原理 [M]. 上海: 上海科学技术出版社.

陈望衡, 2014. 我们的家园: 环境美学谈 [M]. 南京: 江苏人民出版社.

陈伟，2002. 体育伦理学研究的现状与发展趋势［M］//体育科学学科发展现状与未来. 北京：北京体育大学出版社：85-99.

迪木拉提·奥迈尔，王霄冰，2007. 文字、仪式与文化记忆［M］. 北京：民族出版社.

笛卡尔，1986. 第一哲学沉思集［M］. 庞景仁，译. 北京：商务印书馆.

笛卡尔，2001. 谈谈方法［M］. 王太庆，译. 北京：商务印书馆.

杜夫海纳，1985. 美学与哲学［M］. 孙非，译. 北京：中国社会科学出版社.

杜夫海纳，1992. 审美经验现象学［M］. 韩树站，译. 北京：文化艺术出版社.

杜威，2005. 艺术即经验［M］. 高建平，译. 北京：商务印书馆.

费尔巴哈，1984. 基督教的本质［M］. 荣震华，译. 北京：商务印书馆.

费希特，2003. 对德意志民族的演讲［M］. 梁志学，译. 沈阳：辽宁教育出版社.

冯契，1992. 哲学大辞典［M］. 上海：上海辞书出版社.

冯友兰，1985. 中国哲学简史［M］. 北京：北京大学出版社.

佛罗斯特，1987. 西方教育的历史和哲学基础［M］. 吴元训，张俊洪，宋富钢，等，译. 北京：华夏出版社.

高尔基，1953. 苏联的文学［M］. 曹葆华，译. 上海：新文艺出版社.

高木隆司，1987. 形的奥秘［M］. 谷祖纲，译. 兰州：兰州大学出版社.

歌德，1983. 浮士德［M］. 董问樵，译. 上海：复旦大学出版社.

格里芬，1997. 后现代精神［M］. 王成兵，译. 北京：中央编译出版社.

格罗塞，1984. 艺术的起源［M］. 蔡慕晖，译. 北京：商务印书馆.

葛赛尔，1999. 罗丹艺术论［M］. 傅雷，译. 北京：中国社会科学出版社.

古迪，2014. 神话、仪式与口述［M］. 李源，译. 北京：中国人民大学出版社.

古典文艺理论译丛编委会，1964. 古典文艺理论译丛：第八册［M］. 北京：人民文学出版社.

顾建华，张占国，1999. 美学与美育词典［M］. 北京：学苑出版社.

顾明远，1998. 教育大辞典［M］. 上海：上海教育出版社.

郭沫若，1979. 文艺论集［M］. 北京：人民文学出版社.

郭绍虞，1980. 中国历代文论选：第四册［M］. 上海：上海古籍出版社.

郝勤, 2006. 体育史 [M]. 北京: 人民体育出版社.

何新, 2001. 艺术分析与美学思辩 [M]. 北京: 时事出版社.

荷加斯, 2002. 美的分析 [M]. 杨成寅, 译. 佟景韩, 校. 桂林: 广西师范大学出版社.

赫里格尔, 1993. 箭悟禅录 [M]. 余小华, 周齐, 译. 北京: 今日中国出版社.

黑格尔, 1979. 精神现象学: 下 [M]. 贺麟, 王玖兴, 译. 北京: 商务印书馆.

黑格尔, 1999. 历史哲学 [M]. 王造时, 译. 上海: 上海书店出版社.

黑格尔, 2017. 美学: 第二卷 [M]. 朱光潜, 译. 北京: 北京大学出版社.

黑格尔, 2017. 美学: 第一卷 [M]. 朱光潜, 译. 北京: 北京大学出版社.

黑格尔, 1980. 小逻辑 [M]. 北京: 商务印书馆.

胡塞尔, 2001. 欧洲科学的危机和超越论的现象学 [M]. 王炳文, 译. 北京: 商务印书馆.

胡小明, 2009. 体育美学 [M]. 北京: 高等教育出版社.

胡小明, 1987. 体育美学 [M]. 成都: 四川教育出版社.

胡小明, 1988. 体育美学 [M]. 成都: 四川教育出版社出版.

胡小明, 1997. 体育人类学 [M]. 广州: 广东人民出版社.

扈中平, 2004. 教育目的论 [M]. 武汉: 湖北教育出版社.

吉尔伯特, 岸恩, 1984. 二十世纪的美学方向 [M]//蒋孔阳. 美学与艺术评论: 第一集. 上海: 复旦大学出版社: 357-358.

季子林, 1991. 科学技术论与方法论 [M]. 天津: 天津科技翻译出版社.

蒋孔阳, 1987. 二十世纪西方美学名著选 [M]. 上海: 复旦大学出版社.

蒋孔阳, 1995. 美学新论 [M]. 北京: 人民文学出版社.

今道友信, 1983. 关于美 [M]. 鲍显阳, 王永丽, 译. 哈尔滨: 黑龙江人民出版社.

金大陆, 1990. 体育美学 [M]. 北京: 中国青年出版社.

金克木, 1983. 印度文化论集 [M]. 北京: 中国社会科学出版社.

卡尔松, 2006. 环境美学: 自然、艺术与建筑的鉴赏 [M]. 杨平, 译.

成都：四川人民出版社.

卡西尔，1985. 人论［M］. 甘阳，译. 上海：上海译文出版社.

康德，1985. 判断力批判：上卷［M］. 宗白华，译. 北京：商务印书馆.

康定斯基，2003. 康定斯基论点线面［M］. 罗世平，魏大海，辛丽，译. 北京：中国人民大学出版社.

康定斯基，1987. 论艺术的精神［M］. 查立，译. 腾守尧，校. 北京：中国社会科学出版社.

科林伍德，1985. 艺术原理［M］. 王至元，陈华中，等，译. 北京：中国社会科学出版社.

克罗齐，2018. 美学的历史［M］. 王天清，译. 袁华清，校. 北京：商务印书馆.

克罗齐，2012. 美学原理［M］. 朱光潜，译. 北京：商务印书馆.

夸美纽斯，1984. 大教学论［M］. 傅任敢，译. 北京：人民教育出版社.

莱辛，2013. 拉奥孔［M］. 朱光潜，译. 北京：商务印书馆.

兰德曼，1988. 哲学人类学［M］. 张乐天，译. 上海：上海译文出版社.

李淮春，1996. 马克思主义哲学全书［M］. 北京：中国人民大学出版社.

李斯托威尔，1980. 近代美学史评述［M］. 上海：上海译文出版社.

李泽厚，2008. 华夏美学·美学四讲［M］. 北京：生活·读书·新知三联书店.

李泽厚，1999. 美学三书［M］. 安徽文艺出版社.

李泽厚，2008. 人类学历史本体论［M］. 天津：天津社会科学院出版社.

李泽厚，2008. 说天人新义［M］//历史本体论·已卯五说. 增订本. 北京：生活·读书·新知三联书店：237-269.

李泽厚，1985. 中国古代思想史论［M］. 北京：人民出版社.

李泽厚，1994. 走我自己的路［M］. 合肥：安徽文艺出版社.

李泽厚，2019. 美学四讲［M］. 武汉：长江文艺出版社.

梁漱溟，2011. 中国文化要义［M］. 上海：人民出版社.

列宁，2017. 列宁全集：第18卷［M］. 中共中央马克思恩格斯列宁斯大林著作编译局，译. 北京：人民出版社.

林语堂，1996. 吾国与吾民［M］. 北京：作家出版社.

卢梭，1985. 爱弥尔［M］. 李平沤，译. 北京：人民教育出版社.

鲁迅. 鲁迅全集：第4卷［M］. 北京：人民文学出版社，2005.

鲁迅，1958. 鲁迅译文集：第3卷［M］. 北京：人民文学出版社.

洛克，1979. 教育漫话［M］. 徐大建，译. 北京：人民教育出版社.

马克思，恩格斯，2016. 马克思恩格斯全集：第 2 卷［M］. 中共中央马克思恩格斯列宁斯大林著作编译局，译. 北京：人民出版社.

马克思，恩格斯，2016. 马克思恩格斯全集：第 20 卷［M］. 中共中央马克思恩格斯列宁斯大林著作编译局，译. 北京：人民出版社.

马克思，恩格斯，2016. 马克思恩格斯全集：第 23 卷［M］. 中共中央马克思恩格斯列宁斯大林著作编译局，译. 北京：人民出版社.

马克思，恩格斯，2016. 马克思恩格斯全集：第 25 卷［M］. 中共中央马克思恩格斯列宁斯大林著作编译局，译. 北京：人民出版社.

马克思，恩格斯，2016. 马克思恩格斯全集：第 42 卷［M］. 中共中央马克思恩格斯列宁斯大林著作编译局，译. 北京：人民出版社.

马克思，恩格斯，2009. 马克思恩格斯文集：第 1 卷［M］. 中共中央马克思恩格斯列宁斯大林著作编译局，译. 北京：人民出版社.

马克思，恩格斯，2009. 马克思恩格斯文集：第 4 卷［M］. 中共中央马克思恩格斯列宁斯大林著作编译局，译. 北京：人民出版社.

马克思，恩格斯，2012. 马克思恩格斯选集：第 1 卷［M］. 中共中央马克思恩格斯列宁斯大林著作编译局. 译. 北京：人民出版社.

马克思，恩格斯，2012. 马克思恩格斯选集：第 2 卷［M］. 中共中央马克思恩格斯列宁斯大林著作编译局，译. 北京：人民出版社.

马克思，恩格斯，2012. 马克思恩格斯选集：第 3 卷［M］. 中共中央马克思恩格斯列宁斯大林著作编译局，译. 北京：人民出版社.

马克思，恩格斯，2012. 马克思恩格斯选集：第 4 卷［M］. 中共中央马克思恩格斯列宁斯大林著作编译局，译. 北京：人民出版社.

马克思，2018. 1844 年经济学哲学手稿［M］. 中共中央马克思恩格斯列宁斯大林著作编译局，译. 北京：人民出版社.

马克思，1966. 马克思恩格斯论艺术：第四册［M］. 曹葆华，译. 北京：人民文学出版社.

马雅可夫斯基，1984. 马雅可夫斯基选集：第 1 卷［M］. 余振，主编. 北京：人民文学出版社.

梅洛－庞蒂，2001. 知觉现象学［M］. 姜志辉，译. 北京：商务印书馆.

梅洛－庞蒂，2001. 知觉现象学［M］. 姜志辉，译. 北京：商务印书馆.

莫斯，2008. 社会学与人类学五讲［M］. 林锦荣，译. 桂林：广西师范大学出版社.

尼采, 1986. 悲剧的诞生 [M]. 周国平, 译. 北京: 生活·读书·新知三联书店.

尼采, 2004. 查拉斯图拉如是说 [M]. 尹溟, 译, 北京: 文化艺术出版社.

尼采, 2003. 反基督 [M]. 陈君华, 译. 石家庄: 河北教育出版社.

尼采, 2003. 快乐的科学 [M]. 黄明嘉, 译. 桂林: 漓江出版社.

尼采, 2007. 偶像的黄昏 [M]. 卫茂平, 译. 上海: 华东师范大学出版社.

尼采, 2007. 权力意志 1885—1889 年遗稿 [M]. 孙周兴, 译. 北京: 商务印书馆.

聂振斌, 1991. 中国近代美学思想史 [M]. 北京: 中国社会科学出版社.

帕克, 2001. 美学原理 [M]. 张今, 译. 桂林: 广西师范大学出版社.

培根, 1983. 培根论说文集 [M]. 水天同, 译. 北京: 商务印书馆.

彭富春, 2005. 哲学美学导论 [M]. 北京: 人民出版社.

彭加勒, 2000. 科学与方法 [M]. 李醒民, 译. 沈阳: 辽宁教育出版社.

普里莫兹克, 2003. 梅洛-庞蒂 [M]. 关群德, 译, 北京: 中华书局.

普列汉诺夫, 1973. 论艺术: 没有地址的信 [M]. 曹葆华, 译. 北京: 生活·读书·新知三联书店.

普列汉诺夫, 1983. 普列汉诺夫美学论文集: 第 1 卷 [M]. 曹葆华, 译. 北京: 人民出版社.

全国十一所民族院校编写组, 1982. 美学十讲 [M]. 昆明: 云南人民出版社.

桑塔耶纳, 2013. 美感 [M]. 杨向荣, 译. 北京: 人民出版社.

尚志强, 2011. 体育美学 [M]. 北京: 中国广播电视出版社.

邵纪森, 左铁儿, 王金城, 等, 2000. 体育美学 体育摄影 [M]. 桂林: 广西师范大学出版社.

施密特, 1988. 马克思的自然概念 [M]. 欧力同, 吴仲昉, 译. 北京: 商务印书馆.

舒斯特曼, 2011. 身体意识与身体美学 [M]. 程相占, 译. 北京: 商务印书馆.

斯普瑞特奈克, 2001. 真实之复兴: 极度现代的世界中的身体、自然和地方[M]. 张妮妮,译. 北京:中央编译出版社.

斯托洛维奇,1984. 审美价值的本质[M]. 凌继尧,译. 北京:中国社会科学出版社.

苏霍姆林斯基,1983. 和青年校长的谈话[M]. 上海:上海教育出版社.

苏霍姆林斯基,1983. 帕夫雷什中学[M]. 赵玮,等,译. 北京:教育科学出版社.

苏连第,1986. 色彩与音响[M]. 济南:山东教育出版社.

孙学川,1994. 运动时间生物学[M]. 成都:四川教育出版社.

塔塔尔凯维奇,1990. 古代美学[M]. 理然,译. 南宁:广西人民出版社.

特纳,2000. 身体与社会[M]. 马国良,赵国新,译. 沈阳:春风出版社.

田麦久,刘大庆,2012. 运动训练学[M]. 北京:人民体育出版社.

田麦久,2000. 动训练学[M]. 北京:人民体育出版社.

田麦久,2015. 运动训练学[M]. 北京:人民体育出版社.

涂途,1986. 现代科学之花:技术美学[M]. 沈阳:辽宁人民出版社.

外尔,2022. 对称[M]. 曾怡,译. 重庆:重庆出版社.

汪振城,2000. 中小学立美教育论纲[M]. 杭州:浙江大学出版社.

王德胜,2002. 美学原理[M]. 北京:人民教育出版社.

王尔德,2003. 谎言的衰落[M]. 萧易,译. 南京:江苏教育出版社.

王夫之,2004. 周易外传[M]. 李一忻,点校. 北京:九州出版社.

王国维,1997. 静庵文集[M]. 沈阳:辽宁教育出版社.

王国维,1997. 王国维论学集[M]. 傅杰,编校. 北京:中国社会科学出版社.

韦尔南,2001. 神话与政治之间[M]. 余中先,译. 北京:生活·读书·新知三联书店.

维加埃罗,2019. 身体的历史[M]. 张泣,赵济鸿,译. 上海:华东师范大学出版社.

新建设编辑部,1964. 美学问题讨论集:第六集[M]. 朱光潜,译. 北京:作家出版社.

文艺美学丛书编辑委员会,1983. 蔡元培美学文选[M]. 北京:北京大学出版社.

吴国盛,2013. 反思科学讲演录[M]. 长沙:湖南科学技术出版社.

吴式颖，任钟印，2002．外国教育思想通史：第 4 卷［M］．长沙：湖南教育出版社．

伍蠡甫，1979．西方文论选：上卷［M］．上海：上海译文出版社．

席勒，2016．美育书简［M］．北京：社会科学文献出版社．

夏征农，2000．辞海［M］．上海：上海辞书出版社．

小林信次，1988．体育美学［M］．孔祥安，译．北京：人民体育出版社．

谢林，1983．先验唯心论体系［M］．梁志学，石泉，译．北京：商务印书馆．

熊茂湘，2003．体育环境学导论［M］．北京：北京体育大学出版社．

徐本力，1990．运动训练学［M］．济南：山东教育出版社．

徐恒醇，1997．科技美学：理性与情感世界的对话［M］．西安：陕西人民教育出版社．

徐恒醇，1995．实用技术美学［M］．天津：天津科学技术出版社．

雅斯贝斯，1997．时代的精神状况［M］．王德峰，译．上海：上海译文出版社．

亚里士多德，1994．亚里士多德全集：第九卷［M］．苗力田，主编．北京：中国人民大学出版社．

亚里士多德，1965．政治学［M］．吴寿彭，译．北京：商务印书馆．

杨伯峻，1981．孟子译注：下［M］．北京：中华书局．

杨文轩，杨霆，2005．体育概论［M］．北京：高等教育出版社．

叶朗，2009．美学原理［M］．北京：北京大学出版社．

伊德，2018．让事物"说话"［M］．韩连庆，译．北京：北京大学出版社．

于光远，1995．自然辩证法百科全书［M］．北京：中国大百科全书出版社．

雨果，1980．论文学［M］．柳鸣九，译．上海：上海译文出版社．

远德玉，陈昌曙，1986．论技术［M］．沈阳：辽宁科学技术出版社．

曾宪刚，2000．体育美学［M］．北京：人民体育出版社．

张相轮，凌继尧，1986．科学技术之光［M］．北京：人民出版社．

张永飞，2017．具身化的课程：基于具身认知的课程观建构研究［M］．昆明：云南人民出版社．

赵敦华，1994．基督教哲学 1500 年［M］．北京：人民出版社．

赵宋光，2001．赵宋光文集：第一卷［M］．广州：花城出版社．

中共中央文献研究室,中共湖南省委《毛泽东早期文稿》编辑组,2008. 毛泽东早期文稿[M]. 长沙:湖南人民出版社.

中国蔡元培研究会,1997. 蔡元培全集:第一卷[M]. 杭州:浙江教育出版社.

中国蔡元培研究会,1997. 蔡元培全集:第三卷[M]. 杭州:浙江教育出版社.

中国蔡元培研究会,1997. 蔡元培全集:第六卷[M]. 杭州:浙江教育出版社.

中国蔡元培研究会,1997. 蔡元培全集:第七卷[M]. 杭州:浙江教育出版社.

中国革命博物馆,湖南省博物馆,1980. 新民学会资料[M]. 北京:人民出版社.

中国社会科学院外国文学研究所,外国文学研究资料丛刊编辑委员会,1979. 外国理论家作家论形象思维[M]. 北京:中国社会科学出版社.

中国体育科学学会,香港体育学院,2000. 体育科学词典[M]. 北京:高等教育出版社.

中江兆民,1979. 一年有半、续一年有半[M]. 吴藻溪,译. 北京:商务印书馆.

周来祥,2007. 三论美是和谐[M]. 济南:山东大学出版社.

朱光潜,1980. 谈美书简[M]. 上海:上海文艺出版社.

朱光潜,2013. 西方美学史[M]. 北京:中华书局.

朱立元,2001. 美学[M]. 北京:高等教育出版社.

朱立元,2014. 美学大辞典:修订本[M]. 上海:上海辞书出版社.

宗白华,2006. 美学散步[M]. 合肥:安徽教育出版社.

宗白华,1996. 宗白华全集[M]. 合肥:安徽教育出版社.

二、论文

本刊编辑部,杨骁,张一民,等,2008. 运动与体型的神秘关系[J]. 第一健身俱乐部(11):28-37.

陈望衡,2019. 环境美学何为[J]. 寻根(6):114-117.

陈望衡,2007. 环境美学的兴起[J]. 郑州大学学报(哲学社会科学版)(3):80-83.

陈望衡，1992．论科学美与真、善［J］．浙江大学学报（社会科学版）（1）：44－53．

单舜，2008．体育美的本质特征与艺术表现形式［J］．湖南第一师范学报（6）：158－159．

丁永忠，2005．人文：一个与"人和人性"有关的文化概念：古今"人文"考［J］．重庆教育学院学报（2）：16－21．

杜利军，2001．奥林匹克运动与现代科学技术［J］．中国体育科技（3）：5－8．

费孝通，李亦园，1998．从文化反思到人的自觉：两位人类学家的聚谈［J］．战略与管理（6）：109－115．

冯成财，2015．我国体育美学发展的态势与展望［J］．产业与科技论坛（11）：76－77．

高建平，2021．中国马克思主义美学的百年历程［J］．社会科学战线（6）：1－10．

高亮华，1992．论海德格尔的技术哲学［J］．自然辩证法通讯（4）：19－25．

胡小明，2002．体育精神与改革开放［J］．华南师范大学学报（3）：109－113．

黄渭铭，1989．关于体育美学研究对象的争论［J］．武汉体育学院学报（4）：62－65．

黄渭铭，1990．简论体育美学研究的对象和方法［J］．体育科学（1）：83－86，97．

黄渭铭，1994．体育美的真谛：谈体育美的本质特征及表现形态［J］．湖北体育科技（4）：45－48．

江锡铨，2009．桨声灯影中的品鉴与沉思：读俞平伯的散文《桨声灯影里的秦淮河》［J］．名作欣赏（1）：105－108．

蒋孔阳，1980．美和美的创造［J］．学术月刊（3）：1－10．

鞠玉翠，2018．"立美教育"再探［J］．教育研究（9）：59－65．

李恩昌，李花枝，1992．世界卫生组织提出健康新概念道德健康是健康的重要内容［J］．中国医学伦理学（3）：43．

李金康，1997．有待突破的中国体育美学研究：昆明体育美学论文研讨会综述［J］．体育与科学（2）：9．

李力研，2002．奥林匹克精神与体育文化：一种东西方文化比较的哲学

文化学视角 [J]. 天津体育学院学报 (2): 14-18.

李四化, 刘淑慧, 宋晓君, 等, 2014. 射击运动员心技结合的现场实验探究: 以瞄准时注意焦点为例 [J]. 体育成人教育学刊 (4): 62-64.

李万古, 1999. 自然界的人化和人的自然化辨析 [J]. 山东师范大学学报 (人文社会科学版) (3): 57-59, 66.

梁伟国, 刘群, 2007. 体育使教育有一种向上的精神: 钟南山院士谈改善中小学生体质 [J]. 人民教育 (5): 2-4.

刘纲纪, 1980. 略谈"抽象" [J]. 美术 (11): 11-13, 37.

刘建和, 1987. 竞技运动技术论概说 [J]. 成都体院学报 (3): 9-16.

刘立魁, 1994. 试论大学美育 [J]. 思想理论教育 (6): 19-20.

刘同为, 王昊宁, 2009. "黄金分割律"在武术套路编排中的应用 [J]. 中国体育科技 (4): 91-93.

刘维春, 刘怀玉, 2009. 论马克思对哲学唯物主义传统的超越及其新唯物主义的革命意义: 兼论施米特《马克思的自然概念》一书 [J]. 教学与研究 (3): 11-18.

刘象愚, 1991. 卢卡奇早期的美学思想 [J]. 北京师范大学学报 (社会科学版) (1): 71-80, 70.

刘悦笛, 2006. 美学的传入与本土创建的历史 [J]. 文艺研究 (2): 13-19, 158.

刘增惠, 彭会珠, 2008. 论"人的自然化"不是马克思的命题 [J]. 理论月刊 (8): 18-20.

刘仲林, 1984. 论科学美的本质 [J]. 天津社会科学 (1): 55-60, 86.

楼昔勇, 1984. 美是人的本质力量的感性显现 [J]. 河北大学学报 (3): 110-118.

卢元镇, 2001. 奥林匹克运动与社会进步 [J]. 中国体育科技 (3): 3-4.

吕新颖, 1996. 投掷发力伴随发出吼声的作用和机制 [J]. 北京体育大学学报 (4): 90-93.

聂振斌, 1995. 中国美育思想探源 [J]. 安徽师范大学学报 (2): 158-165.

彭富春, 2004. 身体与身体美学 [J]. 哲学研究 (4): 59-66, 95.

钱德拉塞卡，朱志芳，2001．科学中的美和对美的追求［J］．中国青年科技（2）：39－40．

钱德拉塞卡，2003．科学是对美的追求［J］．科学启蒙（8）：1．

秦力，2008．一所学校对文化建设的悟读［J］．中国教育学刊（2）：25－29．

谭好哲，2013．当代环境美学对西方现代美学的拓展与超越［J］．天津社会科学（5）113－119．

汤杰英，2002．美育概念考察［J］．西南师范大学学报（人文社会科学版）（2）：70－76．

滕守尧，1995．美育：教育现代化的关键［J］．北京大学学报（哲学社会科学版）（2）：63－69，128．

田里，2001．关于健美女子体围标准的研究［J］．中国体育科技（9）：44－46．

王凤珍，杨延坤，2013．从人的发展看技术本质的实现［J］．自然辩证法研究（8）：51－56．

王宏健，2019．存在论与诠释学视域下的技术哲学：海德格尔论技术的本质［J］．自然辩证法研究（5）：15－20．

王兴国，2022．论杨昌济《修身讲义》之向上的人生观［J］．伦理学研究（1）：21－27．

王泽炎，1994．论美育的地位和作用［J］．重庆教育学院学报（2）：15－18．

文雯，王嵩迪，2022．知识视角下大学跨学科课程演进及其特点［J］．中国大学教学（4）：75－82，96．

吴国盛，2001．科学与人文［J］．中国社会科学（4）：4－15，203．

吴国盛，2015．科学作为希腊的人文［J］．哲学分析（2）：130－140，199．

席玉宝，2001．运动技术论刍议［J］．解放军体育学院学报（4）：45－48．

夏芒，1994．健康发展的哲学问题［J］．国外社会科学（9）：21－25．

夏宗经，1988．关于科学与美学的思考［J］．湖北师范学院学报（哲学社会科学版）（2）：25－35．

萧振邦，1998．放下的美学：环境美学新展望［J］．应用伦理评论（47）：161－191．

熊斗寅，1980．现代体育与体育现代化问题初探［J］．北京体育大学学报（1）：4-15．

徐书城，1983．也谈抽象美［J］．美术（1）：10-14．

阎彬，2018．从"技艺"到"记忆"：传统武术身体技术的文化生产：基于伏羲八卦拳个案的考察［J］．上海体育学院学报（5）：79-86．

杨绍勇，2014．体育动作与劳动动作的对比研究［J］．运动（18）：155-156．

杨雪冬，2018．重构政治仪式 增强政治认同［J］．探索与争鸣（2）：52-54，142．

姚文放，2012．肉体话语、身体美学、身体的审美化：晚近对于经典美学的三次挑战及其学术意义［J］．江海学刊（1）：182-193．

殷正坤，2001．试析技术的本质［J］．天津社会科学（4）：41-44．

张岱年，2015．中国文化的基本精神：上［J］．党政论坛（干部文摘）（9）：1．

张开济，1961．试论北京工人体育馆的建筑艺术［J］．建筑学报（8）：7-8．

张莉华，2012．价值哲学视域中的体育规范本质及特征探析［J］．陕西教育（高教版）（12）：49，51．

张廷安，2000．足球运动员战术意识活动的基本特征分析［J］．西安体育学院学报（17）：37-39，43．

张晓东，2003．试论身体与运动的艺术关系［D］．北京：中国艺术研究院．

张玉能，2006．人的本质力量与美［J］．青岛科技大学学报（社会科学版）（2）：15-20．

张玉能，2013．实践转向与技术美学［J］．武汉理工大学学报（社会科学版）（5）：730-738．

赵伶俐，2012．论美育的科学化：兼论整个教育构成的科学化［J］．西南师范大学学报（人文社会科学版）（2）：65-69．

中国体育科学学会1985工作简况［J］．体育科学，1986（2）：79-81．

周来祥，1983．形式美与艺术［J］．文艺研究（1）：112-118．

周围，杨韶刚，2008．借鸡生蛋与以讹传讹：道德健康概念的提出及其合理性分析［J］．上海教育科研（11）：26-29．

周扬，1981．重视审美教育，加强美育研究［J］．美育（3）：6-14．

周义澄，1981. 论科学美［J］. 复旦学报（社会科学版）（3）：15-20.
朱光潜，2009. 美感与快感［J］. 中华活页文选（高一版）（4）：15-18.
朱光潜，1960. 山水诗与自然美［J］. 文学评论（6）：56-63.

三、外文文献

ABBISS C R, LAURSEN P B, 2008. Describing and understanding pacing strategies during athletic competition［J］. Sports med（3）：239-252.

ANTHONY D W J, 1969. Sport and physical education as a means of aesthetic education［J］. Newsletter（17）：101-106.

BEST D, 1980. Art and sport［J］. The journal of aesthetic education（2）：69-80.

CALLISON E R, BERG K E, SLIVKA D R, 2014. Grunting in tennis increases ball velocity but not oxygen cost［J］. Journal of strength and conditioning research（7）：1915-1919.

CORDNER C D, 2017. Aesthetics and sport［M］//PETERS M A. Encyclopedia of educational philosophy and theory. Springer：20-25.

CULIN S, 1907. Games of the North American Indians［M］. Washington：Government Printing Office.

DURIBIN T, 1980. Guide to the culture of science, technology, and medicine［M］. The Free Press.

ELLUL J, 1983. The technological order［M］// MITCHAM C. Philosophy and technology. The Free Press.

FARIS J R, 1968. The influence of plato and platonism on the development of physical education in western culture［J］. Quest（1）：14-23.

FRANK M G, GILOVICH T, 1988. The dark side of self and social perception：black uniforms and aggression in professional sports［J］. Journal of personality and social psychology（1）：74-85.

FOSTER C, SCHRAGER M, SNYDER A C, et al., 1994. Pacing strategy and athletic performance［J］. Sports med（2）：77-85.

HILL R A, BARTON R A, 2005. Psychology：red enhances human performance in contests［J］. Nature（435）：293.

HOLMES R, 1986. Philosophy gone wild：essays in environmental ethics

[M]. NY: Prometheus Books.

HORNYAK T, 2017. Smarter, not harder [J]. Nature (549): s1 - s3.

HOWARD G, 1983. Frames of mind: the theory of multiple intelligence [M]. Basic Books.

JASON H, 2019. Kinetic beauty: the philosophical aesthetics of sport [M]. London and New York: Routledge.

NAZARENKO L D, 2004. Aesthetics of physical exercises [M]. Moscow: Teoriya i Praktika Fizicheskoy Kultury.

PIERRE F, 1968. Le sport parmi les beaux-arts [M]. Paris: Arts et Voyages.

SPARSHOTT F E, 1963. The structure of aesthetics [M]. Toronto: University of Toronto Press.

STOLYAROV V, 1984. The aesthetic value of sport. Contribution of sociology to the study of sport [M]. Jyvaskylä: University of Jyvaskylä.

VIVAS E, 1959. Contextualism reconsidered [J]. The journal of aesthetics and art criticism (2): 222 - 240.

WERTZ S K, 1979. Are sports art forms? [J]. The journal of aesthetic education (1): 107 - 109.

КАЛИНИН А Д, 1968. Эстетика и физическая культура [M]. Москва.

САРАФ М Я, 1981. Эстетические компоненты спортивной деятельности [D]. Москва: МГУ им.

НАПРИМЕР С М, САРАФ М Я, 1978. Эстетика спорта [M]. Москва: Знание.

САРАФ М Я, СТОЛЯРОВ В И, 1984. Введение в эстетику спорта [M]. Москва: ФиС.

ФРЕНКИН А А, 1963. Эстетика физической культуры [M]. Москва: ФиС.

西田正秋, 1950. 体育美学の提唱 [J]. 体育の科学 (1): 10 - 13.

四、报纸、电子资源

黄帅. 护旗手的眼泪是对祖国的深情告白 [N]. 中国青年报, 2022 -

02-07 (1).

舒胜芳. 改革 30 年体育年鉴之女排精神 国人经久不衰的狂热 [EB/OL]. (2008-12-29) [2022-10-10]. http://sports.sina.com.cn/o/2008-12-29/03004147549.shtml.

新华社：习近平在第 73 届世界卫生大会视频会议开幕式上的致词 [EB/OL]. (2020-05-18) [2022-10-10]. http://www.gov.cn/xinwen/2020-05/18/content_5512733.htm.

赵黎浩. 玩转体育课的"发明家" [N]. 工人日报, 2021-10-11 (5).

中国共产党人精神谱系第一批伟大精神正式发布 [N]. 人民日报, 2021-09-30 (1).